KB102835

타로 스퀘어

타로
스퀘어

인생의 사각지대에서, 타로의 지혜를 만나다

민혜련 지음

TAROT SQUARE

Contents ;

마음을 위로하는 타로 심리학

현상을 설명하는 타로의 현대과학

아르칸 Ⅱ :: **타로의 지혜를 만나다**

타로를 읽는다는 것, 미래를 본다는 것

| 프롤로그 |

우주와 인간에 대한 같은 주제, 다른 언어 :

"우주는 미신과 과학 사이를 오가며
인간의 마음을 뒤흔들었다"

과학, 경제, 정치 등등 현대의 물질적 세계에서 우리의 티끌만 한 지식으로 증명할 수 없는 모든 것은 '신비'의 영역이다. 지구를 떠난 신은 여전히 우리 주변에서 맴돌고 있었던 거다. 아리스토텔레스 같은 고대의 석학들이 우주의 텅 빈 공간을 에테르^{Ether}라는 제 5원소가 메우고 있다고 믿었던 것처럼, 철학과 과학 사이의 공백을 메우는 '신비'라는 이름으로 말이다. 우주의 대부분을 차지하고 있다는 '암흑물질$^{Dark\ Matter}$'도 같은 의미를 과학 언어로 표현하고 있는 것은 아닌가 하는 생각이 들었다. 유사과학^{Pseudoscience}이라며 과학철학을 열외로 치던 호모 사피엔스 애널리시스$^{Homo\ sapiens\ Analysis}$의 오만은 점차 숙연함으로 바뀌어 가는 듯하다. 과학이 발달할수록 과학인지 철학인지가 모호한 세계로 들어가고 있다는 느낌을 지울 수 없다.

물질로 가득한 세계에서, 분석하지 않고 선험적으로 모든 현상을 받아들이는 호모 사피엔스 인투이투스^{Homo Sapiens Intuitus} 종족으로서 나는, '신비'라는 역사의 뒤안길을 따라가며 융합적 시선으로 세계를 보고 싶었다. 그래서 인문학적인 사유의 영역에서 혹시 빠뜨린 것은 없나 하는 생각으로 이 책을 썼다. 여기에 타로라는 매개체가 있었고 거기에 깃든 상징에 매료되었을 뿐이다.

일상의 친숙한 작은 오브제를 다른 각도에서 보며 본질에 다가가는 작업은 쉽지 않았다. 게다가 정통 과학이나 인문학을 공부하던 사람이 옆길로 빠져든다는 오해를 받을 수도 있었다. 하지만 앞으로 우리 아이들이 살아갈 지구는 '융합'의 세상이다. 학문뿐 아니라 이미 실생활에서도 모든 분야의 융합이 일어나고 있다. 여기에 환경보호나 디자인에서 '버린 것도 다시 보자'는 레트로^{Retro}의 개념이 확산되고 있다. 생각보다 세계는 닫힌 계^{Closed System} 안에서 기존이 사상을 리사이클링^{Recycling}하며 유지되고 있는 것이다.

혹시나 과학이 인간의 삶에 관해 답해줄 수 있을까 기웃거렸다. 하지만 서구적인 과학 탐구란, 인식이 가두고 있는 물질세계만을 다루기 때문에 인간의 영적인 실재에 관해서는 아무 답도 주지 않는다. 아무리 과학이 발달하고 새로운 학설을 발표한들, 그 또한 가설 모델에 지나지 않는다. 우주의 보편적 현상을 물리적 공식으로 표현할 수 있으

면 과학이고, 구구절절 논리적으로 설명하면 철학이다. 이는 인간 존재
와 우주라는 같은 주제를 두고 다른 언어로 표현하는 것일 수도 있다.

과학 또한 출발은 인생을, 우주를 사유하던 철학에서부터였다. 고
대의 기라성 같던 과학자들은 철학자였고, 과학은 인문학의 일부였다.
근대에 철학과 과학이 완전히 다른 길을 가기 전까지도 과학자와 철학
자, 신학자, 인문학자 사이의 구분은 없었다. 다만 개개인의 정신적 특
성이 있었을 뿐이다. 좀 더 분석적인 정신^{Analysis}과 좀 더 직관적인 정신
^{Intuitus}의 차이라고나 할까? 만유인력의 법칙과 관성의 법칙 등을 수학
적으로 정교하게 설명한 뉴턴이나, 행성의 운동을 정리한 케플러 등 이
름만으로도 존경심이 우러나는 위대한 과학자들이 사실은 사제이자 그
시대의 명성 있는 점성술사였다는 사실을 아는가? 달과 화성에 우주선
을 보내며 법석을 떨기 전까지 우주는 미신과 과학 사이를 오가며 인간
의 마음을 뒤흔들었다

데카르트의 '코키토 에르고 숨$^{Cogito Ergo Sum}$'이란 명제는 호모 사피엔
스 사피엔스$^{Homo Sapiens Sapiens}$라는 지성체^{知性體}의 실존에 대한 회의였다. 주
체로서 세계를 의식하는 '나^{Ego}' 외에는 그 아무런 진실도 알 수 없다는
절망 끝에 나온 회의 말이다. 인간은 자신은 물론이고 가까이 있는 사
람들까지 '모두 알고', '소유'하고 있다고 굳게 믿으며 살고 있다. 하지
만 곰곰이 생각해보면 이 또한 착각일 뿐이다. 사실은 아주 작은 공집

합 외에 가장 가까운 사람들에 관해서조차 우리는 그다지 알고 있는 것이 없다. 자식이나 남편, 부모에 관해서도 그들이 자발적으로 주는 정보 외에 무슨 공유를 할 수 있을까. 유치원 시절 짝, 찬이에게 느끼던 첫사랑 비스름한 그 비밀스런 감정을 엄마와 공유한 적이 있었던가? 무탈한 여고생인 내가 가끔은 일탈을 꿈꾸고 있었다는 것을 아빠가 알았겠는가? 모든 인간은 각각 최소한의 관계만을 걸친 채 자기 속에서 끊임없이 변화하고 있을 뿐이다. 생텍쥐페리가 〈어린 왕자^{Le Petit Prince}〉에서, 인간 하나하나가 고립되어 사는 별을 묘사했듯이 말이다.

산업혁명 이후 인류가 눈부신 과학과 기술의 발전을 이루었지만, 돈이 곧 신神이 된 것은 아닐까 하는 의구심이 든다. 자본주의 아래 정신은 권위를 잃고, 과학을 통해 인간은 끝없이 진보하며 우주의 모든 비밀을 풀 수 있다고 호언장담했다. 인간의 교만함에 지친 신神은 조용히 지구를 떠났고, 첨탑 속에 공룡처럼 아름다운 화석이 되어 숭배되었다. 철학은 "신은 죽었다"고 공언했다. 하지만 서구인의 정신에서 신을 떼어낸다는 것은 한국인에게 김치를 못 먹게 하는 것만큼이나 어려운 일이다. 문화적 정체성이란 끈질겨서 짧은 기간에 바뀌지 않기 때문이다. 신이 없다 부정하는 현대과학을 파고들면 들수록 그 안에는 신이 있는 느낌을 받으니 말이다. 말장난 같지만, '없다'고 강조하는 자체가 '있다'는 것을 전제하지 않으면 대비의 의미가 없는 것이다. 어쩌면 자연의 모든 비밀에 다가갈 수 있다는 오만은 아담이 따먹은 선악과의 부작용일지도 모른다. 얼음덩이 위에 고립된 비쩍 마른 북극곰이나 목에 꽂힌 빨대 때문에 괴로워하는 바다거북을 보며, 인간은 에덴동산의 엔트로피^{Entropy}(무질서의 정도)를 가중시키는 침략자라는 생각이 드는 것은 나뿐만이 아닐 것이다.

　프랑스 유학 시절 기숙사 옆방에 '룰라'라는 그리스 친구가 있었다. 사회학 석사 논문을 쓰던 친구였는데, 사람을 끌어들이는 묘한 매력이 있었다. 둘 다 외국인이 거의 없는 기숙사에 살다 보니 묘한 동질감을 느껴 친하게 지냈고, 오랜 세월 동방의 문화와 뒤섞인 그리스인의 감성이 우리와 통하는 부분이 많다는 것도 알게 되었다. 아름다운 외모에 보태진 '그리스'라는 후광 때문이었을까? 룰라는 신전의 조각상으로부터 걸어 나온 듯 눈동자와 몸짓이 신비해서 묘한 카리스마를 내뿜었다. 그녀는 가끔 공동으로 쓰는 주방의 식탁에 친구들을 모아놓고 걸쭉한 그리스식 커피를 한 잔씩 대접했는데, 다 마시고 난 후에는 하얀 A4 용지를 한 장씩 주며 그 위에 커피 찌꺼기를 엎도록 했다. 그리고는 흰 종이에 퍼지는 커피의 기하학적인 문양을 보며 미래를 점치는 것이었다. 프랑스 친구들은 답례로 너도나도 게임용 트럼프나, 묘한 그림이 그려진 타로를 들고 와서는 미래를 읽는다고 야단법석 떨며 선무당을 자처했다. 논문 쓰느라 외롭고도 지루한 시간을 달래던 청춘 시절의 즐거운 추억이다. 룰라가 커피로 보아주던 미래는 내게 신선한 충격이었다. 한국에서 옛 어른들이 쌀이나 화투로 점을 보던 생각 났던 거다. 문화권마다 존재하는 '신비'의 기호는 그 어떤 강한 외부의 힘으로도 바꿀 수 없는 문화적 정체성이라는 느낌이 들었다. 마치 김치나 치즈, 젓갈 같은 발효식품에 대한 입맛의 정체성처럼 말이다.

Thanks to

일상의 친숙한 작은 오브제를 다른 각도에서 보며 본질에 다가가는 작업은 언제나 행복한 일이다. 내게 많은 영감을 준 〈의미와 재미〉의 박선영 대표, 〈백상경제연구원〉의 장선화 박사, 〈데이엔 데이Day & They〉의 민은선 대표, 그리고 열심히 원고를 읽어주신 오랜 친구 이규택 박사와 루이까또즈 전용준 회장님께 감사를 전한다.

인생의 사각지대에서,

타로의 지혜를 만나다

TAROT SQUARE

세상을 읽는
타로 인문학

마음을 위로하는 타로 심리학
현상을 설명하는 타로의 현대과학

혼란한 어느 시기에 지식의 빗장이 열리다

───────── 타로가 처음 모습을 드러낸 것은 르네상스 시대 어디쯤이라는 것이 정설이다. 하지만 타로가 어느 날 갑자기 불쑥 수많은 스토리를 담아 22개의 메이저 아르칸으로 나타났다고 믿는 전문가는 아무도 없다. 르네상스 이전 타로의 역사는 점조직처럼 여기저기서 발견되는 작은 실마리들의 연속일 뿐이다. 손에 잡히는 물증은 없지만 단서가 흩어져 있는 범죄 현장처럼 말이다. 그러다가 혼란한 어느 시기에 지식의 빗장이 풀리며 판도라의 상자가 열린 것이다. 그렇다면 왜 바로 이 시기에 수면 위로 떠오른 것일까? 이 수수께끼를 따라가려면 이탈리아반도에서 시작된 르네상스라는 시대에 관해 이해할 필요가 있다.

르네상스는 이탈리아 해변의 작은 항구들에서 미세한 날갯짓이 시작되었다. 유럽이 아직 중세의 어둠에 잠겨있던 9세기경부터 베네치아, 아말피, 제노바 등의 항구는—규모는 작지만—동방과 서유럽을 잇는 교역 도시였다. 그런데 십자군 원정이 시작되며 이 항구들이 급격하게 발전하게 된다. 동방으로 가는 함선과 보급품을 조달하는 중요 거점이었기 때문이다. 이탈리아 해변의 작은 날갯짓은 갑자기 나비효과를 일으켜 이후 유럽이 전 세계의 헤게모니를 잡는 도약판이 된다. 그리고 유럽은 음울한 중세와는 결별을 고하고 오랜 잠에서 깨어난다. 중세 천 년 내내, 무지한 민중은 천국만을 바라보며 '신'을 위해 금욕적인 삶을 살았다. 그런데 갑자기 물질적, 지적 풍요로움으로 '나^{Ego}'라는 욕

\#르네상스 \#헬레니즘 \#고대지식 \#점성술 \#수비학
\#연금술 \#종교개혁 \#마틴루터 \#마르세유 \#템플기사단
\#노스트라다무스

망 덩어리가 깨어난 것이다. 현생의 지적, 물질적인 삶이 중요해지기 시작했다. 피렌체, 로마, 밀라노, 베네치아, 만토바, 파도바, 우르비노, 나폴리…, 이탈리아는 공화국의 이상을 추구하는 수많은 도시국가들로 뒤덮였고, 레오나르도 다빈치, 미켈란젤로, 단테, 페트라르카, 구텐베르크, 콜럼버스, 몬테베르디, 마키아벨리 등 이루 셀 수 없는 천재들이 불과 2세기 남짓한 시기에 지금 우리가 누리고 있는 대부분의 문화, 예술, 그리고 과학의 토대를 만들었다.

수면 위로 떠오른 고대의 역사와 상징들

8차에 걸친 십자군 전쟁은 지루하고도 야만적이었다. 7세기 마호메트가 이슬람교를 창시하고 고대 로마제국이 식민지로 삼던 지역을 지배하게 되자, 소유지이던 예루살렘 순례길이 막힌 교황청과 유럽 왕실은 당황할 수밖에 없었다. 순례지 소유권을 주장하며 시작한 원정이었지만, 이슬람 제국의 입장에서 보면 만주가 발해 땅이었으니 내놓으라며 쳐들어가는 것 같이 말도 안 되는 '침략'일 뿐이었다. 이미 수백 년을 점령하고 있던 상대와의 기득권 전쟁을 현행법의 시각으로 보면, 누군가가 비어있는 내 집을 무단 점령하고 있다 해도 법을 통하지 않고는 소유권을 주장할 수 없는 것인데 말이다.

그런데 이런 오명을 쓴 유럽은 십자군 전쟁에서 뜻밖의 전리품을 얻었다. 잊고 있던 뿌리인 헬레니즘 문명과의 조우, 그리고 이슬람 세

계와의 문화적 융합. 기독교 교리에 부합되지 않는 모든 사상을 금지했던 천 년의 암흑을 열고 아랍세계에서 보존하고 있던 저서들이 유럽으로 물밀듯이 들어오기 시작한 것이다. 철학과 예술, 문학뿐 아니라 천문학, 수학 등 바빌로니아나 중국, 인도로부터의 위대한 가르침이 유럽의 정신을 깨웠다. 이것이 바로 르네상스^{Renaissance}의 정신이다.

서구의 정치, 사회, 종교 등 모든 세계관이 송두리째 뒤바뀌기 시작했다. 아랍을 통해 들어온 중국의 나침반이나 화약, 지도 등이 없었으면 과연 콜럼버스가 신대륙을 발견할 수 있었을까? 중국의 종이가 마침 그때 전해지지 않았다면 과연 구텐베르크의 인쇄술이 빛을 발할 수 있었을까? 이 시대에 수도사들이 양피지에 손으로 일일이 베껴서 만들던 책은 어마어마한 고가여서 신분이 높은 사람만 소유할 수 있었다. 게다가 귀족이나 엘리트 사회에서 쓰던 언어는 라틴어였으니, 문맹에 가까웠던 절대다수의 민중에게 책은 그림의 떡이었고, 지식은 권력자의 전유물이었다. 1450년 구텐베르크는 납 활자와 와인 추출 기계에서 착안한 압착기술로 인쇄술을 완성했다. 여기에 일이 되려니까 값싸게 책을 만들 수 있는 종이가 중국으로부터 전해진 것이다! 이는 현대의 인터넷 혁명에 버금갈 정도의 정보 확산으로 지식의 평준화를 가져왔다.

이슬람으로부터 들어온 저서에는 점성술과 수비학, 연금술 등 수많은 고대의 비전도 함께 들어있었다. 때마침 1453년 로마의 마지막 숨통을 잇고 있던 동로마제국이 오스만투르크의 이슬람 제국에 멸망, 콘스탄티노플은 함락되었고 수많은 학자가 이탈리아반도로 삶의 터전을 옮겨갔다. 이들이 인문주의자라는 새로운 지식 엘리트층과 네트워크를 구축하면서 상상을 초월한 인재풀이 형성되었다. 종교개혁의 기폭제가 된 이런 지적 움직임 한쪽에는 점성술이나 연금술에 기초한 '신비주의' 철학에 접근한 지성인이 많았다. 이들 중에는 로저 베이컨이나 성 토마스 아퀴나스, 아베로에스, 에크하르트처럼 쟁쟁한 학자들도 포함되어 있었다.

여기에 기름을 부은 것이 종교개혁이다. 독일의 신부 마틴 루터는 1517년 부패한 로마교황청에 반기를 들어 비텐베르크의 성당 정문에 95개 항의 대자보를 써 붙인다. 이후 유럽은 종교개혁의 소용돌이에 휩쓸렸고, 캘빈과 로욜라 등의 개혁파가 유럽을 휘감았으며, 토머스 모어는 영국 교회와 결별한다.

활자를 통한 매체의 발달은 상상을 초월한 혁명을 가져왔다. 20세기 말 아날로그에서 디지털의 시대로 넘어온 것 이상의 충격이었을 것이다. 인쇄 미디어는 같은 의견을 가진 사람들을 하나로 묶는 강력한 힘을 발휘했다. 지리적으로 아무리 멀어도 서신으로 의견을 교환하고, 저서나 팸플릿으로 선동하여 여론을 조성할 수 있었기 때문이다. 게다가 이슬람 세계로부터 들어오는 각종 책 가운데는 초기 헬라어●나 꼽

트어●●로 쓰인 성경 원전과 이단적인 내용이 섞여 있었다. 중세 내내 교황청의 입맛에 맞는 내용만 추려서 가르치던 교리와는 상반된 것들이 너무 많았다. 이제 더 이상 신과 인간 사이에 중간자 역할은 필요치 않다고 느낀 개혁파는 성경의 말씀으로 돌아가 정직하게 일해서 번 돈으로 현재를 열심히 사는 것이 천국에 가는 길이라 믿기 시작한 것이다.

르네상스가 완성한 마르세유 타로

'개혁'이라는 폭발적인 사상의 분출 와중에 '마르세유'라는 새로운 타로가 출현한 것은 확실하다. 아득한 고대의 역사와 상징들은 르네상스 시대의 전문가들을 자극하면서 미스터리한 성격의 옷을 입었다. 르네상스 시대에 활동한 독일 화가이자 수학자 알브레히트 뒤러는 타로의 비밀스러운 상징을 흡수하여 자신의 작품에 재현했다. 그래서 신화학, 신지학, 신비적 연금술 영역의 강력한 교감을 그의 작품들에서 발견할 수 있다.

에라스무스(1466-1536), 파라셀수스(1493-1541), 코르넬리우스 아그리파(1486-1535)의 비교적인 저서에서도 이런 흔적을 찾을 수 있다. 르네상스 시대를 맞아 새로운 사상과 지식으로 가득한 유럽에서 당

● 헬레니즘 문화권에서 공용어로 사용되던 고대 그리스어
●● 그리스어에서 차용한 문자로 표현한 이집트어

시 나돌던 타로는 모르면 그냥 화투 같은 놀이지만, 그 안의 상징을 알아보는 사람에게는 세상의 이치를 다시 보도록 자극했다. 이렇게 르네상스 시대부터 시작된 비판적 사고는 계몽주의 시대까지 지속하여 과학혁명과 산업혁명으로 연결되었다. 숨겨진 위대한 사상가들은 고대의 우주 생성 이론에 기초한 상징들을 숨겨 넣은 타로를 그리기도 했다. 고대 지식은 이렇게 살아남아 르네상스(재탄생) 된 것이다.

타로가 최초로 수면 위로 떠오른 것은 1375년, 이탈리아의 로마 근교 비테르보라는 마을에서 부터다. 수면 위로 떠올랐다는 것은 어떤 이유로든 문서상의 기록이 발견된 연대라는 의미다. 하일^{Hayl}이라는 아랍인이 카드를 가져왔다고 기록되어 있다. '하일'은 아랍 이름이지만 템플 기사단의 박해 때 마지막 남은 자들이 터키 남부로 피신해 갔으므로 그가 이들의 후예일 가능성도 무시할 수는 없다. 그 이후 이탈리아와 프랑스의 여기저기에서 파편과 같은 기록이 나타날 뿐이다. 이 중 현존하는 가장 오래된 타로는 1392년에 프랑스의 왕 샤를 6세가 무료함을 달래기 위해 주문했던 것으로, 이탈리아 북부에서 제작되었다. 현재 18장의 카드가 프랑스 국립도서관에 보관되어 있는데, 하나하나 손으로 직접 그렸으며, 테두리는 꽃과 리본의 모티프에 얇은 금박으로 장식되어 있다. 이 중 16장이 현재 마르세유 타로의 메이저 카드에 해당하고, 한 장이 마이너 카드다. 이로써 마이너 카드도 타로가 처음 나타났을 때부터 존재했다는 것을 알 수 있다. 마지막 한 장의 카드는 우리가 일반적으로 알고 있는 상징과는 전혀 달라 수수께끼로 남아있다.

이후 15세기가 되며 이탈리아 밀라노의 공작이던 비스콘티 스포르자 가문을 위해 만든 타로들이 전해진다. 비스콘티 스포르자 판이라 불리는 78장 중 74장이 전해지며 이 중 24장은 후에 복원된 것이다. 비스콘티 가문은 아들의 대가 끊겨 외동딸을 용병 대장이던 프란체스코 스포르자와 혼인시켰는데, 결국 이 사위가 권력을 승계받아 스포르자 가문의 지배 아래 들어간다. 이후 레오나르도 다빈치 등 예술가들을 후원하며 밀라노의 찬란한 르네상스 시대를 열었다.

이탈리아와 국경을 마주한 프랑스 남부의 프로방스나 랑그도크 지방은 중세부터 신비에 잠겨있는 지역이다. 2000년 전 팔레스타인에서 예수의 죽음 이후, 열두 제자와 가족 사이에 예수의 정통성에 관한 기득권의 싸움이 있었고, 여기에서 제자들이 승리했다는 설이 있다. 가설이건 진실이건, 열두 제자 중 제1 제자인 베드로는 바울을 만나 공동체 시스템을 구축하고 온 유럽에 선교 활동을 펼쳐 지금의 기독교를 만들었다. 베드로는 초대 교황이 되었고 로마에서 순교하여 교회의 머릿돌이 되었다. 이는 우리 모두 알고 있는 기독교 주류의 역사다. 그럼 역사의 뒤로 사라진 가족, 즉 아버지 요셉과 어머니 마리아, 형제자매는 어찌 되었을까? 그들이 박해를 피해 배를 타고 망명한 곳이 당시 로마의

식민지였던 프랑스 마르세유라는 이야기가 전설처럼 전해진다. 그래서 프랑스 남부는 중세 내내 교황청의 눈엣가시였다. 왜냐, 교단에서 그토록 없애고 싶은 신의 아들 예수를 둘러싼 인간적인 이야기들이 끊임없이 흘러나오는 원천이었기 때문이다. 여기서 성배The Holy Grail 이야기도 유래한다. 예수의 가족이 프랑스로 가지고 왔다는 '예수의 피를 받은 신성한 컵'이 무엇인지, 어디로 사라졌는지, 이 질문은 지금까지도 서양인들의 머리에서 떠나지 않아, 바그너의 오페라 〈페르치팔Parsifal〉, 〈로엔그린Lohengrin〉, 소설 〈다빈치 코드〉, 〈원탁의 기사〉 등의 주제가 되었다.

신비주의의 이름으로 인간의 염원과 에너지를 담다

이탈리아에서 전해진 타로는 프랑스 남부의 신비주의자들이 그 구조를 완성했다. 마르세유라는 이름이 붙은 이유는 이 도시에서 만들어졌다는 이유보다는 예수 시대의 전설이 주는 상징성 때문이다. 지중해변의 랑그도크와 프로방스 지방은 정통 가톨릭에 반한 이원론적인 카타르 학파가 세를 이루던 곳이다. 남부의 유력한 영주들이 지지하던 카타르파는 템플리어의 주축을 이루기도 했다. 이들은 정통 기독교 사상과는 달리 유일신 하느님만이 최고가 아니라 이 세상은 밝음과 어둠, 즉 선과 악이 동일한 에너지로 존재한다고 믿었다. 이는 유대 신비주의인 카발라나 영지주의Gnosticism적인 사상과 통한다. 게다가 이들은 경건한 기독교도였지만, 예수가 신이라기보다는 인간이었다고 믿었다. 권력을 잡은 주류 기독교로서는 용서할 수 없는 이단이었다. 십자군 전쟁을 치르기 위해서는 프랑스 남부의 대영주들과 템플기사단(성전기사단)의 힘이 절대적으로 필요했지만, 이들의 힘이 점점 강해지며 남프랑스가 거의 프랑스에서 떨어져 나갈 정도가 되자, 프랑스 국왕과 교황청은 덜컥 겁이 났다. 결국 카타르파와 템플기사단을 모두 싸잡아 이단으로 몰기에 이른다. 그냥 주동자들만 종교재판에 회부하는 정도가 아니라, 왜 그렇게 했을까 의문이 남을 정도로 마지막 한 명까지 씨를 말리는 역사상 유례 없는 내전을 치른 것이다. 카타르파 템플기사단은 프랑스 남부 알비Albi 근처에서 마지막 힘을 다해 교황과 왕의 군대에 저항하다 함락된다. 그토록 상식 밖으로 집요하게 가톨릭 주류파가 이들을 멸족시키려 했던 이유나, 이들이 목숨을 걸고 끝까지 지키려 했던 것이 무엇이었는지는 수수께끼로 남아 아직도 소설의 주제가 되곤 한다.

간신히 살아남아 탈출한 카타르파 템플리어들은 영국이나 소아시아 등으로 흩어져 자신들이 지키고자 했던 사상을 암호나 상징으로 남겼다고 한다. 이렇게 떠돌던 신비주의 사상들이 어떤 경로인지는 모르지만 여러 학자들을 통해 어렴풋한 그림자로 명맥을 유지했다. 이들을 사로잡은 것이 무엇인지는 모르지만 기라성 같은 학자들임에도 불구하고 당대를 주름잡던 합리적인 접근법과는 동떨어진 비밀스러운 지식의 연구에 일생을 바쳤다. 직접 타로를 언급하거나 그린 것은 아니지만, 그들의 사상 속에 고대의 비전이라는 후광과 상징이 비치는 것은 부정할 수 없다.

프랑스에서는 마르세유 타로를 노스트라다무스[Michel de Nostradamus] (1503-1566) 타로라고도 한다. 노스트라다무스는 마법사로 낙인찍혀 종교재판에서 처형되는 것을 피하기 위해 상징적 그림과 난해한 암호로 예언서를 저술했는데, 여기에 타로의 이미지들이 확연히 들어있다.

유대인인 노스트라다무스는 마르세유 근교인 생레미 드 프로방스에서 태어났고, 근처의 몽펠리에 대학에서 공부한 남프랑스 토박이다. 노스트라다무스의 할아버지는 독실한 유대교 카발라 신비주의 학자였다. 대학에서 약학과 의학을 공부한 그는 주로 약종상(일종의 약국)을 운영했고, 의술 자문도 했는데 그의 처방이 잘 들어 명성을 얻었다. 당시 의학이나 약학은 우리의 한의학처럼 인간과 우주의 기를 연결하는 일종의 철학적인 면이 강했다. 점성술에 탁월한 지식을 가진 그는 개인의 별자리와 체질에 따라 처방했던 것이다.

이후 점성술을 바탕으로 예언적인 저술을 했는데 당시 프랑스 왕비 카트린 드 메디치의 부름으로 1555년부터 왕실의 점성술가로 일하게 된다. 카트린 드 메디치는 이탈리아 피렌체 메디치 가문의 딸로 프랑스 왕가로 시집와 국왕의 바람기와 외국인이라는 따돌림을 모두 극복하고 아들 셋을 국왕의 자리에 앉혔으며, 수렴청정하며 무소불위의 권력을 장악했던 여걸이었다. 메디치 가문이 약종상에서 시작해 재벌이 된 가문이니, 카트린 드 메디치가 노스트라다무스를 아끼고 신뢰한 이유가 이해가 간다. 그러나 아이러니한 것은 카트린 드 메디치는 당시 종교개혁으로 신교와 구교가 유혈 낭자한 싸움을 하던 시대, 가톨릭의 수장이었다는 것이다. 그래서인지 노스트라다무스는 왕비에게 한 예언을 절대로 문서로 남기지 않았다.

영국의 뛰어난 수학자이자, 과학자였던 존 디John Dee(1527-1608)도 점성술과 신비주의에 관심이 많았다. 그는 엘리자베스 1세와 메리 여왕의 점성술사가 되어 왕실의 중대사에 관여하였는데, 특히 당시 영국이 신대륙을 향해 탐험에 나설 때 조언을 하고 항해 기술에 관한 책을 쓰기도 하였다. 그의 저서 곳곳에서 신비한 가르침의 흔적이 보인다. 합스부르크 왕실의 루돌프 2세는 케플러나 튀코 브라헤, 알브레히트 뒤러 등 르네상스 시대의 기라성 같은 학자들을 후원한 것으로 유명한데, 사실 이들 역시 점성술의 대가였다.

물리학자이던 미카엘 마이어Michael Maier(1569-1622)는 루돌프 2세의 지원으로 연금술을 연구하였다. 다양한 지식을 가졌던 그는 아랍어로 된 유클리드 기하학을 번역하기도 했고, 로마의 건축가 비트루비우스, 화가 알브레히트 뒤러의 비율 이론에 관한 저술을 쓰기도 하였지만, 시간이 갈수록 점성술과 카발라 등의 신비적이고 초현실주의적인 학문에 깊이 몰두했다. 그의 저서들에 언급된 '신비학적 연금술'의 체계는 타로의 신비로운 가르침과 흡사하다.

신학자이던 야코프 뵈메Jakob Bohme(1575-1624)나 엘리자베스 1세 치하 명문가의 자손으로 의사였던 로버트 플러드Robert Fludd(1574-1637) 등도 과학적인 태도를 거부하고 신비주의에 몰두하였다. 특히 로버트 플러드는 중세 말 종교재판을 피해 영국으로 피신했던 템플기사단Knights Templars의 후신인 장미십자회 단원이 되었다. 플러드 저술의 대부분은 과학적 경향과는 동떨어진 17세기 신비주의 경향의 극치를 드러낸다. 유대교의 신비철학, 연금술, 점성술 등에 심취했고, 신이 자신의 이미지를 투영한 인간과 세계의 상징을 연구했다. 플러드는 생전에 이런 신비주의적인 사상 때문에 마술사라는 비난을 받기도 했다. 19세기 영국의 평론가 토머스 드 퀸시는 플러드의 모호한 저작들을 프리메이슨의 상징적 이념의 주요 원천으로 보았다.

현대인이 타로와 친밀해진 것은 18세기의 프랑스 학자 앙투안 쿠르 드 제블랭Antoine Court de Gébelin의 덕이다. 여러 방면의 고대 지식에 통달한 그는 〈고대세계와 현대세계의 비교 분석〉(1782)이란 책을 출판하였다. 그는 어느 날 지인의 모임에 갔다가 카드를 다루고 있는 한 사람을 보게 된다. 그는 이 카드를 보자마자 고대 이집트 신관들이 비밀로 전수하던 지식의 후광이 있음을 직감하고는 각 카드를 연구하여 주석을 달

앗다. 이것이 현재 마르세유 타로라 불리는 22개의 메이저 카드로, 당시 목판으로 찍은 것이다. 이후 많은 학자가 자신의 해설을 내놓았고, 여러 장인이 타로를 다시 그렸다. 타로는 한편으로는 예언적으로 사용되며 수많은 새로운 카드들에 영감을 주었다. 우리에게 친숙한 트럼프도 마르세유 타로로부터 온 것이다.

나는 여전히 타로가 어디에서부터 왔는지 모르지만, 인간의 내면에 깊이 침잠한 무의식을 깨우는 고대의 상징임을 믿는다. 나 역시 과학적 정신을 선호하지만, 결코 신비주의적인 면을 무시할 수 없다. 세상의 진리는 아직 아무도 모르고, 과학조차도 현재의 문명에서만 참이지 시간이 가면 또 어찌 될지 모르는 것이다. 고대부터 인간의 삶 한 부분을 그토록 오래도록 지배했던 사상에는 분명 무언가가 있고, 그 안에는 인간의 염원과 에너지가 깃들여있기 때문이다.

중세의 어두운 터널을 지나온 신비의 지식

———————— 건축물은 인류 문명사의 중심을 차지해 왔다. 그중
에서도 석조 건축물이 기여한 바는 타 건축물의 추종을 불허한다. 백
악기의 지반 위에 있어 석회암이 풍부했던 유럽에서 산업혁명 전까지
신전과 도시, 도로 등 대부분의 건축물은 돌로 만들어졌다. 석회암은
물러서 다루기가 쉬운 한편 오랜 세월 비바람을 받을수록 더욱 단단해
지는 성질이 있다. 단단한 화강암 지반 위에 있어서 돌을 사용한 거대
한 토목공사를 하는 데 어려움이 있었던 우리나라와 비교되는 자연조
건이다. 목재를 사용한 토목 공사에서 목수의 입김이 가장 강했던 것
처럼, 석조 건축이 주를 이루는 유럽에서는 석공의 기술이 최고의 가
치로 숭상받았다.

전 인류사를 통틀어 건축은 강력한 상징물이기도 하다. 시간의 어
둠 속에 잠긴 고대 건축물들은 논외로 하고 이후 타로가 역사의 수면
위에 나타난 중세의 성당부터 살펴보자. 이 시기의 성당이란 기독교라
는 소프트웨어가 돌아가는 거대한 컴퓨터였다. 인간의 잠재의식 속에
는 신성에 대한 '촉'이 내재해 있는지 성당 앞에 서면 여전히 알 수 없는
경외감을 느낀다. 고대부터 지어진 수많은 종교 건축물이 의도한 것은
바로 이런 촉의 부팅이 아니었을까? 건물의 웅장함과 스테인드글라스
의 빛은 칙칙한 호롱불 밑에 살던 민중을 천상으로 초대하는 듯한 착각
을 일으켰을 것이다. 경탄을 자아내는 돌의 조합과 공간, 빛, 색을 이

#십자군 전쟁 #석공 길드 #석조 건축 #그노시즘
#프리메이슨 #다빈치 코드 #종교재판 #코페르니쿠스

용한 기술 그리고 여기에 불어넣은 종교적인 메시지 그리고 그 밑의 미사 집전 의식. 모든 것이 현대 기술로도 다시 재현할 수 없을 정도로 정교했다. 아무리 생각해도 그 공학적 비밀은 일개 동네 석공들의 작품이 아니다. 시차가 수십 년이건 수백 년이건 누군가 천재적인 지휘자가 오케스트라를 지휘한 듯 일사불란하게 꽃피었기 때문이다.

타로가 중세에 돌을 다루던 장인들과 그 후견인들의 신비한 사상을 비밀리에 전수하기 위한 발명품일 수도 있다는 견해는 프랑스의 수많은 성당 건축물을 연구한 학자들의 공통된 의견이다. 파리 남서쪽에 자리한 샤르트르Chartres라는 도시에 프랑스 고딕 양식의 최고봉이라 일컫는 성당이 있다. 1240년경에 완성한 샤르트르 대성당은 전면에 수천, 수만 개의 조각품이 새겨져 있는데, 가까이서 하나씩 뜯어보면 그 의미를 알 수 없는 것들이 대부분이다. 이는 파리의 노트르담 사원이나 다른 고딕 성당들도 마찬가지다. 그러다 보니 〈다빈치 코드〉류의 소설과 중세의 숨겨진 비밀을 찾는 역사가들, 고대사를 연구하는 학자들에게 늘 관심의 대상이었다. 기독교적이라 하기에는 너무 괴상한 모티프들이 많기 때문이다.

이뿐 아니라 르네상스 거장들의 작품 속에도 이런 수수께끼의 모티프들은 다양하게 감지된다. 친숙한 예를 들어, 로마의 시스티나 대성당 천정과 벽면에 그려져 있는 미켈란젤로의 〈천지창조〉나 〈최후의 심판〉은 성당을 장식하기에는 너무도 이국적인 표현들이 곳곳에 숨어 있다.

템플기사단과 석공 길드의 연합, 프리메이슨의 탄생

타로가 인도하는 신비한 길을 따라가다 보면 십자군 전쟁 당시 흰 바탕에 붉은 십자가의 망토를 휘날리던 템플기사단Knights Templars을 만나게 된다. 이들은 십자군에 참전한 수도사 기사단 중 가장 강력한 전사 조직이었다. 7세기경 시작된 이슬람은 점점 세를 넓혀 12세기가 되자 예루살렘이나 베들레헴을 포함, 중동지역 대부분뿐 아니라 이집트와 스페인에 이르는 대제국을 이루었다. 기독교도는 죽기 전에 예루살렘을 순례해야 천국에 갈 수 있다는 믿음이 지배하던 시대에 성지뿐 아니라 무역 중심지이던 지중해마저 빼앗긴 것이다. 예수가 죽고 부활한 '예루살렘'이라는 화두는 기독교와 이슬람 간의 양보할 수 없는 고지였고, 그 싸움은 지금도 계속되고 있다. 이들은 1096년에 시작하여 1270년까지 총 7~8차례의 전쟁을 치른다.

템플기사단은 성지를 지키고 예루살렘 순례단을 호위하는 고도의 숙련된 특전사로 자리를 잡았다. 그들 중 비전투 병력은 뛰어난 두뇌로 성지와 유럽을 잇는 자금을 장악하며 엄청난 부와 권력을 장악했다. 최고의 엘리트 집단이던 템플기사단원들은 예루살렘과 이슬람 세계를 접하며 기독교 정신과는 다른 과학이나 신비적인 지식들을 접하게 된다.

천년도 더 전에 기독교가 공인되며 사장되었던 이원론적인 사상이나 그노시즘Gnosticism(영지주의) 사상에도 젖어들게 되었다.

하지만 르네상스가 밝아오던 1291년, 팔레스타인에 마지막 남은 기독교인들의 도시 아콘이 함락되면서 200여 년에 걸친 십자군 전쟁도 막을 내린다. 십자군이 실패로 끝나자 유럽의 왕족들에게 대출까지 해주며 승승장구하던 템플기사단은 그 역할이 애매해지고 만다.

이때 템플기사단이 재정적, 정신적으로 후원하던 하부 조직이 있었으니, 바로 석조 건축을 전문으로 하는 석공 길드Guild였다. '길드'란 중세에 수공업자들이 기술과 비법을 체계적으로 보호하고 전수하기 위해 만든 일종의 조합인데, 이권으로 이루어진 현대의 협동조합이나 노동조합을 상상하면 오산이다. 오히려 스승과 제자, 동료의 끈끈한 우애를 기반으로 한 학연이나 동맹에 가까운 조직이었다. 기술과 규모가 거대한 석공조합은 다른 길드보다 강력하고도 체계적인 시스템을 이루었고, 건축공법의 비밀을 지키는 맹세를 목숨보다 소중히 했다. 이들은 예수의 12사도 중 하나인 '성 야고보Saint-Jacques ●의 아이들'이라 자신들을 명명했다.

현재까지도 경탄을 자아내는 색과 빛, 공간을 이용하며 종교적인 메세지를 불어넣는 중세 건축의 핵심에는 석공 조직과 템플기사단이

● 스페인어로 산티아고이며 산티아고 순례길의 성인이다.

역사에 단순하게 기록된 것 이상으로 신비한 그림자를 드리우고 있다. 이들이 활동하던 시기에 고딕양식이라는 찬란한 중세 건축이 갑작스레 꽃피었고, 이들이 십자군 전쟁을 통해 고대로부터의 비밀스런 공법을 전수받았다는 설도 있다. 12세기에 홀연히 나타나서 르네상스 시대인 15세기경까지 화려함을 자랑한 이 양식은 로마시대부터 이어져 오던 건축공법을 확 뛰어넘는 이해할 수 없는 발전이었기 때문이다. 하지만 당시 교단의 눈엣가시였던 템플기사단은 대부분 종교재판의 희생양이 되어 불꽃처럼 죽어갔다.

두 세기를 건너뛴 18세기 초, 석공조합은 세계적인 '음모론'의 중심이 되고 있는 사조직, 프리메이슨Free mason이라는 이름으로 다시금 역사의 수면 위로 떠오른다. 이후 건축은 또 무언가에 홀린 듯, 철기 시대를 맞으며 찬란하게 하늘을 향해 바벨탑을 쌓기 시작한 것이다.

핍박받는 자들이 목숨 걸고 지킨 비밀과 상징

십자군은 실패한 전쟁이었으나, 생각지 못했던 엄청난 전리품이 남았다. 잊고 있던 유럽의 뿌리, '고대古代'라는 보물창고가 그것이다. 이슬람이 보존하던 메소포타미아, 이집트, 그리스, 로마를 망라하는 철학과 인문학 문헌들, 인도나 중국과의 교류로 발전한 수학, 천문학, 공학 등이 십자군에 묻어 유럽으로 밀려들어 오기 시작한 것. 이는 상상을 초월한 '융합'이었다. 르네상스라는 축제는 이렇게 시작되었다.

그런데 이슬람으로부터 밀려오는 다양한 지식 중에는 기독교의 입맛에 맞는 이론만 있는 것이 아니었다. 교황청이 치를 떨며 금기시하던 카발라 신비주의나 그노시즘, 지동설, 아리스토텔레스의 물질주의 등 기존의 교리를 위협하는 사상들이 대거 포함되어 있었다. 이 사상들은 기본적으로 예수의 신성보다는 인간성에 집중했고, 선의 존재인 하느님 밑에서 찌질하게 덤비는 악마의 싸움이 아니라, 선과 악이 동등하게 우주를 이루는 기본 요소라고 보았다. 프랑스 남부의 랑그도크와 프로방스부터 스페인에 이르는 지역은 끈질기게 교황청을 위협하는 이런 신비적인 이론이 우세하던 지역이었다. 이 지역의 힘 있는 영주들이 지지하던 조직이 바로 템플기사단이었다.

남프랑스 유지들의 대대적인 지지를 받던 템플기사단의 세력과 부가 너무 막강해지자 교황청과 프랑스 국왕이 위협을 느낄 정도였다. 이들의 이해관계는 맞아떨어졌고, 눈엣가시 같던 남부의 귀족과 템플기사단을 이단으로 몰아 해체하기 위해 연합한다. 거의 4세기에 걸친 종교재판은 이해가 안 될 정도로, 마지막 불씨도 남기지 않으려는 듯한 집요한 추적이었다. 하지만 마지막까지 살아남은 사람들이 있었다. 이탈리아 북부나 소 아르메니아의 킬리키아 등지로 목숨만 유지해 피난한 이들은 지하에서도 신념을 굽히지 않았다.

글을 모르던 중세의 민중이 정보를 접할 수 있는 길은 그림이나 소문, 민요 등이었다. 타로라는 매체도 책처럼 작가의 사상을 상징이나 패러디로 표현한 것이다. 초기에는 대부분의 수도사가 필사본으로 책을 만들듯이 하나하나 카드를 그리다가 판화를 사용하여 한 번에 여러 장을 찍어내는 방법을 알게 되었을 거다. 그리고 15세기가 되며 인쇄술이 발달하자 타로는 민중 속으로 급속히 전파되기 시작한다. 화투패 같은 놀이도구로 퍼지다 보니 그림의 수수께끼 같은 상징을 알아보는 자들이 늘어나게 된다.

　소설 〈다빈치 코드〉의 줄거리도 타로가 유행하던 시대에 이단적인 사상가들이 남긴 비밀의 열쇠를 푸는 이야기다. 르네상스 시대에 암호가 많이 사용된 이유는 종교재판이라는 마녀사냥의 희생양이 되지 않기 위해서였다. 지식인들은 이슬람 세계로부터 밀려들어 오는 엄청난 양의 고대 서적을 접했는데, 그 안에는 절대 발설하지 말아야 하는 내용을 담은 책들이 많았다. 코페르니쿠스는 죽은 후에 자신의 책을 인쇄하라는 유언을 남겼고, 갈릴레오는 간신히 화형을 면하고 나오며 '그래도 지구는 돌고 있다'고 중얼거렸다. 레오나르도 다빈치는 거울에 비치는 상像처럼 글씨를 뒤집어쓰는 암호를 많이 사용했다.

　동양의 역학이나 점성술은 불교와 한 몸이 되어 크게 핍박받지 않고 학문으로 발전했지만, 서양의 신비주의는 기독교 교리에 부합하지 않는 사상은 모두 이단으로 몰려 철저하게 탄압되었다. 종교도 인간이 하는 일이라 가장 신성해야 할 종교가 때로는 가장 악마적인 경우도 많다. 성스럽고 지·덕·체의 중심이 되면 인간의 신성함이 강조되지만, 물질과 권력의 색을 띠게 되면 억눌린 악마적인 본능이 올라온다. 인간은 이중적이기 때문이다. 부정할 수 없이 역사는 이 현상의 반복이다.

잃어버린 역사의 퍼즐 조각

타로는 고대의 전통을 바탕으로 14세기경에 완성되었다는 것이 정설이지만, 아무도 타로가 어느 날 문득 나타났다고 믿지 않는다. 최초의 원시인이라는 호모 오스트랄로피테쿠스의 뼈 쪼가리가 아프리카에서 우연히 발견된 것처럼, 기원을 알 수 없는 역사의 여명기로 거슬러 가다 보니 수많은 사상이 잡다하게 담겨있다. 머나먼 중국이나 인도의 흔적도 보이고, 하늘의 모든 것이 땅에 대칭을 이루고 있다 믿은 이집트적인 점성술의 개념도 들어있다. 유대의 신비주의 카발라와는 거의 직접적으로 부합된다. 히브리어로 '전통'이란 뜻을 가지고 있는 '카발라 Kabbala'는 인간과 자연, 나아가 이 세상이 '신의 언어로 된 책'이라 말한다. 그리고 성경에 신의 이름이 비밀스럽게 기록되어 있어 신비의 지식Gnosis을 습득한 자는 신을 만날 수 있다고 여겼다. 여기에 만물의 근원은 수라 생각하여 수에 깃든 신비한 힘을 믿은 수비학적인 세계와 금과 불로장생의 약을 찾는 연금술도 타로 안으로 흡수되어 들어갔다.

또한 22개의 타로 카드는 육체를 얻어 유년기와 배움의 시기를 지나 지혜를 얻는 인생의 순례길을 표현하기도 한다. 성 야고보가 산티아고 순례길을 걸었고, 그의 아이들이라 자신들을 명명했던 템플리어와 석공들의 그림자가 보이는 것이다. 왕·귀족·신하·평민으로 이루어진 중세사회를 표현하는 듯한 이 그림들은 민중에 퍼지며 인기를 얻었고, 영속성과 전파라는 두 마리 토끼를 잡은 것이다.

신기한 것은 타로에 어떤 이상한 시스템이 작동하였는지는 알 수 없지만, 놀이로 여기던 타로가 어느 순간 미래를 점치는 기능을 가진 것이다. 어쩌면 이것이 만든 이들의 의도였을지도 모른다. 아웃사이더로 음지에서 핍박받던 지식 전수자들이 지녔던 이원론적인 사상의 그림자가 아닐까?

타로 안의 많은 상징은 끝을 알 수 없는 인간의 근원적인 물음을 담고 있어 뽑는 순서에 따라 직관적으로 읽힌다. 타로의 이미지들을 통해 뽑은 사람의 에너지는 읽는 사람의 에너지와 충돌한다. 여기에 타로 안에 아주 오랜 시간을 거치며 쌓인 에너지가 솟아나는 것이다. 타로나 카드는 이로써 민중들의 손에서 놀이와 도박, 또는 미래를 보는 점술 같은 것으로 인류 역사에 남아있을 수 있었다. 일종의 처용가같이.

중세의 어두운 터널을 지나며 타로에 신비로운 지혜를 그려 넣었던 템플리어와 장인들이 무엇을 말하는지 완전히 알 수는 없다. 그러나 확실한 것은 장인의 숨결이 밴 카드에 밝음과 어두움, 기쁨과 슬픔, 양과 음의 모든 에너지를 함축하고 있다는 것이다. 그래서 민중들에게 즐거운 놀이가 되기도 하는 카드가 욕심을 부리면 놀음이나 도박으로 인간을 파멸에 빠트리기도 한다. 너무 깊이 빠지면 현실과 괴리될 수 있지만, 전설이나 신화란 어찌 보면 인류가 잃어버린 역사의 퍼즐 조각일지도 모른다. 그중 하나가 타로라는 확신을 버릴 수가 없다. 타로는 영감의 원천이다. 마치 현대의 세계에서 모든 능력을 잃어버린 내가 고대의 지식이 축적된 CD를 발견한 것 같은 느낌이랄까. 파헤치고 파헤쳐도 러시아 목각인형처럼 또 나오는 타로는 그 끝을 알 수 없다.

신비의 '원형'을 찾아가는 여행

분석심리학의 대가 칼 융은 인간 무의식의 가장 깊은 곳에 흐르는 '원형Archetype'이라는 과학과 초현실의 임계점Threshold, Critical Point을 제시했다. 신기하게도 타로가 제시하는 다양한 상징을 따라가다 보면 언어와 수, 도형 등 다양한 기호들이 조합된 신비스러운 영역에 다다른다. 융이 말한 그 '원형'에 다다른 느낌을 받는 것이다. 애써 외면하던 '신비주의'라는 인문학적 수원지에 가까워지는 것 같다고나 할까. '신비주의'라는 카테고리는 고대로부터의 초현실주의적인 생각들, 우주나 영혼 등 '과학적이지 않고, 비주류적인' 철학이나 종교, 또는 초과학적 사상들로 빼곡히 채워진다. 하지만 이집트나 메소포타미아의 신관들로부터 페르시아의 조로아스터교나 마니교, 초기 기독교의 그노시즘, 유대의 신비주의 카발라, 연금술로 알려진 헤르메스주의 등으로 이어지는 신비주의는 생각보다 인류의 문명사에서 제외할 수 없는 큰 정신적 물줄기다. 동정녀 마리아의 수태나 예수의 기적을 믿지 않으면 기독교도가 될 수 없듯, 모든 종교란 사실 초자연적인 측면을 부정하기 어렵다. 다만 지구의 헤게모니를 잡은 서유럽이 기독교 정신 아래 세워졌기 때문에 교리에 부합하지 않는 사상들은 이단적이고 악마적이라는 누명을 쓰고 폐기처분되었을 뿐이다. 사실 이는 현대의 언론통제나 여론살해와 다름이 아니다. 금지된 사상들은 꽃잎이 떨어져 더 처연해지듯 음지에서 더욱 강한 신비주의적 색채를 띨 수밖에 없었다.

#칼 융 #원형 #신비주의 #바빌로니아 유수 #함무라비법전
#카발라 #팍스 로마나 #디아스포라 #헬레니즘
#콘스탄티누스 #짬뽕 #세피로트

서양의 정신세계를 지배한 신비주의

인류 역사상 위대한 철학자나 과학자 중 신비주의에서 비껴간 사람은 많지 않다. 플라톤이나 피타고라스 같은 그리스의 위대한 철학자나 수학자들, 중세의 많은 신학자, 레오나르도 다빈치와 미켈란젤로, 가까이에는 로저 베이컨이나 셰익스피어, 뉴턴과 케플러, 심지어 아인슈타인도 신비적 사상에서 우주의 영감을 받았다. 현재 지구의 가장 유력한 종교인 기독교와 이슬람교도 고대의 신비주의 사상과 그 맥을 함께한다. 구약은 메소포타미아의 다양한 신화와 이집트의 사후세계 같은 모티프들이 집약되어 만들어진 것이다. 예를 들어 레위기는 모세 오경에 들어있지만, 유대인들이 바빌로니아 유수(BC 597~BC 538)를 끝내고 돌아와 작성한 것으로 추정된다. 이 안에는 '눈에는 눈, 이에는 이(24:17~23)'라는 함무라비 법전의 내용이 그대로 들어있다. 서로 시공을 넘어 모세가 함무라비(BC 1792~BC 1750)와 회의라도 한 것일까.

카발라, 점성학, 연금술 등의 신비주의는 서양의 정신세계에 막대한 영향을 끼쳐왔다. 카발라는 서양 정신사상의 기본 토대가 되었고, 점성학은 천문학의, 연금술은 화학의 기본 바탕이 되었다. 이 와중에 기독교와 양립하지 못하는 부분은 마법이니 마녀니 이단으로 몰리기도 했다. 암흑의 힘은 언제나 존재하지만, 이를 부정적인 의미로 상상해 의인화한 것은 결국 인간일 뿐이다.

카발라든 또 다른 신비주의든 과학과 대척점에 있는 초자연적인 사고는 생각보다 많은 인류의 지식이 축적된 소프트웨어일 수도 있다. 감성과 직관에서 오는 정보를 모아 과학이라는 하드웨어를 돌리는 소프트웨어 말이다.

이 중 카발라는 왜 기독교가 기반이 된 서구 사상의 비밀스런 근간을 지배하게 되었을까? 이는 상당히 이율배반적이다. 유대인이나 이슬람을 핍박한 유럽이 이들의 근원지인 메소포타미아 지역을 이야기하지 않고는 뿌리를 논할 수 없기 때문이다. 지금도 근동The Near East은 복잡한 민족과 종교가 뒤엉켜 지구의 가장 뜨거운 감자지만, 예수 시대에도 이는 예외가 아니었다.

그리스의 헬레니즘 월드를 접수하고, 서유럽의 게르만과 켈트 같은 야만족의 지배까지 식민지화한 로마는 최전성기인 팍스 로마나Pax Romana를 맞이했다. 하지만 동쪽으로는 인도 국경부터 서쪽으로는 에스파냐, 북쪽으로 스코틀랜드 근처까지 이르는 이 거대한 영토를 지배하며 최고의 번영을 누리던 팍스 로마나의 시대는 영원하지 못했다. 역사는 언제나 최전성기를 지나면 하향 곡선을 그린다. 여기저기서 통치능력에 비해 영토가 너무 넓어진 로마의 지배에 반기를 들었다. 숲의 정령을 믿는 야만적인 게르만족도 피곤했지만, 고대부터 화려한 문명을 이어받은 근동은 더 힘들었다. 그중에서도 유일신을 믿는 유대인들은 다신교의 로마에 동화되기를 거부했다. 예수가 갈릴리의 나사렛에서 태어난 시대는 이런 복잡한 정치·사회적인 로마제국의 한가운데였다. 정복자 로마로부터 구원해줄 메시아를 애타게 기다리던 시대에 율법만을 강조하고 로마에 부역하는 유대 지도자들과는 달리, 헐벗고 굶주린 민중의 마음을 어루만지는 예수의 가르침이 불같이 퍼졌으리라는 것은 쉽게 상상할 수 있다. 하지만 예수는 유대인과 로마인에 의해 십자가에서 처형되었고, 이 사건은 하나의 상징이 되어 현재까지 인간을 사로잡는 영적인 원형으로 남았다. AD 79년 이스라엘이 로마에 함락된 후 나라가 공중 분해되며, 유대인들은 유럽 각지로 흩어지는 디아스포라Diaspora를 하게 된다. 유대인들은 유일 신앙에 충실하여 각지에서 공동체를 만들어 전통을 지속했으며, 예수의 죽음은 종교가 되어 들불처럼 퍼져 나갔다.

　민족과 종교, 역사가 서로 이질적인 지역을 헬레니즘이라는 코스모폴리탄적 문화로 엮는 데는 한계가 있었다. 결국 313년 콘스탄티누스는 엄청난 기세로 민중에 뿌리를 내리고 있던 기독교를 로마의 국교로 공인하게 된다. 예수 시대부터 그때까지 철저하게 박해하던 기독교를 정치적 목적으로 선택한 것이다. 이 거대한 지역을 하나의 정신으로 묶으려면 강력한 힘, 권위적인 최고의 신, 유일신이 필요했다. 게다가 신비하게 왔다가 신화를 남기고 떠난 예수와 공동체를 중요시하는 윤리는 민중을 하나로 묶기에 안성맞춤이었던 것.
　예수 초기의 기독교 종파들은 여러 갈래였다. 이들 중에는 예수를 신이 아닌 인간으로 보는 종파도 있었다. 결국 로마 후기 각 지역의 주교들이 모여 현재 전 세계에 공인된 하나의 교리를 선택하기에 이르는데, 이때부터 예수 시대에 다양하게 존재하던 종파들이나 고대 사상들은 이단이라는 깊은 어둠에 묻히기에 이른다.

로마가 멸망하고, 현재 서유럽의 모든 국가는 철저하게 로마가 남긴 기독교라는 정신적 유산에 의지해 세워졌다. 게르만족들이 이동하며 모든 것을 파괴한 서유럽에는 바티칸을 중심으로 한 기독교의 행정망 밖에 남아있는 것이 없었기 때문이다. 모든 것을 신에 의지해 교리에 부합하지 않는 사상은 모조리 통제하는 중세 암흑시대가 시작되었다. 하지만 십자군 전쟁 이후 이슬람 세계에 보관되던 수많은 고대 문헌들이 유럽으로 유입되며, 금서 통제는 손바닥으로 하늘을 가리는 격이 되었다.

신의 계획을 보여주는 상징, 카발라

동양에서 불교나 도교, 힌두교의 신비적 물줄기를 거슬러 올라가면 도무지 그 끝이 어딘지 알 수 없이 오래된 산스크리트어를 만나듯이, 서양에서는 히브리어를 만난다. 산스크리트어처럼 초 고대적인 신비에 잠겨있지는 않지만, 서양인에게 히브리어란 하느님께서 모세에게 하늘의 법률을 내려주었고, 예수가 사용했던 신성한 언어다. 게다가 메소포타미아의 쐐기 문자나 이집트의 상형문자는 이미 죽은 언어로 조

각난 퍼즐을 맞추며 유추할 수밖에 없는 데 비해 히브리어는 현대문명
과 맥이 닿아있는 고대 문자이기도 하다.

　히브리어로 전해진 신비한 사상이 바로 카발라^{Kabbalah}다. 카발라는
부처나, 소크라테스, 장자나 예수 등 인류의 모든 위대한 스승들이 그
랬듯이, 문자라는 한정된 의미로서의 가르침을 떠나 구전으로 전승되
었다. 육체가 인간의 영혼을 가두듯, 문자는 사상을 가두어 물질화시킨
다고 생각해서일까? 유대교와 헬레니즘, 그리고 기독교의 토대 위에 세
워진 서구의 사상체계에서 카발라로부터 자유로운 것은 없는 듯하다.
현대과학의 빅뱅이나 평행우주, 초끈이론, 암흑물질 등의 가설도 과학
언어를 풀어 이야기하면 카발라 사상과 흡사해서 놀라곤 한다. 카발라
학자들은 무無로부터의 빛이 수축을 통해 에너지화하며 우주의 창조가
시작되어 물질로 현현되는 과정을 찜쭘^{Zimzum}이라 표현하기도 하는데,
어째 매우 친숙한 느낌이 든다. 현대과학에서 우주가 수축을 거듭하면
질량이 너무 무거워져 하나의 점이 되어 블랙홀로 빨려 들어가 웜홀을
통해 반대편 우주의 화이트홀로 뻥튀기처럼 튀어나온다는 이론과 무엇
이 다른지, 아니면 윤회사상과 무엇이 다른지 나는 모르겠다.

카발라의 불가사의한 소프트웨어, 타로
　카발라를 이해하려면 가장 먼저 '세피로트^{Sephirote}'라는 사상체계를
이해해야 한다. 세피로트는 우리말로는 '생명나무'라고 번역하고 있는

데, 동양의 만다라 같은 도형으로 무無에서부터 창조된 우주 원리를 설명하고, 역으로는 물질세계에 갇힌 인간이 영적 발전을 하며 진리와 깨달음에 이르는 과정을 인도하는 상징이다. 우리가 이해하기 쉽게 한 페이지에 원과 선을 사용해 기하학적인 도형(54페이지 그림 참조)으로 그렸지만, 학자에 따라 입체 또는 별 모양, 또는 만다라처럼 끝없이 반복되고 순환하는 눈의 결정체 모양 등으로 다양하게 변형해서 설명하기도 한다. 이 생명나무는 과학혁명 이후 서구의 근대 사상이 세계를 고정된 것으로 보았던 것과는 달리, 우주를 에너지 즉 기氣의 순환으로 파악한다.

우주는 세피로트를 통해 신의 모습이 현현된 것이며, 인간은 신의 모습을 본떠 만든 소우주이므로 우리가 사는 세계에 슬쩍슬쩍 그 흔적이 보인다. 신비주의자들이나 점성술사, 연금술사, 시인들은 이를 '상징' 또는 인간의 의식 바깥의 먼 곳에서 오는 '징표'라 보았다. 칼 융은 이 희미한 빛을 '원형'이라 표현했고, 꿈이나 계시, 정신의 번뜩임 같은 상징으로 인간에게 나타난다고 보았다. 점성술사건 연금술사건, 타로를 다루던 신비주의자들이건 과학자이건, 그 모두는 우주적인 상징을 통해 신의 계획을 미리 알고싶어 했다. 물질세계의 모든 현상이 영적세계의 반영이라면 그 상징을 풀어 이 물질세계가 어떻게 변화해 갈 것인지를 예측할 수 있다고 생각한 것이다. 또 수많은 인류의 스승들은 칼융이 말하는 가장 깊은 곳의 원형과 같은 인간 본성의 수원에 다다르고

자 했다. 아마도 플라톤이 말한 물질세계라는 어두운 동굴 밖, 넓은 하늘 뒤의 비물질계로부터 오는 진리의 빛을 보고자 하는 열망이었을 것이다. 부처나 모세, 예수, 무함마드 등 인간 세계에 왔던 가장 위대한 스승들만 도달한 그 세계 말이다.

카발라가 유럽에 뿌리를 내리는 시기에 나타난 타로는 이 중에서도 가장 불가사의한 소프트웨어일지도 모르겠다. 타로의 그림들로 시작하건 다른 방식을 택하건 신비주의 계보를 따라가다 보면, 동일한 이야기를 각각의 방식에 따라 설명하고 있다는 강력한 확신을 받게 된다. 이런 것을 계시라고 하나 싶을 정도다. 신이 노하셔서 바벨탑을 무너뜨리기 전까지 인간의 언어가 하나였다고 하는데, 그 의미는 종교나 세계를 파악하는 인간의 상징적 언어가 하나였던 시기가 있었다는 의미가 아닐까. 그래서 현대에 이 상징을 접하면 언어라는 표면적인 기호만 다를 뿐 그것이 상징하는 내용은 문화적 공간을 뛰어넘어 같은 의미가 반복되고 있다는 느낌이다. 아마 칼 융도 이런 사고의 흐름을 따라가다가 '원형'이라는 가설을 만들게 되었을 것이다.

카발라의 무한한 상징 안에 존재하는 타로

────────── 구약성서, 탈무드와 함께 고대 히브리의 세 문헌 중 하나인 카발라는 언제, 누가 그 체계를 만들었는지 알 수 없다. 카발라는 모세 오경에 다 담지 못한 하느님의 말씀을 수천 년간 구전으로 전하다 1세기 초에 여러 랍비가 집대성했다는 것이 정설이다. 히브리인들에게 '구약성서는 전통의 몸체고, 탈무드는 이성적인 혼, 그리고 카발라는 불멸하는 영'이다. 구약이 유대인의 역사이자 종교 경전이라면, 탈무드는 실천 윤리고, 카발라는 우주 창조의 비밀을 전하는 철학 체계다.

신비 사상 이전에, 히브리인에게 카발라는 경전을 연구하는 중요한 방법론이다. 카발라주의자들 뿐 아니라 히브리인은 누구나 하느님이 모세에게 주신 토라(모세 오경)에 말씀이 그대로 문자에 화석이 되었다고 믿었다. 모세 오경에 쓰인 문자 하나하나는 하느님의 말씀을 전하는 기호로, 하늘의 언어인 숫자와 연결되어 있다는 것이다. 실제로 히브리어 알파벳 22개에 숫자 값을 준 다음 성경의 모든 내용을 숫자로 치환하는 고도의 수비학적 방식이 발달했다. 이런 사상을 바탕으로 쓰인 신약도 히브리 알파벳과 숫자와의 관계를 알지 못하면 이면의 뜻을 이해하는 데에 한계가 있게 된다. 깊이 들어가다 보면 정통 기독교 교리와 상충하는 부분이 있지만, 수많은 신학자들이 카발라에 매료될 수밖에 없는 이유기도 하다. 인간이 죽으면 영혼이 되어 구천을 떠돈다는 옛말 역시 빈말은 아니다. 그래서 카발라주의자들은 물질세계에 간

#히브리어 #모세 오경 #플라톤 #진리의 빛
#생명나무 #우주 창조 #22개의 아르칸
#테트락티스 #에르메스 #우로보로스

힌 인간이 영적 능력을 키우면 히브리 알파벳이 인도하는 무한한 22개의 길-여기서 타로 22개 메이저 카드의 근원을 본다-을 거슬러 올라가 신성과 통합될 수 있다고 믿었다. 이는 명상과 수련을 통해 우주와의 합일, 즉 해탈에 이른다는 힌두교나 불교적인 사상과 다를 바 없다.

존재하지만 존재하지 않는 세계에 대한 탐구

카발라에서는 인간이 '하느님'이라 인식하는 인격적인 신 너머의 계를 이야기한다. 이는 아무것도 없는 0 또는 0 이전의 상태로 우주의 궁극적인 원인이다. 이 '0'에서 창조의 에너지를 모으는 단계를 세 단계로 나누어, 아무것도 없는 무無의 상태를 아인Ain이라 표현한다. 아인은 모든 것을 초월한 '없다Nothing'는 의미인데, 인간의 언어에서 있고 없고를 나누는 것과는 다르다. 있음으로 인해 없음이 존재하는 그 이전의 '음Negativity' 상태라고나 할까. 수가 0을 기점으로 존재하는 물건을 셀 때는 양수로 1, 2, 3, 4⋯라 표기하지만 그 반대에 대응하는 -1, -2, -3, -4⋯라는 음수가 있는 것과 같다. 즉 이 음수는 '존재하지 않지만 존재하는' 수다.

아인Ain은 마치 뫼비우스의 띠처럼 시작도 끝도 없는 '아인 소프Ain Sop'의 장막을 지난다. Sop는 끝限이 없다無는 의미다. 그 다음은 시작도 끝도, 존재도 없는 곳으로부터 희미하게 비추는 아우라인 '아인 소

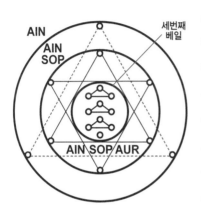

프 오르Ain Sop Aur'로 광화光化된다.
아인 소프 오르는 무한한 광채
Unlimited Light라는 의미지만 이는 우
리가 물질세계에서 알고 있는 태
양빛이나 불빛과는 다르다. 마치
플라톤이 말하는 이 세상 너머 이
데아로부터 오는 '진리의 빛'이라
할까. 계몽시대를 'The Period
of Enlightenment'라 표현할 수밖에 없듯이 언어의 한계를 넘어서는
영적인 빛을 의미한다. 아인, 아인 소프, 아인 소프 오르 세 개의 계界는
인간의 인식이 다다를 수 없는 언어 이전의 상태로 우주 저편의 아무
것도 없기도, 혹은 꽉 차 있기도 한 무한한 그 무엇이다. 구약의 창세
기에서 '하느님'으로 언어화된 유일신 이전의 근원이다. 기독교 회화에
서 예수나 성모, 성인들의 머리 위에 표현한 아우라의 의미를 조금 이
해할 수 있을 것 같다.
　　바로 이 무한대로부터 오는 아우라가 차례로 10개의 세피라●를 거

● 우주의 근원을 넘어 무한의 세계로부터 오는 빛이 에너지화 되어 우리가 사는 물질세계로 현
실화 되는 10개의 각 단계를 세피라라고 하며, 이 10개의 세피라가 모인 복수형이 세피로트로 보
통 '생명나무'라고 번역한다.

치며 시공간과 물질로 응축된다는 것이다. 그래서 카발라에서 생명나무는 모든 우주 법칙의 총합이며, 우주 창조 과정을 설명해주는 상징이다. 하늘 저편으로부터 오는 그 무언가가 생명나무의 생성을 통해 우주와 인간에 반영되어 있다는 믿음은 '위에서 같이 아래에서도'라는 카발라의 사상뿐 아니라, '하늘에서 같이 땅에서도'라는 기독교의 기도문에도 깊이 스며있다. 즉 카발라 사상의 기본은, 무한대로부터 오는 신의 10개 속성인 세피라가 차례로 그 속성을 더해가며 시간과 공간 안에 물질적인 우주로 발현Incarnation된다는 것이다. 이 속성들은 따로 개별적인 것이 아니라 아무 것도 없는 무無와 닿아있는 신적인 세계와, 창조적인 정신, 내적인 감성에 의식화를 통하며 우리가 살고있는 물질세계를 이룬다. 우주의 일부인 인간의 생명이 탄생하고, 자아가 커지며 하나의 인간으로 발전되어 가는 과정도 이와 다름 아니다. 이런 카발라적인 사상은 인체를 소우주로 보는 중세 의학과 칼 융의 무의식으로부터 인간의 의식에 이르는 심리학 등에 많은 영향을 주었다.

생명나무와 22개 아르칸의 비밀

무한대로부터 오는 신성의 발현 과정인 10개의 세피라를 통칭하는 세피로트, 즉 생명나무는 오른쪽은 남성, 왼쪽은 여성적인 특성을 갖는다. 하지만 이를 인간적인 시각에서 여자와 남자라는 생물학적인 분류로 이해해서는 안 된다. 그저 빛과 어둠, 또는 전기처럼 양(+)과 음

(−)이라는 기氣의 흐름, 또는 주고 받는 상대적 작용으로 보아야 한다. 다시 말해, 뒤에 오는 세피라에 대해서는 '주는Give' 능동적 양(+)의 상태이고 앞선 세피라로부터는 '받는Receive' 수동적 음(−)의 상태이다. 앞의 세피라에게는 수동적으로 받고, 뒤에 오는 세피라에는 방출하는 남성성을 가지므로, 각 세피라는 남녀 양성의 특성을 모두 갖는다. 칼 융은 인간 본성 안에 내재하고 있는 이런 양성적인 속성을 아니무스와 아니마로 표현했다.

연금술의 상징인 헤르메스가 뱀이 감겨있는 지팡이 카두세우스Caduceus를 들고 있거나, 아담과 이브가 나무에 감긴 뱀의 유혹을 받아 선악과를 따먹은 것이 우연은 아니다. 헤르메스의 지팡이가 에덴동산의 나무 즉 생명나무이고, 아담과 이브가 훔친 지혜는 음과 양이라는 우주 창조의 비밀, 에너지의 흐름이었던 거다.

아담과 이브, 생명나무, 헤르메스의 지팡이 (Caduceus)에 감긴 뱀

고대 이집트나 그리스에서는 뱀이 자신의 꼬리를 물어 원을 만드

는 형상을 우로보로스^{Ouroboros} 뱀이라 표현했다. 자연계에서 자신의 꼬리를 입으로 물어 완벽히 동그란 원을 만들 수 있는 동물은 뱀이 유일하다. 뱀은 이렇게 자신의 꼬리를 물어 허물을 벗는다고 한다. '새로 태어나기 위해서는 한 세계를 파괴해야 한다'는 헤르만 헷세의 〈데미안〉이 다시 소환되는 시점이다. 그래서 뱀은 그 모양새로 인해 수많은 신화적 스토리텔링의 주인공이 되었다. 인간의 DNA에 뱀을 악마적인 유혹에 결부하는 두려움이 각인된 이유도 동그란 원이 되어 영원히 새로 태어나기 때문이다. 지금 있는 곳에 안주하고 싶은 인간에게 "어서 네가 속한 그 세계를 파괴하고, 또 한 단계의 깨달음을 향해 길을 가라"고 속삭이기 때문이다.

이 생명나무에 특별히 중요한 것이 32라는 숫자다. 32는 카발라가 신성하게 여기는 '테트락티스^{Tetractys}', 즉 10에 히브리 알파벳 22개를 합친 숫자로 타로의 메이저 아르칸도 22개이다. 또 황도 12궁에 태양계의 수성, 금성, 지구, 화성, 목성, 토성, 천왕성, 해왕성 8개의 행성과 태양과 달을 합한 숫자이기도 하다. ●

● 맨 바깥의 명왕성은 현대에 우리가 쓰는 점성술이 자리를 잡던 18, 19세기에는 알려지지 않았다. 명왕성은 1930년에 발견되었는데, 크기가 왜소한 데다 주변 소행성들과 함께 타원형의 궤도를 그려 현재는 태양계에서 제외되고 있는 별이다.

스물 두 장의 타로 카드는 각 세피라를 연결하며 현현하는 22개의 길을 나타내며, 인간의 생식세포가 분화하듯 인격이 만들어져가는 심리적 여정을 나타내기도 한다. 카발라주의자들은 물질세계에 갇힌 인간이 영적 능력을 키우면 이 22개의 길을 다시 거슬러 올라가 신성과 통합될 수 있다고 믿었다. 이는 명상과 수련을 통해 우주와의 합일, 즉 해탈에 이른다는 힌두교나 불교적인 사상과도 흡사하다.

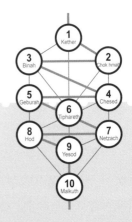

카발라 생명나무Sephirot와
10개의 세피라Sephira

<u>1</u> 생명나무 첫 번째 세피라는 '왕관Crown'을 뜻하는 케테르Kether다. 아인無의
세계로부터 도달한 희미한 빛이 성경의 '최초의 말씀'이 있는 상태, 기하학
에서는 점의 상태에 해당한다.

<u>2</u> 두 번째 세피라는 '지혜'를 뜻하는 호크마Chokhmah로 남성과 아버지의 속
성이다. 직관적이고 통찰력을 가진 능동적인 에너지로 + 전극과 같은 단
계를 말한다.

<u>3</u> 세 번째 세피라, 비나Binah는 '이해'라는 뜻을 갖고 있다. 이는 호크마로부
터 온 에너지가 여성적으로 발현하는 단계로, 인간적인 관점에서는 어머
니의 속성이다.

<u>4</u> 네 번째 세피라, 헤세드Chesed는 '자비' 또는 '사랑'이라는 의미다. 이는 우
주와 인간, 물질세계에 생명을 주는 힘, 생산하는 남성적인 힘으로 무질서
하게 뒤엉켜있던 빛과 어둠을 분리하는 창조의 첫날과도 같은 느낌이다.

<u>5</u> 다섯 번째는 게부라Geburah로 '심판, 정의'라는 의미다. 이는 여성적인 에너
지로서 남성적인 헤세드의 힘을 제어하며 우주의 균형을 맞춘다.

6   여섯 번째 세피라 티페레트^{Tiphareth}. 선행하는 헤세드와 게브라가 서로 균형을 맞추어 탄생한 완벽한 조화의 아름다움으로, 생명나무 전체의 균형을 잡는 코어^{Core}다.

7   일곱 번째 세피라 네자흐^{Netzach}는 '승리, 인내'라는 의미로 남성적이고 활동적인 힘이다. 이는 네 번째의 헤세드를 보좌한다.

8   여덟 번째는 호드^{Hod}로 '위엄, 영광'이라는 의미다. 여성적이고 수동적인 힘으로, 다섯 번째의 게부라를 보좌한다.

9   아홉 번째는 예소드^{Yesod}로 '기초'를 의미한다. 이는 인체로 따지면 남녀의 생식기로, 물질적 생명을 잉태하는 곳이다. 그야말로 물질적인 이 세상의 여성성과 남성성의 생식세포가 만나 분열하는 생명의 탄생을 만드는 곳이다.

10   열 번째 세피라는 말쿠트^{Malkuth}로 '왕국^{Kingdom}'이라는 의미다. 성경에 '왕국'이라는 단어가 심심찮게 나오는 이유와 일맥상통한다. 이는 위로부터 현현되는 모든 에너지를 받아 물질로 현현하는 몸체^{Body}의 단계. 열 개의 세피라가 모두 중첩되어 신과 우주, 인간이 완성되는 왕국, 그래서 10은 완성된 신비의 숫자이자 우주를 상징하는 테트락티스가 된다.

모든 신적 지혜는 수를 통해 드러난다

──────── 갈릴레오 갈릴레이는 "세계는 수학 언어로 쓴 한 권의 책이다"라고 했다. 현재 우리가 존재하는 3차원과 시간을 통해 인식하는 4차원의 우주는 수에 기초하고 있다. 현대물리학은 물질세계의 자연 현상을 수학적 질서로 설명한다. 그리고는 그 질서를 표현하는 기호인 숫자를 기반으로 화폐나 시간이라는 사회 경제 시스템을 구축했다. 그래서 수數란 일상 생활에서 물건을 사고 팔 때 돈을 내고 거스름돈을 받는 것 이상으로 우리가 사는 현실을 지배하는 보이지 않는 힘이다. 인터넷으로 전 지구가 관리되는 현대에 수가 없다면 도시 문명은 멸망하고 다시 원시 시대로 돌아갈 수밖에 없을지도 모른다.

언어 이전의 언어

"나는 생각한다. 고로 존재한다"며 이성을 통한 실험정신으로 과학혁명의 문을 연 데카르트는 위대한 수학자였다. 그러나 18세기 이후 과학은 철학과 이별하고 수학에 기반을 두고 발전했다. 사인이나 코사인, 원 방정식 등 곡선을 수로 나타낼 수 있는 수학이 없었다면, 파장을 수로 나타낼 수도 없었을 것이다. 이를 통해 20세기 과학자들은 물질의 파동을 방정식으로 나타내고, 상대성 원리나 양자역학도 간단한 공식으로 나타낼 수 있었다. 수는 현상세계를 이해하는 통로이며, 언어 이전에 인간 모두에게 공통된 원형이자 커뮤니케이션 체계인 것이다.

#갈릴레오 갈릴레이 #데카르트 #피타고라스
#피카고라스의 정의 #테트락티스 #레오나르도 파보나치
#성 아우구스티누스 #게마트리아 #초끈이론
#양자역학 #일반상대성이론 #인터스텔라

그런데 수는 그 원리가 손에 잡힐 듯 보이지만, 이는 그저 우리가 셀 수 있는 정수의 세계에 한정될 뿐 그 이면은 무의식처럼 알 수 없는 세계 속에 잠겨있다. 마이너스와 소수의 세계, 아무것도 없는 0의 세계에서 무한대까지 수는 신의 영역까지 닿아있는 듯하다. 그래서 인류의 위대한 스승들은 수數의 신비로움에 끝없이 매료되었고, 수를 통해 우주를 창조한 존재가 희미하게 비춰주는 상징과 의미에 관해 끝없이 고민했다. 하늘의 움직임이나 자연계의 다양한 현상을 보며 이 세상이 특정한 숫자의 조합으로 규칙적인 반복을 거듭하고 있다는 것을 알았기 때문이다.

신비주의를 거슬러 올라가다 보면 '수는 만물의 척도'라고 말한 그리스의 수학자 피타고라스를 만난다. '피타고라스의 정리'로 우리의 학창시절을 괴롭혀온 그분이다. 피타고라스는 1부터 10까지 안에 우주를 이루는 모든 수가 들어있으며, 그 이후에 오는 수는 반복에 지나지 않는다고 보았다. 그에게 있어 10은 만물의 프레임을 이루는 완전한 수였다. 그 이유로 우선 그는 물리현상의 기본이자 인간이 사는 시·공간이라는 4차원을 이루는 물질인 물, 불, 공기, 흙의 4원소 개념에서 4라는 숫자를 도출했다. 그리스어로 테트라Tetra라고 쓰는 4라는 수는 인간이 자각할 수 있는 물질 형태의 기본인 1차원의 선, 2차원의 면, 3차원의 입체, 그리고 4차원의 시공간을 그 안에 포함하고 있다. 그래서 피타고라스는 1, 2, 3, 4라는 4개의 숫자를 물질세계 모든 숫자의 원형이라 보았다. 그런데 이렇게 나열된 4개의 숫자를 합하면 1+2+3+4=10이 된다. 10이 이 네 개의 차원을 모두 합해 놓은 것이다. 그래서 10을 4라는 숫자에서 따온 접두사 테트라^Tetra를 붙여 '테트락티스^Tetractys'라 하여 우주의 본질을 이루는 신성한 수로 믿었다.

이런 추론이 익숙하지 않은 사람에게는 황당하게 느껴질 수도 있겠지만, 수의 조합을 보자면 15는 1과 5라는 수가 합쳐져 15를 의미하지만 6과도 깊은 관계가 있다. 1+5=6이기 때문이다. 즉, 15와 6의 관계는 숫자 자체가 나타내는 값에 상관없이 '검은색'과 '까만색'처럼 그 기호만으로는 같은 것을 상징한다. 타로도 각 아르칸에 매겨진 숫자를 풀이할 때 10이면 1과의 연관, 14면 5와의 연관, 18이면 9와의 연관을 보는 것이다. 이렇게 수를 통한 기호와 상징의 교차가 타로에서는 끊임없이 반복된다. 우리가 사는 세계가 과학이건 경제건 일상이건, 수로 가득 차 있다는 것을 깨닫고 나면 이해가 쉬워진다.

피타고라스는 음音도 수의 법칙을 따른다는 것을 발견했다. 어느 날 그가 대장간 앞을 지나가고 있었는데, 여러 명의 대장장이가 제각각 때리는 망치 소리가 소음이 아니라 아름다운 화음으로 들리는 것을 느꼈다. 그래서 연구한 결과 서로 다른 망치들이 일정한 비율의 무게를 가질 때 아름다운 운율이 생기는 것을 알게 되었다. 그래서 현악기의 줄을 연속적인 정수의 비례로 배열하면 아름다운 화음이 만들어지고, 이 사실을 바탕으로 각종 악기가 발전한 것이다. 예를 들어 바이올린 현의 길이가 1일 때를 낮은 도라고 하면 이 길이의 $\frac{1}{2}$이 되면 한 옥타브가 높은 도가 된다. $\frac{2}{3}$지점은 솔, $\frac{3}{4}$이면 파가 된다. 음의 진동수 역시 마찬가지다. 낮은 도가 264Hz, 솔은 396Hz, 높은 도는 528Hz로 그 비율이 길이와 같다. 이런 발견을 통해 화성 또한 발전하게 되었다. 그래서 피타고라스는 10이라는 테트락티스 내부에 숨어있는 수의 신비로운 일치는 우주의 조화를 향한 것이라 믿었다.

조금만 눈을 들어 자연을 보아도, 우연이라고 하기엔 너무도 많은 숫자가 배열의 규칙을 따르고 있다. 예를 들어 우리가 첫사랑으로 가슴앓이하던 청춘 시절에 한 잎씩 따며 "사랑한다, 안 한다, 한다, 안 한다…"를 점치던 아카시아 잎의 차례라던가, 꽃잎의 수, 해바라기 씨앗, 파인애플의 겉껍질, 생선의 비늘 등도 일정한 숫자의 배열을 따르고 있다.

이 배열을 발견한 사람이 소설 〈다빈치 코드〉에도 등장하는 12세기 말 이탈리아 수학자인 레오나르도 파보나치다. '인접한 두 수의 합이 다음 수열의 수와 일치한다'라는 원리. 1+2=3, 2+3=5… 즉 1, 2, 3, 5, 8, 13, 21…로 자연계의 많은 것이 이런 배열을 따르고 있다. 파보나

치가 위대한 수학자인 이유는 수열을 발견했다는 사실보다, 인도인들이 생각했던 0의 개념과 1~9까지의 숫자를 유럽에 보급했다는 업적 때문이다. 우리가 아라비아 숫자라고 하지만, 사실 이 숫자는 아라비아를 통해 유럽에 전해졌을 뿐, 인도에서 고안된 것이다.

수는 모든 사물에 내재한다

수로 만들어진 세상의 이치에 너무 집착하다 보니, 피타고라스학파는 눈에 보이는 현상의 세계와 보이지 않는 이면의 세계를 연결해주는 것이 수라는 믿음을 갖게 되고, 신비 종교의 색채를 띠게 되었다. 그래서 피타고라스의 사상은 근세로 오며 확연히 두 갈래로 갈라졌다. 학문적 전통은 물리학의 발전에 기여해 현대과학의 토대를 이루었고, 수비학의 세계는 신 피타고라스학파로 남아, 남부 프랑스를 비롯한 지중해 지방에 널리 퍼져있던 유대교 신비주의인 카발라나 그노시즘(영지주의)에 깊이 스며들었다. 마치 천문학과 점성술, 연금술과 화학처럼 수학과 수비학으로 갈라진 것이다. 게다가 수비학은 중세의 정통 기독교 신학자들도 심취했는데, 중세 교부들의 신학 체계는 플라톤의 이상주의와 접목된 신비적 색채가 짙었기 때문이다.

교부철학의 대가 성 아우구스티누스는 "신적 지혜는 수를 통해 드러나고, 수는 모든 사물에 내재한다"고 〈자유의지론〉에 쓰고 있다. 태초에 말씀이 있었고, 하느님이 세상을 6일 만에 만드시고 7일째는 쉬셨던 것도 모두 수비학적 비밀로 풀이되었고, 8은 7 다음에 오는 새로운 숫자이므로 부활과 영생을 의미하는 세례의 개념으로 생각했다. 그래서 중세 성당 옆의 세례당과 세례반은 8각형의 형태를 지니는 것이다. 미국 국방성의 8각형 펜타곤에 깃든 은밀한 의미일 수도 있다.

유대교의 신비주의 학파인 카발라는 12세기경부터 프랑스 남부에서 발전했는데, 그 핵심이 수에 있다 해도 과언이 아니다. 히브리어에는 숫자가 없이 문자로 수를 표기한다. 카발라는 수를 우주적인 법칙으로 믿었고 문자로 나타난 힘을 믿었다. 그래서 각 알파벳에 숫자 값을 주어 모든 문자는 숫자로, 숫자는 문자로 치환할 수 있다. 로마자 알파벳으로 예를 들면, A는 1, B는 2, C는 3… 이런 식으로 22개의 알파벳을 수로 변환시키는 것이다. 문자와 숫자가 상응하다 보니 경전을 수를 통해 연구하는 '게마트리아Gematria'라는 수비학이 발달하게 되었다. 카발라식 경전 연구는 신비주의 이전에 유대의 뿌리 깊은 전통이므로, 게마트리아 해석을 통해야 비로소 성경의 행간에 있는 참뜻을 이해할 수 있다.

게마트리아를 연구하는 이들은 피타고라스처럼 테트락티스가 우주의 특성을 나타내며, 10개의 신성으로 우주에 표현되고 있다고 믿었다. 우주의 모든 이치가 수로 되어 있다는 믿음에서, 물질적 언어를 천상의 언어인 수로 표시하고, 또 수에 깃든 신성을 언어로 해석하고자 했다. 이런 상징적 해석이 게마트리아의 핵심이다. 이는 히브리어 알파벳 22개 하나하나를 모두 숫자로 치환하여 문자를 수로 바꾸어 풀이하는 학문이다. 즉, 한 단어를 이루는 문자들의 총 숫자 값을 계산하고 그와 동등한 숫자 값을 갖는 단어로 바꾸는 것이다. 앞의 알파벳 10개는 1~10, 그다음은 10 간격으로 20~90, 나머지 4개에는 100, 200, 300, 400의 값을 주었다. 이렇게 각 철자에 대응하는 숫자를 넣어 이를 계산하여 그 숨겨진 뜻을 알아내는 것이다. 그렇게 성경의 모든 내용을 숫자로 표현 가능하기 때문에 666은 악마의 숫자라는 이야기가 나온 것이다. 영어의 알파벳을 숫자로 치환하는 암호가 만들어진 것 역시 우연은 아니다. 이는 카발라 사상의 핵심일 뿐 아니라 유대교를 이해하고, 성경을 이해하는 데도 필수적이다. 또한 알파벳 하나하나를 신의 이름과 연결했기 때문에, 글을 쓰고 수를 열거하는 행위 자체를 신성한 것으로 보았다.

우주의 비밀을 향해 가는 22개의 길, 22개의 아르칸

현대물리학의 화두인 초끈이론도 피타고라스나 카발라의 테트락티스로부터 영감을 받은 것이다. 20세기 물리학의 위대한 두 업적인 양자역학과 일반상대성이론은 완벽한 물리적 가설과 공식으로 증명되었다. 그러나 하나의 결점이 있었다. 둘 다 물리적 세계의 현상을 다루는 이론인데, 각자 따로 논다는 것이다. 원자라는 미시의 세계를 다루는 양자역학과 우주라는 거시의 세계를 다루는 일반상대성이론은 양립하지 않았다. 중력을 양자역학으로는 설명할 수 없었던 것이다. 이를 고민하던 아인슈타인은 끝내 이 문제를 풀지 못하고 죽어 후세에 숙제로 남겨두었다. 원자든 우주든 모두 4차원의 물질세계인데 두 이론이 합쳐지지 않는다는 찜찜함에, 현대물리학은 이를 통합하기 위해 부단히 노력하며 많은 이론을 내놓았지만 '유레카'를 외칠 만한 것은 없었다.

그러다 20세기 후반에 만물을 연결하는 여러 버전의 '초끈이론'이 등장한다. 원자 안의 중성자, 양성자를 포함한 원자핵과 그 주위를 돌고 있는 전자를 쪼개고 또 쪼개면 끊임없이 진동하고 있는 일종의 초끈(에너지 끈)이 존재하며 이 끈의 진동수, 즉 에너지 값에 따라 물질세계를 구성하는 다양한 입자가 결정된다는 거다. 그동안 통합되지 못했던 거시와 미시적 물리의 세계가 초끈이라는 에너지의 파동으로 모두 설명된 것이다. 그런데 문제는 이 이론을 과학적으로 증명하기 위해 우리가 사는 차원에 대입하면 들어맞지를 않는데, 차원을 넓혀가다 보니 11차원에서 딱 들어맞는다는 거다. 부처님의 11천계가 여기에 나오다니! 그 심오한 이론은 세세하게 이해할 수 없지만, 아직 물리학이라기보다는 과학철학에 가까운 듯하다. 카발라나 피타고라스, 때로는 불교나 도교 같은 동양철학의 숨결이 느껴지는 거다.

초끈이론의 황당무계한 듯한 이론을 간단하게 보면, 우리는 시간을 포함하여 4차원의 시·공간에 사는데, 이 안에 우리가 모르는 6개의 차원이 숨어 있어서 총 10차원의 공간에 살고 있다는 것이다. 이는 피타고라스나 카발라의 테트락티스 그 자체다. 테트락티스 10은 모든 물질적인 형태의 기본이 되는 점, 선, 면, 입체를 포함하고 있는 가장 작은 수다. 1차원은 선, 2차원은 면, 3차원은 공간, 4차원은 여기에 시간을 더한 시·공간을 말하는데 1+2+3+4=10이므로 우주는 10차원의 공간이라는 결론이 나온다. 그런데 2는 1을 포함하고, 3은 2를 포함하고 4는 3을 포함한다. 그리고 10은 4를 포함하는데, 4와 10 사이에는 5, 6, 7, 8, 9라는 5개의 숫자가 숨어 있다. 여기에 10까지 총 6개의 차원을 4차원의 물질적 존재인 우리는 느끼지 못하는 것이다. 시간이라는 또 하나의 차원을 더해 총 11개의 차원으로 되어 있다고 보는 거다. 몇 년 전에 상영된 〈인터스텔라〉는 이 초끈이론은 다룬 SF 영화였다.

하지만 현대과학은 실험을 통해 입증하고, 이를 숫자로 된 공식으로 표현할 수 없다면 과학의 범주에서 제외한다. 아무리 훌륭한 이론도 객관성이 없는 망상이 되어버리는 거다. 우주와 차원을 다루는 빅뱅이나 초끈이론 등이 그렇다. 그런데 바닷가 모래사장의 모래 한 톨 만한 인간이 이 이론들을 실험하기엔 너무 보잘것없이 작은 존재다. 진정한 과학이론으로 가야 할 길은 멀지만 그렇다고 틀렸다는 것을 입증하는 역 실험을 해서 공식을 내놓을 수도 없으니, 그 누가 부정할 수 있겠는가? 천국이 있는지 없는지를 확인할 수 없는 것과 같다. 보수적인 학자들이 유사 과학이라 비웃어도 대처할 뾰족한 수가 없다.

　타로는 명백하게 피타고라스 학파나 카발라의 사상을 내포하고 있다. 우리가 수의 신비적인 세계를 모두 이해할 수는 없지만, 타로 한 장한 장은 로마 숫자로 번호가 매겨져 있다. 이 숫자가 우연은 아니다. 그리고 타로의 메이저 아르칸이 총 22개인 것은 히브리 알파벳의 숫자와일치한다. 또한 이 22라는 숫자는 카발라의 테트락티스 즉 10개의 우주 상징을 연결하는 22개의 길과도 일치한다. 그러므로 타로는 우주의비밀을 향해 가는 22개의 길이기도 하다.

예술가의 마음을 훔친 22개의 상징

▬▬▬▬▬▬   신비하고 수수께끼 같은 사상과 시간을 압축하고 있는 타로는 많은 화가와 작가들의 마음을 끌었다. 그 자체로 엔티크 같은 오래된 숨결을 간직하고 있어서 더 매력적인 대상이다. 나는 20세기에 만들어진 아름다운 타로도 좋아하지만 투박하고 어딘가 촌스러운 중세의 타로에 더 애정이 간다. 지금보다 훨씬 덜 물질적이고 영적인 것을 추구하던 중세인의 시선이 담겨있기 때문이다.

관념에 사로잡힌 중세의 타로

중세 미술은 우리가 지금 생각하듯 '작품'이나 '예술'의 개념이 아니었다. 로마의 멸망 후 중세 사회는 교회의 행정망을 통해 간신히 시스템을 유지하던 허약한 시대였다. 나라마다 언어는 달랐지만, 로마 시대에 통용되던 라틴어는 중세 천 년이 넘게 지속된 유럽의 모든 종교, 행정 및 외교 언어였다. 로마의 멸망과 함께 죽어버린 라틴어가 천 년 넘게 살아있었다니, 믿어지지 않을 거다. 그런데 우리나라에 일제 36년간 식민통치의 행정적 잔재나 언어가 지금까지도 남아있는 것이나, 홍콩이나 필리핀에서 영어가 공용어로 소통되는 것을 보면 조금은 이해가 간다. 유럽은 500여 년을 로마 문화권에서 살다 보니 종교·정치·행정·법률 등 사회 지도층의 언어는 근대 중앙집권체제가 등장하기 전까지 모두 라틴어였다. 그러니 라틴어로 교육하는 학교의 문턱을 가지 못하는 가난하고 헐벗은 95%의 민중은 문맹일 수밖에 없는 사

#중세 미술 #아리스토텔레스 #원근법 #황금비율
#레오나르도 다빈치 #보카치오 #프란체스코 페트라르카
#알브레히트 뒤러 #아서 에드워드 웨이트
#우키요에 #살바도르 달리

회 구조였다.

　따라서 중세의 회화가 일종의 '책' 역할을 했다는 추론은 참에 가깝다. 글을 모르는 민중에게 성서의 뜻을 전달하기 위한 교육 도구가 된 것이다. 그래서 미학적 형태나 예술적 표현보다는 내용의 전달과 상징을 중요시하다보니, 그림은 실제의 사물과는 거리가 멀었다. 예를 들어, 성모 마리아나 예수, 또는 성스러운 인물을 그리는 방식이나 의복의 색 등은 정해져 있었다. 게다가 세상을 창조한 신은 시간과 공간을 초월해 어디에나 있었고, 인간의 시점이나 현세적인 공간 개념은 의미가 없었다. 신의 절대적인 시선만 존재했다. 그러다 보니 마리아나 예수는 어디서나 보이게 전지적 시점으로 그린다거나, 교황 등 중요한 인물을 크게 그리고 나머지는 원근법에 상관없이 광화문 세종대왕 동상 밑의 인간만 하게 그렸다. 또한 이 세상의 모든 사물은 그 이면의 보이지 않는 먼 신성으로부터 도달한 희미한 그림자라고 생각했다. 눈에 보이는 모든 것은 눈에 보이지 않는 아름다움이 형상화한 것이라는 의미다. 이는 중세의 신학 체계를 지배하던 플라톤적인 사상이 투영된 것이다. 그러므로 현대인의 시각으로 중세의 회화를 본다면 그로테스크하기도 하고, 이해할 수도 없다. 중세인의 시각으로 돌아가 암시적으로 기호화된 상징을 풀어야 한다.

　플라톤의 이상적인 철학은 르네상스 이후 아리스토텔레스의 재등장으로 한걸음 뒤로 물러난다. 땅 위의 삶보다는 눈에 보이지 않는 영적인 세계에 중점을 두었던 플라톤과는 달리, 아리스토텔레스는 우리가 만지고, 보고, 듣는 현실의 물질세계 이외의 모든 신비적인 영역을 일절 부정했다. 그러다 보니 중세 내내 기독교적 세계관에 맞지 않는다고 하여 교황청으로부터 철저하게 금서의 리스트에 올라 있었다. 하지만 손으로 하늘을 가릴 수는 없듯이, 11세기부터 13세기까지 거의 200년 가까이 진행된 십자군 전쟁을 통해 이슬람 세계로부터 밀려들어 오는 고대의 저서들을 막는 데는 한계가 있었다. 르네상스가 부흥하던 14세기경에는 교황청도 두 손을 들고 만다.

비밀스러운 삶으로의 초대

현실주의자인 아리스토텔레스가 부활하자, 회화는 인간의 눈을 통해 본 사물의 정확한 모습을 화폭에 옮기는 것이 목적이 되었다. 또 상업의 발달로 사회구조도 바뀌어 작가 자체도 장인 또는 예술가로 위상이 높아지게 되었다. 즉 작품의 개념이 생긴 것이다. 그동안 종교적 정신영역에 너무 심취해 잊고 있던 인간은 '나', 그리고 '현세의 인생'을 되돌아보기 시작한 것이다. 자연의 일부분인 육체의 아름다움을 발견했으며, 눈에 보이는 자연을 비율 그대로 화폭에 옮기고 싶어진다.

르네상스 화가들은 원근법과 철저한 황금비율을 통해 인간의 눈이 지각하는 입체적인 공간을 그대로 3D 그림처럼 표현하고자 했다. 하지만 르네상스는-분명 혁신의 시기였지만-아직 중세와 기독교에 발을 담그고 있던 시대였다. 이 시대에 새로운 사상을 대놓고 드러낸다는 것은 종교재판 감이었다. 게다가 그림을 의뢰하는 대부분은 당시의 사회 지도층인 고위 성직자나 권력자였다. 다양한 지식이 봇물 터지듯 쏟아져도 시대의 주류 코드를 벗어나서는 안 되었다는 의미다. 그래서 르네상스의 위대한 작가들은 그리스 시대의 황금비율을 적용한 아름다운 그림을 그리면서 많은 이들이 일종의 암호처럼 자신의 사상을 그 속에 상징으로 끼워 넣었다. 그것이 아직도 레오나르도 다빈치의 '모나리자'나 미켈란젤로의 '천지창조' 같은 너무도 유명하고 잘 알려진 그림들에 미스터리가 남아있는 이유다. 전통적으로 알려진 중세의 상징 해설로도 풀리지 않는 암시는 더욱더 신비로울 수밖에 없다. 화면 속의 세계는 신이 아닌 바로 화가 나 자신, 내 눈을 통해 본 세상이며, 내가 재창조한 세계이기 때문이다. 당시의 통하는 학자들 사이에서는 서로 알아보았을 이 그림 안의 암호가 시간이 가며 수수께끼가 된 것이다.

단테, 보카치오와 함께 르네상스의 문을 연 위대한 인문학자이자 시인인 프란체스코 페트라르카(1304-1374)의 작품에서 타로의 모티프를 발견한다는 것은 즐거운 일이다. 페트라르카는 피렌체 근처의 아레초에서 태어났지만, 법학자이던 아버지를 따라 인생의 많은 시간을 남부 프랑스 마르세유 근처의 아비뇽에서 보냈다. 이 당시 아비뇽에는 반목으로 인해 로마로부터 이주한 교황의 궁정이 있었다. 그는 교황청에서 일했지만, 양분되어 서로 싸우던 성직 사회에 많은 회의를 느끼곤 했다. 어린 시절부터 대학까지 청춘기의 대부분을 남프랑스에서 보낸 페트라르카의 작품은 인간의 내면, 인간과 신의 관계 등에 관한 몽상적인 사고로 가득 차 있다. 그가 이 지역을 지배하던 카발라나 신 피타고라스주의 등 다양한 신비주의적 사상들을 접하지 않았으리라 생각하는 것은 난센스다. 산을 좋아했던 페트라르카는, 알프스 밑자락의 2천 미터나 되는 방투산^{Mont Ventoux}을 등반하고 이렇게 쓴다.

"나는 책을 덮었다. 그리고 나 자신에게 화가 치밀어 올랐다. 이렇게 자연의 아름다움에 심취해 있는 내가 이미 이교도 철학자들도 알고 있는 진실을 아직 깨닫지 못했다는 사실 때문이다. 인간의 내면세계, 영혼의 세계보다 더 아름다운 것은 없는데 말이다. 눈에 보이는 바깥 세상의 아름다움은 실제로 대단한 것이 아니다. 솔직히 나는 아름다운 산을 충분히 보게 된 것에 만족했다. 그러나 나는 내면의 눈으로 나 자신을 바라보았다. 그때부터 나는 산 아래로 내려올 때까지 단 한 마디도 입술에서 내뱉지 못했다."

1353년 이탈리아로 돌아간 그는 밀라노의 비스콘티 공작 밑에서 외교사절로 일했다. 그 시대의 리더인 교황과 신성 로마제국의 황제 카를 4세, 프랑스의 왕 등을 만나며 8년을 보낸다. 이때부터 죽을 때까지(1356-1374) 단테의 〈신곡〉에 비견되는 시집 〈승리^{Trionfi}(트리옹피)〉를 썼다. 〈승리〉는 사랑, 고결, 죽음, 명예, 시간, 영원의 총 6개 챕터로 구성되어 있는데, 화려한 세상만사에서 한 걸음 물러나 인간의 내면을 관조한 작품이다. 그런데 신기하게도 이 작품에 카발라나 타로의 길을 암시하는 듯한 내용과 삽화가 수십 장 들어있는 것이다. 이후에도 여러 화가가 페트라르카의 시를 모티프로 타로를 그렸고, 16세기에 이탈리아어로 타로치^{Tarocchi}, 프랑스어로 타로^{Tarot}라 불릴 때까지 타로를 'Trionfi(트리옹피)'라 불렀던 사실도 눈여겨 볼 만하다. 게다가 페트라르카의 친구였던 보카치오의 작품 〈데카메론〉에 영감을 받은 이탈리아의 일러스트레이터 지아신토 가우덴지^{Giacinto Gaudenzi}는 1993년에 성인용 에로틱 〈데카메론 타로〉를 출판했는데, 그 출판물이 여전히 유명세를 타는 것도 재미있는 사실이다.

르네상스 시대 밀라노와 페라라의 궁정에서 그려진 타로는 당시 학자들 사이에서 놀이를 빙자해 내용에 비의秘義를 담은 인문학적인 표현 방식이었다. 종교재판이 두려워 함부로 발설할 수 없는 고대의 사상 등을 비밀스레 담아 놀이처럼 유포한 것이다. 중세의 회화처럼 그 안에는 비유와 상징으로 가득 찼고, 비주얼적인 언어를 통해 지식을 전달하고자 했다. 성스러운 기독교 전통이 지배하던 시대에, 무언가 비밀스러운 삶에 입문하는 듯한 스릴과 스토리가 있는 타로는 왕족들을 매혹했을 것이다.

타로는 르네상스의 위대한 화가이자 수학자였던 알브레히트 뒤러 Albrecht Durer(1471-1528)도 매혹시켰다. 독일의 뉘른베르크에서 금은 세공인의 아들로 태어난 뒤러는 르네상스가 낳은 대표적인 천재 중 한 명이다. 회화와 건축, 원근법과 인체 비례 연구에서 위대한 업적을 남긴 작가이자 학자였는데, 유럽 전역에 그의 이름을 휘날리게 된 것은 회화만큼이나 정밀한 판화 작품이었다. 뒤러는 13살에 거울 앞에서 자신의 초상화를 판화에 조각했다고 한다. 이 당시 판화는 단 한번의 리터치도 허용되지 않는 고도의 정밀 작업이었다. 그의 재능을 알아본 아버지는 그를 뉘른베르크의 유명한 화가 밑에 견습생으로 보냈다. 여기서 목판 기술을 익히던 중에 안드레아 만테냐가 자유롭게 그린 21개의 타로 판화를 접하게 된다. 뒤러는 이후 여러 장의 타로 판화를 남겼다. 그리고는 이렇게 말했다. "그러나 무엇이 아름다움인지를 나는 모른다. 그것은 신만이 아는 것이다."

예술과의 조우, 현대적 타로의 탄생

타로의 신비함은 근대에도 많은 예술가를 유혹했다. 19세기 영국의 낭만주의 화가인 존 윌리엄 워터하우스 John William Waterhouse는 특유의 신비롭고도 불안한 아름다움을 신화를 통해 주로 표현한 작가다. 그가 직접 타로를 그리지는 않았지만 그의 작품들 자체가 한 벌의 타로로 이용되기도 했으며, 라이더 웨이트 타로[Rider Waite Tarot]의 화풍에 많은 영향을 주었다.

현재 많이 사용되고 있는 라이더 웨이트 타로는 20세기 초 영국의 아서 에드워드 웨이트[Arthur Edward Waite]가 극장 무대 디자이너인 파멜라 콜만 스미스[Pamela Colman Smith]에게 의뢰해 만든 것이다. 이 당시는 중세부터 이어져 내려온 신비주의 사상이 과학의 발달과 산업혁명으로 역사의 뒤안길에서 미신으로 몰려 지하로 스며들던 시기였다. 에드워드 웨이트는 자신의 방식으로 전통적인 타로의 상징 체계를 수정했고, 디자인을 맡은 파멜라는 윌리엄 워터하우스와 당시 유행하던 일본풍 그림인 우키요에에서 많은 영감을 받았다. 당시에 두 사람은 이 타로가 공전의 히트를 하며 마르세유 타로를 뒤엎게 될 줄은 상상도 못했을 것이다. 타로 같은 감성적 세계는 주로 여성들의 관심사다 보니 딱딱한 중세적 상징보다, 아름다운 순정만화 같은 카드가 마음을 끌었기 때문이다. 현재 대중화된 유니버설 웨이트 타로[Universal Waite Tarot]는 메리 핸슨 로버트[Mary Hanson Roberts]라는 일러스트레이터가 1990년대에 현대적인 색감에 맞추어 다시 컬러를 입힌 버전이다.

또 살바도르 달리는 1970년에 갈라를 위해 자신의 사인이 들어간 타로를 직접 그렸다. 갈라는 달리의 인생의 여인으로, 타로와 신비주의에 깊이 빠져 있었다. 초현실주의 화가였던 달리의 타로에는 더욱 다양한 상징들이 겹쳐있다. 어떤 카드에는 달리 자신의 모습도 보인다. 개인적으로는 워터하우스의 신화적인 작품을 인위적으로 타로에 꿰맞춘 버전보다는 달리가 직접 작정하고 그린 타로가 마음에 든다. 천재일 수도 광인일 수도 있을 달리의 초현실적 무의식의 세계가 스며들어 매력적이기 때문이다.

마르세유 타로도 여러 버전이 있는데, 현대인의 미학적 시각에서 보면 아름답다기보다는 그로테스크한 일러스트다. 르네상스적인 황금비율에 입각하기보다는 중세적인 표현이 강하기 때문이다. 섬세했던 르네상스 장인들의 손으로 섬세하게 만들어졌다고 보기는 어렵고, 투박한 화공들의 작품이라 보는 것이 합당하다. 아니면 회화를 전문적으로 배운 적 없는 템플리어들이 그린 작품일지도 모른다. 나는 오히려 그래서 기교가 없는 마르세유 카드를 선호한다.

강물이 상류로 거슬러 올라 원천^{Origin}에 가까이 갈수록 깨끗해지듯, 어떤 사건의 진실도 거슬러 올라갈수록 선명해진다. 역사적 사실도 너무 많은 스토리가 덧입혀지면 신화가 되고 전설이 되는데, 나는 조금이라도 더 타로를 만든 자들의 의도에 가까이 가고 싶다. 게다가 분명 타로는 감성에 호소하는 신비적 색채를 띠지만 그 내용은 이성적인 세계관, 기호와 상징, 수의 세계를 말하고 있으므로 시간이라는 강물을 거슬러 원천에 조금이라도 다가갈수록 진실에 더 가까워진다고 믿기 때문이다.

인생의 사각지대에서,

타로의 지혜를 만나다

TAROT SQUARE

세상을 읽는 타로 인문학

마음을 위로하는
타로 심리학

현상을 설명하는 타로의 현대과학

무의식이 삶의 방향을 결정한다

──────── 태양과 달, 별과 행성의 움직임을 관찰하고 계절의 변화를 인식함으로써 인류는 점차 우주의 자연 리듬에 대한 생각을 키워왔다. 매일의 삶을 낮과 밤으로 나누고 농사의 절기를 결정하는 태양과 달은 축제나 길흉을 따지는 기준이 되었으며, 신으로 숭상받기도 했다. 호모 사피엔스가 지난 수천 년 동안 하늘을 관찰한 내용은 위대한 석학들의 사상을 통해 설명되고 덧붙여지고, 웅장한 우주론으로 발전되어왔다.

지금 우리가 누리고 있는 현대문명은 그 역사가 얼마나 되었을까? 과학을 기술의 도구로 삼아 기계문명을 발전시킨 것은 산업혁명 이후 불과 200년 남짓한 역사다. 그 전의 과학이란 철학의 한 분야로 우주에 관한 생각 그 자체였으며, 자연의 질서에 순응하는 것을 최고의 선으로 여겼다. 인간은 두려운 자연이 행여 화를 내지 않을까 점성술에 의지했고, 동양의 주역 또한 하늘의 기를 바탕으로 하는 점성술과 일맥상통한다. 그 오랜 시간 하늘의 일을 궁금해하며 점성술이나 주역 등에 의지해 온 습관은 인간의 DNA에 각인되어, 아날로그적인 삶의 지침서가 되었다.

별의 길을 따라가다

우리가 사는 지구는 은하계, 그리고 작게는 태양계의 일원으로 시스템에 맞물려 돌아가고 있는 작은 별이다. 고대의 하늘은 공기가 맑아

#호모 사피엔스 #황도 12궁 #데칸 #천동설 #지동설
#코페르니쿠스 #프롤레마이오스
#뉴턴 #케플러 #중력과 기 #히포크라테스 #4원소

밤마다 보석처럼 박힌 별들이 쏟아져 지평선 위로 흘러내렸을 것이다. 지구의 공전과 자전 주기에 따라 별자리가 바뀌는 모습 역시 맨눈으로 훤히 볼 수 있었을 것이다.

수많은 별 중 지구 에너지의 근원인 태양이 지나가는 길을 황도라 불렀다. 사실 천동설이건, 지동설이건 누가 돈들 무엇이 바뀌겠는가? 이는 인간이 땅에 붙어 기어 다니는 개미만도 못한 우주적 관점에서는 '숫자를 통해 공식으로 증명된 가설' 외에는 우리 일상에 아무 의미도 없다. 황도대는 인간이 하늘을 보는 시점에서 관찰한 것이므로 관점만 다를 뿐 태양이 내 머리 위를 지나가는 길이라 보면 된다. 태양계의 다른 행성이 지나는 길도 이를 크게 벗어나지 않는다. 우리가 볼 수 있는 하늘 위로 황도 12궁은 붙박이처럼 박혀 있다. 사실은 움직임을 감지하기에 너무도 멀리 있는 별자리가 움직이는 것이 아니라, 지구가 공전하며 자전하기 때문에 그 위치가 바뀌는거다. 지구가 태양을 중심으로 움직이므로 태양이 가는 길에서 멀어지면 별자리는 반대로 움직이는 것처럼 보인다. 태양이 동에서 서, 즉 시계 방향으로 도니까 별자리는 서에서 동 즉, 시계 반대 방향으로 움직이는 것처럼 보이는 것이다.

서양 점성학은 천문학과 같은 뿌리에서 나왔다. 수천 년 전 메소포타미아 문명 초기 수메르 시대부터 이집트까지 거슬러 올라가는 전통으로, 8세기경 바빌로니아에서 체계가 잡혔다. 이 시대 천문학자들은 벌써 궤도를 계산하여 태양이 지나는 길을 기준으로 상, 하 9도 사이를 황도대라 부르고, 12개의 별자리를 황도 12궁이라 하였다. 태양은 1년 동안 이 12궁도를 지나가므로 하나의 별자리에 약 한 달간 머문다. 달은 28일 동안 지나가므로 하나의 별자리에 약 2.33일간 머문다. 내가 태어난 별자리란, 그 별자리에 태양이 들어와 지나가고 있는 시기다. 그래서 태어난 시기에는 자신의 별자리가 안 보인다. 왜냐하면 내 별자리에 눈부신 태양이 들어와 있으므로 태양빛에 가려지기 때문이다. 자신의 별자리는 6개월쯤 지나 태양과 반대편에 있을 때 가장 잘 보인다. 이 12개의 별자리를 각각 3등분씩 밝은 별로 기간을 나누어 데칸^{Decan}이라 한다. 마치 현대의 1년 4분기처럼 나누었고, 이를 관장하는 신이 있어 지구 위 인간의 삶에 영향을 미친다고 생각한 것이다.

시간을 알리거나 길흉을 점치는 등 신탁 도구로 사용하는 별자리에 밝았던 고대의 신관은 최고 권력자에게 국가의 중대사를 조언하는 특별한 역할을 하였다. 그러므로 천문·점성학이란 소수의 선택받은 이들만 가까이할 수 있는 학문이었다. 천문학이 대중화된 것은 그리스와 로마시대에 이르러서다. 알렉산더가 메소포타미아 지역의 원정 전투 때마다 점성가의 조언을 들었다고 전해진다.

태양이 지구를 중심으로 돌고 있다는 '천동설'을 주장했던 프톨레마이오스는 그 시대의 가장 유명한 점성술사였으며 그의 이론은 1500

년 후에 코페르니쿠스가 지동설을 주장하기 전까지 진리로 여겨졌다. 수학의 아버지라 추앙받는 피타고라스는 대우주Macrocosmos와 소우주Microcosmos의 개념으로 하늘의 모든 것이 인체에 깃들어 있다고 보았다. 플라톤 역시 예외는 아니었다.

그리스가 일구어 놓은 헬레니즘 문화를 그대로 계승한 로마제국의 황제들은 너나 할 것 없이 점성술사를 옆에 두었다. 로마가 멸망한 후 이슬람 제국은 천문학과 점성술을 더욱 발전시키고 많은 관측기구를 발명했다. 이들에게 있어 점성술은 예언만이 아닌, 우주와 삶을 이해하는 방식이었다.

별의 중력이 인간의 삶에 미치는 영향

중세의 긴 잠을 떨치고 르네상스 시대가 되자 아랍의 발달한 천문학과 점성술이 유럽으로 물밀듯이 들어왔다. 이때부터 산업혁명이 일어난 18세기 여명까지 유럽은 점성술의 황금시대였다. 과학이 독립된 실험 분야로 발전하기 전까지 점성술과 천문학은 한몸이었다. 지동설을 주장한 코페르니쿠스부터 지동설을 지지한 갈릴레오, 중력의 법칙을 발견한 뉴턴, 행성의 운동을 정리한 케플러 등 이름만으로도 고개가 숙여지는 위대한 과학자들이 사실은 그 시대의 명성있는 점성술사였다는 사실은 잘 알려지지 않은 '사실'이다. 산업혁명 이후 과학의 발전은 점성술을 '유사 과학', 또는 '사이비 과학'이라는 어둠침침한 뒷방으로

처박았지만, 인간이 달에 다녀오고, 화성에 탐사선을 보내는 과학은 결국 점성술에 오랜 빚을 지고 있는 셈이다.

　인간은 지구에 서식하는 자연의 일부이고, 더 멀리 가면 우주의 일부다. 우주 공간에는 보이는 별만 떠있는 것이 아니다. 별의 생성과 소멸에서 오는 부산물인 수많은 찌꺼기와 작은 소행성이 떠다닌다. 우리가 버린 쓰레기가 바다를 떠도는 것과 다를 바 없다. 게다가 쓰레기가 어느덧 우리의 삶에 영향을 미치듯 우주 안의 쓰레기 행성도 서로 중력의 영향을 주고받는다. 그래서 비어있는 듯한 우주 공간은 서로 밀고 당기는 에너지의 주고 받음으로 촘촘한 시스템을 이루고 있다. 이를 과학은 중력이라 하고, 동양철학에서는 기氣라고 한다. 중력이란 서로 간의 끌어당김이고, 한쪽의 힘이 워낙 세면 다른 한쪽은 그저 그 영향권 아래에서 쏟아지는 에너지를 받을 수밖에 없다. 한 인간이 부모의 DNA를 받아 잉태되어 열 달을 지나 탄생하며, 세상과 처음 만나는 시점에 황도대를 지나는 별자리의 기운을 강하게 받는다고 생각하는 것은 매우 합리적이다.

　별의 중력이 인간의 생물화학적 체계에 영향을 끼치는 것은 당연하다는 결론에 도달한다. 인간의 모든 체계는 결국 우주의 특정한 인력 주기에 맞춰져 있는 거다. 특히 자신과 주파수가 일치하는 힘이 있을 수도 있고, 자신이 태어난 별자리가 강한 영향을 줄 수도 있다. 우주로부터 온 강력한 기가 생명에 깃든다고 생각한 것은 당연한 일이다.

동양뿐 아니라 서양에서도 인체는 하늘의 움직임과 연관이 있다고 보았다. 서양의학의 아버지인 히포크라테스는 점성술에 대한 지식이 없는 사람은 의사라 칭할 수 없다고까지 했다. 그는 인간의 성향을 우주의 4원소인 불, 공기, 흙, 물에 대응하는 다혈질, 담즙질, 우울질, 점액질의 4개 체액으로 나누고, 인체의 장기를 황도 12궁의 별자리에 대응하는 것으로 보았다. 건강한 육체와 정신은 이 4개의 체액이 조화를 이룬 상태이며, 이 균형이 깨지면 병이 든다고 보았다. 현대적으로 해석하면 일종의 호르몬이나 신경전달물질의 균형과 같은 의미다.

선택을 달리하면 현실을 바꿀 수 있다

20세기 심리학에 한 획을 그은 칼 융은 그 누구보다 깊이 점성술적인 상징과 인간의 무의식을 연결시켜 연구한 학자다. 그는 황도 12궁에 새겨진 12개의 별자리는 인간의 성격 유형을 결정하는 타고난 성격의 원천이라고 생각했다. 인간은 우주의 일부이기 때문이다. 게다가 인간의 성향에 표면적으로 나타나는 가면적인 자아와 이를 비추는 억압된 그림자라는 이중성 역시 별자리와 대응된다. 이 세상에 빛과 어둠이 있듯이 인간 안에도 빛과 그림자가 함께 깃든다. 자신이 태어난 주 별자리는 겉으로 드러나는 인격이 되고 태어난 시에 동쪽을 점령하는 별자리는 내 인격의 그림자를 형성한다. 이런 칼 융의 성격 유형론은 현대에 가장 많이 사용되는 심리유형검사인 MBTI^{The Myers Briggs Type Indicator}의 바탕이 되었다.

분석심리학에 다양한 신비주의적 이론을 접목한 그는 이렇게 말한다. "무의식을 의식화하지 않으면 무의식이 우리 삶의 방향을 결정한다. 우리는 이를 두고 '운명'이라 하는 것이다"

모든 신비주의 사상가들의 가르침과 다르지 않다. 물질세계의 현상이란 매 순간 내 선택의 결과물이라는 말이다. 지금의 현실이 괜히 이루어졌겠는가. 현실이란, 보이지 않는 우주 저편의 에너지를 받아 태어난 내가 무의식적으로 이 에너지를 쓴 결과물이다. 이는 고대 카발라부터 성경에까지 이어진 '하늘에서의 뜻이 땅에서도 함께'라는 상응의 사상과 맥을 함께 한다. 칼 융의 매우 철학적인 이론인 '동시성의 원리'도 이와 다름이 아니다. 결론적으로 인간 무의식의 에너지가 물질세계로 방출된 결과물이 현실이므로, 이 무의식을 의식화하여 선택을 달리하면 현실을 바꿀 수 있다는 말이다. 즉, 태어난 날과 시간에 따른 에너지의 숙명은 바꿀 수 없지만, 내면의 파동, 내면의 삶을 의식 위로 끄집어내 좋은 방향으로 치유함으로써 운명을 수정하는 것이다.

인간은 살아가며 매번 똑같은 실수를 반복한다. 결혼에 실패한 사람이 재혼의 배우자도 비슷한 유형을 택하는 것에 비유할 수 있겠다. 슬픈 일이지만 팔자 고치겠다고 한 선택이 예전의 반복이니 몇 번을 해도 결과는 크게 다르지 않다. 이는 인간 무의식에 각인된 그 '무엇'이 이런 인연을 계속 끌어당기고, 또 여기에 반응하고 끌려가기 때문이다. 무의식 안에 선택의 패턴이 습관화된 탓이다. 칼 융은 이런 무의식적 선택을 의식 위로 끌어 올려 '의식적인 반응'을 함으로서 삶을 변화시켜야 한다고 생각했다. 이는 깨달음의 첫 단추다. 이 패턴을 우주적인 삶 전체에 적용하면 부처의 가르침을 이해할 수 있다. 인간이 윤회의 카르마를 반복하는 이유도 그 끈을 놓지 못해서라는 말씀 말이다.

별자리는 카발라의 생명나무처럼 상징적이다. 별자리와 행성은 우주가 생성되는 길을 상징하고, 타로의 22개의 길과 합치된다. 이는 신에게서 오는 에너지가 지나는 길을 의미한다. 그러므로 타로가 무의식 안의 자아를 끄집어내는 상징이라면, 별자리는 태어나는 순간 받은 에너지가 어떤 방향과 성향을 가지며 진화하는지의 관계성을 말해준다.

타로는 많은 부분 점성술과 융합되어 있다. 메이저 아르칸은 황도대의 12별자리와, 마이너 아르칸은 우주의 4원소와 서로 상응한다. 태어난 시간의 별자리와 태양, 달 등이 어디에 위치하는가로 정해진 한 개인의 성향에, 지금 이 순간 뽑은 카드들 위에 있는 별자리의 의미가 더해진다. 타로의 그림 속에 깃든 상징의 의미와 별자리, 그리고 4원소

의 조합으로 나의 무의식이 '지금 이 순간' 향하는 방향을 알려 준다. 의
식화함으로써 나은 방향을 찾는 것이다.

원소	별자리	타로카드
불	양자리	Le Monde
	사자자리	Le Soleil
	사수자리	Le Chariot
흙	황소자리	L'Amoureux
	처녀자리	La Temperance
	염소자리	L'Hermite
공기	쌍둥이자리	Le Bateleur
	천칭자리	La Justice
	물병자리	L'Etoile
물	게자리	La Papesse
	전갈자리	La Mort
	물고기자리	Le Pendu

사람의 마음을 읽는다는 것

──────── 카발라의 우주론으로부터 온 다양한 학문 중 특히 눈에 띄는 것이 심리학 분야다. 정신의학과 조직의 생산성 향상 분야에서의 심리학은, 산업혁명 이후 자본주의가 본격적으로 대두된 20세기에 이르러 체계화된 학문이다. 신석기 시대부터 근대까지 인간의 주된 경제 활동이던 농업 경제가 끝난 후, 산업혁명을 거치면서 경제 환경은 180도 아니 360도로 바뀌어 있었다. 동네 인부 몇 명을 데리고 수공업을 하던 시대는 지나고 조직은 통제할 수 없을 만큼 커졌다. 바닷가 모래알만큼이나 각양각색인 인간을 일사불란하게 지휘하기도 어려워졌다. 기업화된 공장체제에서는 인간의 성향을 데이터화하고 효율적으로 조직을 이끌어 생산성을 높이는 작업이 필수였다.

마음을 읽는 두 가지 접근법, MBTI와 에니어그램

현재 대부분의 심리학 분야에서는 MBTI나 에니어그램이라는 심리분석을 많이 이용한다. 공식적으로 인정된 것은 아니지만 에니어그램은 암암리에 타로와 연관지어 심리치료에 적용하기도 한다. MBTI는 프로이트의 제자이던 칼 구스타프 융^{Carl Gustav Jung}(1875-1961)의 이론에서부터 파생되었다.

융은 한때 프로이트에 심취해 선·후배로서 깊은 우정을 나누었지만, 시간이 가며 의견이 달라져 서로 다른 길을 걷게 된다. 동방의 다양한 신비 사상에서 영감을 받은 그는 인간의 무의식 깊은 곳에는 영적 상

#심리학 #MBTI #에니어그램 #프로이트와 융
#원형 #이자벨 브리그 마이어 #엔네아 #그랑모스
#수피즘 #조르주 그루지예프 #강박

태에 뿌리를 내리고 있는 '원형Archetype'이 있어, 이로부터 오는 에너지가 다양한 통로를 거치며 의식의 표면으로 떠오른다는 결론에 이른다. 이 때 의식 위로 떠오르는 유형을 내향성과 외향성, 그리고 사고, 감정, 감각, 직관이라는 네 개의 사고 범주로 구분했다. 그는 이를 절대적 기준이라기보다는 정신과 진료 시의 상담을 위한 도구로 썼을 뿐인데,—아인슈타인이나 파울리 등 기라성 같은 물리학자들이 우주를 들었다 놨다 하는 이론을 내놓던 시대에—유럽의 보수적인 학자들은 융의 이론에 말이 많았다. 과학적 사고와는 동떨어졌다는 것이다. 유럽에서 융의 이론을 놓고 왈가왈부하는 동안, 자본주의로 지구의 패권을 잡은 미국의 심리학자들은 오히려 이 이론에 영감을 받아 현실에 적용하게 된다.

미국 심리학자들은 자본주의에 걸맞는 '조직 내 개인의 생산성 향상'이라는 화두에 주력했다. 조직 내 인간의 성향을 분석하여 직무 상태를 개선하고 생산성을 높이며, 리더십과 의사전달 능력을 향상한다'는 것이다. 이자벨 브리그 마이어Isabel Briggs Myers(1897-1979)와 어머니인 캐서린 쿡 브리그Katherine Cook Brig는 칼 융의 이론 중 성격 부분만을 취해 16개의 유형으로 검사 시스템을 만들었다. 이것이 현재 세계에서 가장 많이 사용되는 심리 지표인 MBTIThe Myers Briggs Type Indicator다.

MBTI는 과학의 테두리를 넘어 초과학 분야를 더듬은 융의 이론, 즉 무의식 안에 내재된 그림자나 페르소나 등을 적용해서 주기능, 부기능 등으로 체계화, 정량화했기 때문에 과학적인 옷을 입게 되었다. 하지만 우리나라에서 인기가 있는 에니어그램Enneagram은 타로와 마찬가지로 신비주의 쪽으로 훨씬 기울어져 있다. 타로처럼 직관을 통해 인간 내면의 깊은 곳을 항해한다는 면에서 현대의 체계적인 학문의 테두리를 넘어서기 때문이다.

아홉 개의 유형을 거슬러 만나는 '하나의 원형'

에니어그램Enneagram은 그리스어로 '아홉'을 뜻하는 '엔네아Ennea'와 '도형'을 뜻하는 '그람모스Grammos'가 합쳐진 단어로 원주 위에 등거리로 아홉 개의 점이 그려진 원이다. 맨 위 꼭지점을 9로 시작해 시계 방향으로 1, 2, 3, 4, 5, 6, 7, 8의 점을 찍는다. 3, 6, 9를 연결하면 정삼각형이 나타나고 1, 7, 5, 8, 2, 4, 1을 한 번에 연결하면 밑변이 빠진 불균형한 육각형이 그려진다. 이 두 도형이 원 안에 맞물려 있는 모습은 얼핏 보면 그저 거미줄 같다. 하지만 인쇄술이나 메일이 일상화 되지 않았던 고대에 이런 도형은 아는 사람은 알아보는 다양한 의미를 전달하던 상징이었다. 즉, 일종의 커뮤니케이션 방식인거다. 동시대의 사회 안에서도 자기들끼리만 소통하는 커뮤니케이션의 방식이 있다. 초고속 디지털 시대에는 이런 현상이 더 심화되고 있다. 기성 세대와 젊은 세대, 그 젊은 세대 중에서도 청소년과 대학생이 사용하는 언어적 상징 자체가 틀린 것만 봐도 수백 년, 수천 년의 차이를 뛰어넘어 이들의 사고체계를 이해하기란 쉬운 일이 아니다.

우로보로스의 뱀처럼 처음과 끝이 없이 영원히 꼬리를 물고 돌아가는 형상의 원은 고대부터 가장 완전한 도형으로 여겨졌다. 아울러 이 완벽한 도형 안에 꼭지점을 찍고 이어 최초로 만들어지는 구체적이고도 탄탄한 도형은 삼각형이다. 그래서 삼각형은 많은 문화권에서 신성하게 여겨졌다. 카발라 생명나무의 아인, 아인 소프, 아인 소프 오르의 무한한 세 천계, 성부, 성자, 성령의 삼위일체 등 세 개의 꼭지점은 영원이라는 원의 테두리 안에 최초로 구현되는 우주의 중심으로 여겨진 것이다. 서양뿐 아니라 동양에서도 불교의 불佛·법法·승僧, 힌두교의 세 신 비쉬누Vishnu·브라마Brahma·쉬바Shiva, 도교의 천·지·인天地人 등 3을 신성시했다. 우주의 에너지에는 양성과 음성, 그리고 조화라는 세 개의 힘이 있다고 믿었기 때문이다. 3의 3배수인 9 역시 중요한 의미를 지닌다. 십진법 체계의 완전한 숫자 10 안에 들어가는 모든 숫자를 품고 있기 때문이다. 0을 포함해 1부터 9까지의 숫자가 있으면 10진법이되어 우주 안에 표현하지 못하는 수는 없으니 말이다. 불교에서 9개의 천계를 넘어 10 즉, 영원한 세계로 해탈한다고 믿은 것도 이해가 간다. 이 모든 사상들이 태동한 메소포타미아와 인도에서 0이라는 숫자와 10진법이 만들어진 것도 우연은 아닐 것이다. 이로써 숫자에 신의 기호라는 신성한 의미를 부여하며 특정한 숫자들을 숭배하게 되었을 것이다.

에니어그램은 안의 삼각형과 나머지 꼭짓점을 연결하는 선들이 변화와 진화를 거듭하는 에너지를 통해 원이라는 완전함 즉, 10을 얻는다. 생명나무에서도 3개의 선을 연결한 삼각형들이 3단으로 이어져 마지막 10에서 우주가 창조되는 과정을 도형으로 표현했다.

에니어그램이 아주 오래되었다는 추정 외에 언제부터 존재한 것인지 정확한 출처는 알 수가 없다. 페르시아나 바빌로니아, 힛타이트의 왕국들이 흥망성쇠를 거듭하던 메소포타미아 지역에서 BC 2500년경서부터 존재했다고 하는데 누가 증명하랴. 유대교로부터 흘러나온 두 개의 거대한 지류인 기독교에 카발라 신비주의가 있다면, 또 하나의 세계인 이슬람에 수피Sufi라는 신비주의가 있고, 에니어그램은 바로 이 수피주의자들의 전통이라는 것, 그리고 그 의미를 거슬러 올라가다 보면 카발라나 피타고라스적 수비학, 그노시즘 등 메소포타미아 지역의 고대 사상과 만난다는 것 밖에는 그 어떤 단서도 찾을 수가 없다.

고대의 사상들은 거슬러 올라가면 갈수록 마치 한 뿌리, 칼 융의 언어로 말하면 '하나의 원형'에서 나온 가지처럼 뒤엉켜있는 것이다.

로마제국이 멸망한 후 서유럽이 유일신 '하느님'에 헌신하는 기독교의 체계에 의지해 문명을 재건했듯이 AD 7세기경부터 페르시아, 아라비아 반도 지역은 무함마드가 창시한 이슬람의 지배하에 들어간다.

고대 메소포타미아부터 헬레니즘 시대까지 신과의 영적인 합일을 추구하던 종교의 다양성이 사라지고, 오직 '알라'에 헌신하는 유일신의 종교로 바뀐다. 중세의 기독교 세계를 지나며 교리에 부합하지 않는 많은 사상들이 묵살되고 이단이라는 이름으로 묶여 폐기되었듯이, 이슬람 지역에서도 주류 뒤편으로 침잠된 사상들이 있다. 그중 하나가 수피즘Sufism이다. 고대로부터의 전통을 따르던 중세의 수피주의자들은 카발라주의자들 또는 힌두나 불교의 승려들처럼 요가나 고행 같은 수행을 통해 자비와 사랑으로 신에 이를 수 있다고 믿었다.

카발라의 생명나무와 같이 수피주의자들이 명상의 도구로 사용하던 도형이 에니어그램이라는 것은 널리 알려진 바다. 시간이 지나며 전쟁이나 강력한 종교 탄압으로 인해 대부분의 기록은 소실되어 버렸지만 말이다.

예를 들자면 고대의 모든 지식을 보유하고 있었다는 이집트의 알렉산드리아 대도서관은 시저가 BC 48년에 불태웠고, AD 3세기에는 기독교도가 다시 한번 확실히 불태워 그 안의 모든 정보는 소실되었다. 기독교가 기반이 된 서구에서 이 사건은 BC 3세기 진시황제의 분서갱유에 버금가는 사상통제였다. 인터넷은커녕 종이책도 없던 시대이니 권력층의 사상통제는 누워서 떡 먹기처럼 쉬웠을 것이다. 양피지에 일일이 손으로 필사해서 만든 책들은 지구상에 몇 권 없는 견본들이었으니 말이다. 점조직처럼 여기저기 살아남은 단서로는 공룡 발자국을 통해 그 모습을 상상하는 것 만큼이나 허구적이다. 결국 우리가 지금 학교에서 배우는 이 세상의 지식들을 제외하고는 정신적 인간문명의 대부분은 베일에 가려져 있다. 이 지식들은 수천 년간 서로 다른 시대를 지나는 동안 구전으로 전해지며, 어디에선가 불쑥불쑥 떠오르는 상징이 되어 이를 알아볼 수 있는 사람들만 전수받을 수 있게 되었다. 그래서 비밀조직이니 프리메이슨이니 실체가 만져지지 않는 정신적 권력을 믿기도, 믿지 않기도 쉽지 않은 것이다. 어차피 확률은 50% 아니겠는가.

에니어그램과 타로의 만남

철학적이고 수비학적인 의미를 담고 있던 고대의 에니어그램이 MBTI처럼 성격 유형 분석 도구가 되어 서구 문화 속으로 들어온 것은 아주 가까운 지난 세기의 일이다.

에니어그램을 이야기할 때 가장 의미있는 사람으로 신비철학가 죠르쥬 그루지예프 Georges Gurdjieff(1872-1949)를 들 수 있다. 그리스인 아버지와 아르메니아인 어머니 사이에서 러시아인으로 태어난 그는 태생 자체가 신비적일 수밖에 없는 문화적 배경을 지녔다. 음유시인이던 그의 아버지는 그에게 수메르의 〈길가메시 서사시〉 등의 고대 신화를 가르쳤다. 그는 인도, 네팔, 중앙아시아 등을 수없이 여행했는데, 1897년경 아프가니스탄에서 수피 비밀공동체의 한 늙은 고행자를 만나 투르키스탄의 수도원에 가게 되었고, 이곳에서 에니어그램을 알게 되었다고 한다. 그가 만난 수피들은 에니어그램의 도형을 놓고 1부터 9까지의 숫자를 서로 나누고 조합하며 답이 없는 신비한 의미를 찾고 있었다고 한다. 이를 지켜보던 구르지예프 역시 해답을 찾지는 못했지만, 이 도형이 우주의 영원한 법칙을 알려주고 있다는 직감을 받았다. 이후 그는 에니어그램을 통해 인간의 삶과 우주의 순환과정을 이해할 수 있다 주장하며 단체를 만들어 카발라나 요가의 수행방식과 비슷한 영적 가르침을 전파했다. 또한 타로의 메이저 아르칸을 원형적이고 신화적이며 상징적인 보조로 사용하면서 영적 수련과 인간 심리의 근본적인 특성을 알기 위해 노력했다.

한편, 에니어그램의 도형에 9개의 성격 유형을 적용한 것은 오스카 이카조Oscar Ichazo다. 그는 1950년대에 인도와 네팔, 아프가니스탄 등을 여행하며 그루지예프가 교류했던 수피들을 만나며 에니어그램을 자신의 연구 분야에 적용하였다. 이후 클라우디오 나란조Claudio Naranjo는 이에 정신분석학적으로 프로이드의 방어기제 이론을 접목했다. 하지만 어느 분야나 그렇듯 주류 심리학계에서는 아직도 비과학적인 이론이라 비판하는 면이 있다. 현재는 통계적 접근법을 도입하는 등 신뢰성을 확보하려고 노력하지만, 성공적으로 주류학계에 진입할지는 알 수 없는 일이다.

심리 영역에서 에니어그램은 동그란 원주에 9개의 점을 찍어 인격의 유형을 나눈다. 원은 물질이 형상으로 담기는 우주일 수도 있고, 인간의 영적인 원형부터 무의식, 의식을 담는 육체일 수도 있다. 이 9가지 유형은 어느 쪽이 더 좋다, 나쁘다고 할 것 없이 서로 '동등한 입장'이다. 그래서 편견이 있을 수 있는 언어보다 더 상징적인 느낌을 가진 숫자를 사용한다.

9개의 유형은 인간의 육체를 따라 세 부분으로 나누어 장형 (8, 9, 1), 가슴형 (2, 3, 4), 머리형 (5, 6, 7)으로 구분한다. 장형은 본능적인 면이 강한 유형들이고, 가슴형은 감정과 감성적인 면이 강한 유형이다. 그리고 머리형은 정신적, 이성적인 면이 강한 유형들이다. 하지만 우주도 순환하고 항상 변화하듯 인간도 하나의 점에 고정되어 있지 않다.

인격은 유아기부터의 외부적인 환경 요소에 대항해 스스로를 보호하는 방어 메커니즘으로 구성된다. 억압된 인격들로부터 온 무의식적인 강박Complusion과 충동Impulsion을 통해 좋지 않은 행동에 이르기 때문이다. 그래서 나의 유형을 알고, 내 에너지의 흐름을 알게 되면 무의식 안에 억압된 것들을 의식으로 끌어올려 좋은 방향으로 행동할 수 있다는 것이다. 또한 자신이 타고난 가장 강한 기질은 있지만 이 성향은 바로 옆 성향의 영향을 받기도 하고, 또 어떤 에너지를 따라가느냐에 따라 의식 위에 표현되는 면이 변한다. 게다가 성격 유형에 따라 안을 향하는 에너지가 강한 유형이 있고, 밖을 향하는 에너지가 강한 유형도 있다. 또 환경에 따라 자기자신의 본성이 아닌데도 에너지의 안밖을 뒤집어서 쓸 수도 있다. 이 모든 것은 에너지의 흐름이고, 일생의 과정을 두고 일어나는 긴 순환주기가 될 수도 있고, 하루의 환경이나 내가 만나는 성향의 사람에 따라 일어나는 짧은 순환주기가 될 수도 있다. 존재하는 모든 것은 정체되어 있지 않고 '발달'을 하건 '퇴보'를 하건 변화하기 때문이다.

카발라의 생명나무에서도 에너지는 항상 순환하며, 모든 세피라는 모두 양과 음, 긍정과 부정 등 양성의 성질을 띄고 있는 것과 마찬가지다. 한 세피라는 바로 앞에서 선행하는 세피라에 대해서는 수용적(여성적) 관계에, 바로 뒤에 따라오는 세피라에 대해서는 방출적(남성적) 관계에 있다.

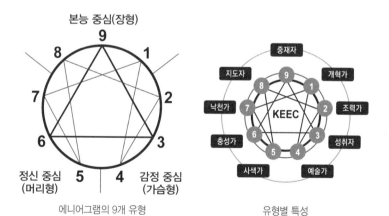

에니어그램의 9개 유형　　　　　유형별 특성

에니어그램은 인간이 어떤 길, 어떤 에너지의 흐름을 통해 억압된 자아로부터 해방될 것인지의 방향을 인도한다. '나는 진정 누구인가'를 찾아 여행하는 안내자인 것이다. 이 점에서 에니어그램은 카발라와 통하고, 또 이 카발라를 그림 속에 구현해 넣은 것이 타로이기 때문에 에니어그램의 심리분석 안에 둘을 같은 도형 위에 펼쳐놓고 함께 보려는 시도가 있어왔다. 하지만 카발라와 에니어그램이 고대의 메소포타미아 문화권 안에서 각각 기독교와 이슬람이라는 다른 길을 통해 신비주의로 진화해 왔다는 것 외에 서로 영향을 주며 함께 발전되었다는 증거는 어디에도 없다. 마치 하나의 신을 두고 하느님과 알라라고 부르듯이 서로 다른 형식을 빌려 표현하고 있는 것이다.

타로는 22개의 아르칸으로 22개 유형의 퍼스낼리티를 제시한다. 22개의 원형이라는 의미다. 하지만 에니어그램의 9개 인격과 타로를 억지로 끼워맞추는 것은 이런 타로적인 해석을 왜곡시킨다고 보는 학자들도 많다. 우선 타로는 충분한 상징의 해석을 깊이 알지 못하면 표면적인 해석으로는 아무것도 얻을 수 없다. 타로는 직관이기 때문이다. 하지만 에니어그램의 에너지 방향이나 그 에너지의 지금 상태 등을 보는 보조적 역할로 타로를 뽑아 보는 것은 확실히 도움이 될 것이라 생각한다.

상징이라는 악보를 연주하다

—————— 20세기 후반의 파리는 초반의 낭만적이고 보헤미안적인 문예사조를 뒤로 하고, '기호학'이나 '구조주의' 등 고도의 철학적인 사상으로 몸살을 앓았다. 이 시절 프랑스에서 유학하며, 도대체 기호는 뭐고 상징은 뭐며, 이들은 왜 문학 자체의 아름다움에는 관심이 없고, 단어 하나하나에 집착해 난도질하는지 피곤이 몰려왔다. 다만 이 세상의 보이지 않는 '구조'를 규명하고 구체화하는 노력이라는 것만 어렴풋이 이해했을 뿐이다.

아는 만큼 보이는 기호와 상징

기호나 상징은 모두 의사소통에 연관된다. 의사소통에는 다양한 방법이 있지만 가장 보편적인 것은 성대와 문자를 통한 언어. 그럼 언어란 무엇인가? 일종의 약속이다. 어떤 사물을 놓고 인간끼리 그렇게 부르기로 약속을 한 거다. 예를 들어, 토끼가 있다. '토끼'라는 말과 언어를 누가 만들었을까? 하나의 지역이나 문화 등 공통분모를 가진 구성원들끼리 사회를 이루며 그렇게 부르기로 정했다는 말이다. 영어의 래빗 Rabit이나 프랑스어의 라팽Lapin도 모두 토끼를 지칭하지만, 그 약속을 모르는 사람들에게는 아무 의미도 없다. 우리의 이름도 동일한 절차를 밟아 한 개인을 지칭하는 의미가 된다. 이렇듯 사물에 각각의 의미를 주어 이름을 붙이고, 동사나 형용사적인 표현을 붙여 움직임과 감정을 표현하게 된 것이 언어다. 수신호나 수화 역시 언어다. 약속을 모르면 알

\#기호학 \#구조주의 \#상징주의 \#보들레르 \#릴케 \#E=MC²
\#아인슈타인 \#질베르 뒤랑 \#트라우마 \#상징주의자
\#레오나르도 다빈치 \#미켈란젤로

아듣지 못하지만, 약속을 아는 사람들에게는 의사소통의 수단이 된다. 우리가 수화를 배우지 않으면 모르는 것처럼 말이다.

　기호란 한글의 ㄱ, ㄴ, ㄷ, ㄹ이나 영어의 A, B, C, D, 또는 수학의 +, −, =, 음악의 음표나 도돌이표처럼 무언가의 의미를 전달하기 위한 부분 요소를 말한다. 기호 자체에는 생명력이나 힘이 없다. 그래서 독립된 기호만으로는 기능을 못하지만 약속을 통해 적절하게 조합되면 문장이 되고 악보가 된다. 이 약속이 바로 문법이다. 더 나아가 문학, 철학, 정치, 경제, 예술 등 인간의 모든 사고를 구체화하는 것이다. 즉, 언어는 무형의 정신에 물질적 구조를 준다. 그래서 언어학자들은 한 언어의 문법적인 구조를 알면 인간이 어떤 사고체계를 가지고 서로 소통하는지, 나아가 그 언어를 쓰는 사회의 구조를 알 수 있다고 생각했다. 우리가 꿀벌이나 돌고래의 언어를 안다면 그들의 사고체계와 사회 구조를 알 수 있을 것이다. 모든 메커니즘은 같기 때문이다. 의식의 분석 작업을 통해 존재의 심층에 내려가 상징과 만나는 것도 바로 이 기호 덕분이다. 반면에 상징이란 인간에게 원초적으로 주어져 있는 어떤 것으로, 그 자체로 의미를 전달한다. 도로 표지판이나 교회의 십자가, 한 나라의 국기 등. '이순신' 하면 장군이나 영웅이 생각나는 건 이순신이라는 인물이 그 자체로 상징이 되었기 때문이다. 성조기는 '미국'이고, 터번은 '아라비아'라는 식이다. 물론 알파벳이나 한글 자음과 모음을 로

고에 쓴다든지 디자인에 사용하면 그 자체로 상징이 되는 경우도 있다. 그런데 상징도 언어처럼 그 의미를 모르는 사람이나 체험해 보지 못한 사람에게는 의미가 없다. 예를 들어 아프리카나 아마존에 고립된 부족에게 십자가는 아무런 의미를 전달하지 않는다. 명품 헤르메스 핸드백을 안겨줘도 그것이 어디에 쓰는 물건인지 알 리가 없다.

우주의 언어를 해석하다

언어가 소리나 문자로 의미를 전달한다면 상징은 더 전 단계의 소통수단이라 할 수 있다. 이는 어쩌면 바벨탑이 무너지기 이전 인간 공통의 언어였을 수도 있다. 그래서 앞서 말한 것과 같이 칼 융은 인간 무의식의 깊은 곳에는 공통의 원형이 흐르고 있고, 현실에 언뜻언뜻 비치는 상징을 통해 이 원형에 접촉할 수 있다고 믿었다. 상징은 우리가 사는 물질의 세계 즉, 인간의 오감으로 보고 듣고 만지고 맛볼 수 있는 구체적인 세계 이면의 깊은 정신이나 무의식 속의 느낌과 나를 연결해주는 고리라고 할 수 있다. 이는 생각이나 도덕, 또는 사회 체계와는 아무런 상관 없이 아주 순간적이고 즉각적으로 그냥 이해되는 영역이다. 그냥 훅 내 안으로 들어온다. 예를 들어, 원형의 바퀴를 보면 움직이는 운송 수단을 생각하기도 하지만, 때로는 삶과 자연, 우주의 순환 주기를 생각한다. 빨간색을 보면 불이나 열정이 떠오른다. 한 사회에서 학습된 상징도 있고, 누가 가르쳐준 것도 아닌데 인간이면 누구나 본능적으로 느끼는 상징도 있다. 그런데 더 심층의 무의식 안으로 내려가면 인간으로 태어나며 잊어버린 우주의 감추어진 상징이 있다.

20세기 초 상징주의 시인들은 이 세상에 나타나고 있는 우주적 상징을 해독할 수 있는 특별한 능력을 지녔다는 자기도취에 빠졌다. 보들레르, 랭보, 말라르메, 네르발, 로트레아몽 등의 프랑스 시인들을 중심으로 미국의 에드거 알랜포우, 러시아의 투르게네프, 영국의 예이츠, 독일의 릴케 등 많은 시인이 상징주의에 열광했고, 자신들은 저주받아 지상으로 쫓겨난 천사이므로 평범한 인간 사회에서는 이해받지 못한다고 생각했다. 그래서 고대의 신관이나 점성술사처럼, 우주의 웅대한 언어를 해석해 시로 표현하려 애썼다.

이는 과학자들도 예외가 아니다. 위대한 과학자들은 우주에도 상징 언어가 있다고 생각하고, 그 상징 언어를 보편적인 공식으로 풀어내려 칠판을 가득 채우곤 했다. 결국 풀어낸 아인슈타인 같은 과학자는 'E=MC²'이라는 간결하고 아름다운 상징으로 우주의 비밀을 표현하였다. 이런 상징은 아는 사람만 해독할 수 있다. 내면에 대해서 오랫동안 탐구하지 않으면, 우리는 우주적인 상징에 관해서 거의 알 수가 없다.

"현실에서 벌어지는 모든 현상은 하나의 상징이며, 그 상징은 열린 문이다. 그 열린 문을 통하여 우리는 내면의 세계로 들어갈 수 있다.

(……) 소수의 사람만이 상징의 문을 통과하며, 그 길과 문을 통해 영혼과 영혼이 서로 이어지는 것이다"

─헤르만 헤세 〈의자와의 대화〉 中

기호나 상징을 좀 더 깊이 생각하다 보면, 인간의 자아에도 이중성이 있듯이 이 세상이 표상되는 것과 그 뒤의 또 다른 이중적인 의미가 있다는 것을 알게 된다. 인생을 한 차원 위에서 관조하는 능력이 생기는 것이다. 프랑스의 상징 인류학자 질베르 뒤랑^{Gilbert Durand}은 '인간은 원래 상상의 기능, 꿈의 기능, 그리고 대상에 대한 정서적 이해 기능을 원초적으로 갖고 있다'고 말했다.

프로이트나 칼 융 등의 정신분석학자들은 꿈이 무의식으로부터 올라오는 상징이라 보았다. 프로이트는 억눌린 성적 욕망이나 트라우마의 분출로 보았고, 칼 융은 무의식보다도 더 밑, 그 끝을 알 수 없는 원형적인 심층 무의식으로부터 오는 상징들이 혼합되어 있다고 보았다.

우연일 수도 있겠지만 예감이나 직감처럼 꿈이 현실의 어떤 사건을 예언하는 경우도 있다. 돼지꿈이나 조상꿈은 길몽이고, 이가 빠지는 것은 흉몽이라는 등 꿈을 해석하는 전통이 일리가 있다. 육체는 물질에 매여있어 3차원에 붙박여있지만, 정신은 시공을 떠나 자유롭게 오간다. 과거에 관한 기억들로 되돌아갈 수 있다면, 미래를 오가지 못할 이유도 없다. 다만 정신은 물질이 아니므로 물질세계에서 의식하지 못할 뿐이다. 잠자는 동안 정신은 육체를 초월해 다른 차원을 넘나들지만, 의식 위로 떠오르는 순간 모두 잊어버리는 거다. 꿈의 기억은 잊어버린 기억의 파편들이 물질세계의 형상을 띠고 떠오르는 거다. 그래서 이 파편들을 해몽하며 미래를 유추하기도 하고, 정신분석학자들은 과거의 트라우마를 거슬러 올라가 치료하기도 한다. 결국은 목적이 다를 뿐 상징의 해석이라는 것은 동일하다. 이것이 꿈뿐 아니라 만물에 깃들어 있는 상징의 메커니즘이다.

타로를 읽는다는 것은 물질 너머 무언가와 접촉하는 것

타로를 그린 자들의 생각은 20세기 상징주의자들이 세상의 비밀을 시로 남기겠다던 시도와 비슷했을지도 모른다. 주류의 종교사회에서 이단으로 몰리자. 세상의 비밀을 상징 카드로 전달하고자 하는 절박한 심정이었을 것이다. 타로가 놀이처럼 유포되어 멀리 흩어진 핍박받는 동료들과의 비밀 신호가 되는 것 외에도, 수백 년의 시간이 흘러도 상징을 알아볼 줄 아는 누군가에게 세상의 비전을 전하고 싶었을 것이다. 정신분석학자나 상징주의 시인들처럼 타로를 읽는다는 것은 물질 너머의 무언가와 접촉하는 것이다. 아주 순간적으로 훅 들어오는 직관을 통해 시공을 초월해 그것을 그린 사람들의 정신과 연결되는 것이다. 그리고는 그 안에 담긴 우주의 신비를 언어를 통해 풀어내 다시 생명을 주는 것이다.

　한 장의 타로 안에는 숫자와 서로 연관된 상징들이 스토리와 함께 함축되어 있다. 타로의 해독이 어려운 이유는 직관적으로 이를 연결하며 언어로 표현해야 하기 때문이다. 그림이라는 겉모습을 뚫고 뒤에 숨은 상징의 의미를 찾아내는 거다. 이는 그냥 그림의 의미만 나열하는 것과는 다른 차원을 읽는 것이다. 특히나 타로가 만들어진 시대는 그림 안에 의도적으로 비밀을 숨겨 넣는 것이 일반적이던 시대였다.

　이는 예술작품에서도 마찬가지다. 레오나르도 다빈치도 미켈란젤로도, 또 성당의 성상을 그리던 화가나 조각가들도 비밀스러운 상징이나 암호를 빈번하게 사용했다. 그래서 작품에 관한 지식에 따라 그 해석의 깊이가 달라지는 것이다. 같은 작곡가의 음악도 누가 연주하느냐에 따라 전혀 다른 음악이 된다. 똑같은 가요도 부르는 사람의 창법이 다르면 달리 들린다.

　타로 안에 들어있는 상징의 구조를 읽기 위해서는 삶에 대한 깊은 이해와 훈련을 통한 통찰력이 있어야 한다. 이는 마치 하나의 언어를 배우는 것과도 같다. 문법이나 단어를 안다고 언어에 능통한 것이 결코 아니다. 그 언어권의 역사와 문화, 철학, 사회, 경제 등 아는 만큼 그 언어를 더 잘할 수 있는 것과 같다. 어찌 보면 이는 작품을 만든 사람의 의도와 접신(?)하는 거다. 접신이라는 말이 심령술사들만의 언어는 아

니다. 내가 수학 문제를 풀 때 그 문제를 완벽히 이해했다면 수학의 본
질과 접신한 것이고, 춤을 추며 인체공학적인 원리를 깨달았다면 나는
춤의 본질과 접신한 것이다.

　그리고 언어란 유동적인 생각을 구조화해 물질에 가두는 것임을
잊으면 안된다. 물 같은 영혼을 고체화한다는 말이다. 모든 물질에는
중력이 작용하므로, 언어는 그 자체로 강력한 힘을 가진다. 언어의 힘
이 자기암시인 이유는 말하는 대로 자신을 그 구조로 고체화하기 때문
이다. 우주는 좋고 나쁨을 판단하지 않는다. 우리가 언어로 구체화시킨
것을 인력으로 끌어당길 뿐이다. 그래서 인간은 언어를 사용함에 많은
공을 들여야 한다. 특히 타로를 해석하는 데는 더욱더 그러하다. 점성
술이나 역학이 인간의 태어난 생년월일과 시간의 별자리를 통해 바꿀
수 없는 운명을 나타낸다면, 타로는 그때그때의 상황이나 나아갈 길,
변화할 수 있는 인간의 의지 등을 제시해주기 때문이다.

　타로는 결코 부정적인 말을 하지 않는다. 인생은 돌고 도는 것이기
때문에 나쁜 것이 있어야 좋은 것이 따라온다는 점을 확실히 해두자.
열린 마음과 인간을 사랑하는 따뜻한 마음이 있어야 한다. 인간은 누구
나 사랑받고 제대로 살아가기 위해 이 세상에 온 것이다. 다만 어려운
상황이 있을 뿐이다. 따라서 타로를 적용할 때 긍정의 상황과 긍정의

언어를 던져주는 것이 중요하다. 거짓말을 하라는 것이 아니다. 인간이 가진 수많은 기호 중 좋은 표현을 선택하라는 것이다. 즉 인생의 가이드가 되라는 거다. 별자리는 인생의 틀이지만 타로는 가이드다. 미신이나 점쟁이와는 상관이 없다는 말이다.

어떤 타로를 사용할지를 너무 걱정하지 말라. 현대적인 카드도 결국은 모두 마르세유 카드에서 파생된 것들이다. 성경과 같다고 보면 된다. 성경이 모세나 예수가 직접 쓴 것이 아니다. 그 이후의 수많은 사람의 손을 거쳤다. 게다가 각 나라의 번역본은 원본에서 한참 다른 단어를 사용하는 것도 많다. 하지만 단어 선택이나 문장 구조는 달라도, 그 안에 진리와 사랑을 담고 있다는 사실은 변하는 것이 없다. 타로 역시 변형되기는 했지만, 최초의 상징성과 신비적인 본질이 남아있다. 타로는 직관으로 읽는 것이다.

보이는 것이 현실의 전부는 아니다

────────── 서구의 세계관을 이루는 성서에서, 하느님은 가장 먼저 하늘과 땅을 만드신다. 그 다음에 사물을 만들기 위해 빛을 만드신다. 하늘과 땅이 제일 먼저 짝으로 동등하게 창조되었다니, 중세와 르네상스, 근세를 지나며 내내 서구인들이 우주의 중심은 지구라 믿은 것은 당연하다. 지구가 절대자이신 하느님의 첫 번째 과업으로 선택되었다는 자부심이 대단했던 거다. 게다가 하느님의 지구 프로젝트를 알기 위해 세 번째 작업인 '빛'에 관해 무한한 궁금증을 품었다. 그 빛을 통해 다음 5일간 아담도, 식물도, 동물도 만들어졌기 때문이다. 그 이후, 지구상의 생명체는 모두 빛을 통해 삶을 이어가고, 빛 없이 살아갈 수 있는 아주 극소수의 생명체라도 빛을 전제로 한 하위 먹이사슬에서 살아간다. 이를 깨달은 인간은 빛이란 생명일 뿐 아니라 인간 최초의 '인식'이라는 생각을 하게 된다. 빛이 있어 생명이 유지되고, 세상을 눈에 담게 되니 말이다.

빛과 색으로 투영되는 세상

그런데 역시 하느님이 창조하신 동물은 우리와 함께 지구에 살지만 전혀 다른 모양과 색으로 사물을 본다. 꿀벌, 나비, 개미, 잠자리 등 곤충은 대부분 겹눈을 갖는데, 수많은 낱눈이 벌집처럼 모여있고, 그 위를 하나의 막이 덮고 있어 물체를 다방향으로 인식한다. 게다가 명암을 구분하는 홑눈이 따로 있는 곤충도 있다.

#빛과 색 #흩눈 #색맹 #낱눈 #가시광선 #적외선
#자외선 #X선 #감마선 #인상주의 #폴 세잔 #플라톤
#뇌파 #안료 #배합법

　그중에서도 잠자리는 수만 개에 달하는 낱눈이 있어, 앞, 옆, 위뿐
아니라 뒤까지 동시에 360° 전체를 볼 수 있다고 한다. 그러니 아무리
뒤에서 살금살금 다가간들 잠자리를 맨손으로 잡기는 쉽지 않다. 360°
전방위를 한꺼번에 보는 것은 인간과 다른 고차원의 세계에 존재한다
는 의미다. 인간의 육안에 가까운 일반렌즈가 40~60°를 촬영할 수 있
고, 파노라마라 불리는 광각렌즈는 60°~80°, 극단적으로 왜곡되는 어
안렌즈가 180°라니, 잠자리의 세상은 상상조차 하기 어렵다.
　같은 공간에 사는 생명체끼리 똑같은 형상을 전혀 다른 모습으로
본다면, 우리가 보고 있는 사물만이 현실이고 참이라고 믿을 만한 근거
는 어디에도 없다. 또한 곤충은 사물의 색도 인간과는 전혀 다르게 인
식한다. 개나 고양이는 색맹이라서 이 세상이 총천연색이 아닌 흑백에
가까운 세계로 보인다. 또 곤충은 빨간색을 검은색으로 보거나 자외선
을 보기도 한다. 아마도 벌이나 나비의 세상을 카메라로 찍으면 360°의
원형으로 펼쳐진 세상에 여기저기 검은 점과 형광의 자외선으로 물들
여진 외계일 것이다. 포유류 중에서도 고양이나 호랑이 같은 야행성 동
물은 인간이 감지하는 빛의 100분의 1만 있어도 세상을 훤히 볼 수 있고
뱀은 적외선을 감지한다고 한다. 할리우드 첩보영화에 나오는 적외선
탐지기에 비친 모습으로 만다라같이 돌아가는 세상을 본다는 말이다.

　태양 빛의 무한대 전자기파 중 인간의 눈으로 볼 수 있는 영역을

가시광선이라 하며, 그 범위는 7개의 파장이 전부다. 무한대 영역 중 고작 한 뼘만 인식할 수 있다니, 우리가 우주에 관해 알고 있는 지식의 크기도 딱 거기까지 아닐까.

이 7개의 가시광선은 각각의 파장을 가진다. 마치 피아노 건반의 도, 레, 미, 파, 솔, 라, 시의 7음계와도 같다. 이 광선 모두가 합쳐지면 흰색으로 보인다. 태양 빛이 흰색으로 보이는 이유다. 이 빛이 프리즘을 통과하면 빨, 주, 노, 초, 파, 남, 보의 무지개색으로 분광 된다. 인간은 이 파장이 서로 섞여서 나온 복합광을 60여 가지 색으로 인식할 수 있다고 한다. 꽃이 빨갛게 보이는 것은 빨간색만 반사하고 다른 색은 흡수하기 때문이다. 이 빛이 모두 흡수되어 아무것도 반사하지 않으면 검은색으로 보이는 것이다. 달빛조차 반사되지 않는 깊은 밤을 '칠흑' 같이 어둡다고 표현하는데, 7개의 가시광선이 모두 흡수된다는 의미이니 언어에 담긴 깊이에 감탄하지 않을 수 없다.

또 인간의 눈에 보이는 파장은 아니지만, 적외선이나, 자외선, X선이나 감마선 등도 인간이 알고 있는 광선이다. 전자기파는 파장Wavelength과 주파수Frequency로 표현되는데, 이는 서로 반대되는 의미다. 동일한 시간에 동일한 거리에 도달하니까, 파장이 짧으면 초당 진동수인 주파수가 크게 되고, 파장이 길면 초당 진동수인 주파수가 작게 된다. 7개의 가시광선 중에는 보라색의 파장이 가장 짧고 주파수가 크며, 빨간색의 파장이 가장 길고 주파수가 작다. 빨간색 계열을 장파장, 보라색 계열을 단파장, 초록색 계열을 중파장이라 한다.

빛과 색을 통한 타임슬립

그리스 시대부터 과학 철학자들은 빛이 물질의 입자인지, 또는 공간에 퍼지는 파동인지에 대한 질문으로 괴로워했다. 인간의 이성과 현실만을 인정한 아리스토텔레스는 빛이 파동이라고 믿었다. 시간은 흐르고, 규정되지 않은 이 문제에 과학자들은 머리를 쥐어뜯었다. 17세기에 뉴턴을 비롯한 고전 물리학자들은 빛이 아주 작은 물질인 입자로 이루어져 있다고 생각했다. 하지만 19세기가 되며 빛이 파동처럼 두 개 이상이 겹쳐져 새로운 파동을 만드는 현상이 관찰되면서 파동설이 우세해졌다. 그런데 20세기가 되면서 아인슈타인이 상대성원리를 주장하고, 양자역학이 대두되면서 이 둘을 합친 광자라는 결론을 내렸다. 즉, 입자인 동시에 파동이라는 의미다. 아직 진리는 모른다. 그 누가 알겠는가. 하지만 어쨌든 현대과학은 정치에서 두 개의 정당이 화해하듯이 손을 잡았다.

게다가 빛은 이 세상에 존재하는 그 어떤 물질보다 속도가 빠르고 일정하다. 약 30만km/s로 음속보다도 88만1742배 빠르며, 1초에 지구를 일곱 바퀴 반 돌고, 태양에서부터 지구에 도달하는 데는 8분 정도 걸린다. 이렇게 빨라도 수억 광년 떨어진 은하 끝에서 폭발한 별의 모습이 우리 눈에 보일 때는 이미 오래전에 사라진 별이다. 그 거리는 인간의 경험으로는 가늠할 수조차 없다. 속도가 너무 빠르다 보니 빛은 입자인데도 부피를 가지고 있지 않다. 속도로 인해 부피를 잃고 0 상태가 되는 것이다. 그래서 인간이 빛의 속도에 도달하면 부피가 0이 되므로, 물질로 이루어진 시·공간을 뛰어넘을 수 있다는 이론이 성립된다. 과거나 미래로의 시간여행이 가능해진다는 말이다.

그러므로 빛이란 세상을 이루는 물질 중에 가장 근본적이고, 마치 숫자의 0이나 무한대와 같은 존재다. 즉 이 세상의 물질이지만 동시에 이 세상에 속하지 않은 물질이기도 하다. 창세기에서, 빛의 속도나 입자, 파동을 모두 뛰어넘는 존재인 하느님께서 자신의 능력과 비슷하거나 아니면 살짝 떨어지는 뭔가를 만든 것이 다름 아닌 '빛'이 아니었을까. 카발라나 힌두교, 불교의 사상은 사실 여기에 뿌리를 두고 있다. 그 초월적인 빛의 세계에 살던 아담은 선악과를 따먹고 물질세계에 갇혀버렸다. 즉, 육체를 가지게 되었다. 원죄란 다름 아닌 3차원이라는 물질세계에 갇히는 것이 아니었을까.

결국 인간이 색을 지각한다는 것은 눈에 들어온 빛의 파장 중 뇌가 인지할 수 있는 파장만을 선택적으로 보는 것이다. 그래서 색이란 우주에서 오는 빛과 인간이 만나는 접점이다. 빛과 색을 쫓던 인상주의 화가 폴 세잔이, "색은 우리의 두뇌와 우주가 만나는 장소다"라고 한 것을 이해할 수 있을 것 같다. 인상주의 화가들에게 화폭이란, '바로 이 순간' 내 눈에 비쳐 산란하는 빛이자, 다시 오지 않을 현재의 삶 그 자체였던 거다. 지금 도달한 빛이 나의 망막에 맺히고 사라지듯, 빛 속에 사는 인간의 삶은 절대로 다음 날이 오늘과 같지 않다. 인생이 허무해서 절망하는 이에게조차 내일 내 눈에 도달하는 빛은 오늘과는 다른 빛이다. 누군가 말했다. "어둠은 어둠을 거두지 못한다. 오직 빛만이 어둠을 거둘 수 있다"고.

이렇듯 인간이 보는 사물은 빨, 주, 노, 초, 파, 남, 보 7개의 가시광선이 조합해서 프로젝션^{Projection}하는 세계다. 우리가 스크린에 PPT를 투영하듯이 인간의 망막에 세상의 형상이 투사된다는 의미. 그래서 인상파 화가들은 빛, 즉 색이란 플라톤의 주장대로 물질 너머의 영적인 그 무엇으로부터 오는 상징이라고 보았다.

플라톤은 그 무엇을 이데아^{Idea}라고 했다. 색이란 색맹이 아닌 한, 개개인의 자각 능력을 뛰어넘어 인간 모두에게 적용되는 본질적인 진리이기 때문이다. 개인을 넘어 사회, 문화적 차이를 넘어가도 색을 인식한다는 이상의 더한 공통점은 없는 거다. 색이란 삶과 죽음만큼이나 인간종種 전체에 진리이자 본질이며, 무의식의 가장 뿌리에 있는 원형의 일부일 수도 있다. 그러므로 색을 통한 상징적 표현은 인간에게 가장 원초적인 것으로, 알타미라의 동굴에서부터 인류의 수많은 예술가는 색을 통해 사물을 상징적으로 표현해 왔다. 현대에 색이나 미술을 심리치료 또는 미디어에서 중요시하는 것도 결코 우연이 아니다. 황소가 빨간색을 보고 흥분한다고 믿는 것만큼, 인간에게 있어 색은 그 무엇보다도 확실하고 강력한 상징이기 때문이다. 그래서 우리는 색의 힘을 무시할 수 없다.

색을 통한 무의식의 의식화

색의 본질을 따라가다 보면 '무의식'이나 '집단 무의식', '원형' 같은 융의 상징심리학 체계를 이해할 수 있다. 본질적인 원형 위에 인류는 문화권마다 다양한 의식을 반영해왔다. 예를 들어, 붉은색은 불, 초록색은 나무를 연상시킨다. 이는 모든 인간의 눈에 동일하게 보인다. 하지만 눈에 보이는 색 외에 불이나 나무를 어떻게 경험하고 어떻게 사용하며 생활한 문화권인가에 따라 그 위에 다른 의미들이 채색된다. 사막의 캐러밴에게 초록은 생명의 오아시스이지만, 화전민에게는 활활 타오르고 남은 검은색 재가 생명의 모습으로 보일 수도 있다는 말이다. 인간 전체의 집단 무의식으로부터 민족적인 집단 무의식으로 올라가는 거다. 이렇게 계속 올라가다 보면 하나의 나라, 사회, 가족, 형제 등의 집단 무의식이 있고 그 위에 인간 개인의 무의식이 의식의 표면으로 떠오르는 것이다.

색을 인지한다는 것은 빛이 파장으로 변해 인간의 망막을 통해 들어와 뇌로 전달되는 과정이다. 그러므로 색을 결정하고 최후의 순간에 합치하는 것은 인간의 뇌파다. 결국 빛이란 다른 전파들과 마찬가지로 주파수가 있으므로 자신의 뇌파나 고유 주파수와 가장 잘 맞는 파장이 있다고 보는 것이 합당한 결론이다. 자신의 주파수에 맞는 색의 옷이나 화장을 한다든지, 아니면 자신에게 부족한 부분을 채워주는 색을 쓴다든지 하는 것은 결코 미신의 영역이 아니라 지금, 우리가 살아가고 있는 현실에 적용되는 이야기다.

인간의 뇌파는 깨어있을 때 나타났다가 잠잘 때 소실되는 α파, 정신적 활동이나 신경계가 활동 중일 때 나타나는 β파, 어려서 잘 나타나다가 성인이 된 후에는 감정적 스트레스가 있을 때 나타나는 θ파, 성인의 경우 수면 중 나타나며 뇌 질환 환자에게도 나타나는 δ파 등 알려진 파동들이 있다. 그래서 아직도 미지의 영역인 뇌의 파동과 색의 영역을 모두 연결할 수는 없지만, 7개의 가시광선 중 인간이 원초적으로 가진 색의 상징성을 통해 정의하자면, 보라색은 가장 정신적이고 창조적인 영역을, 남색은 우주를, 파랑은 하늘, 초록은 자연, 노랑은 인간의 육체, 주황은 땅 위의 물질적 삶을 상징한다. 그리고 빨강으로 표현되는 불은 눈에는 보이지 않지만 인간과 사물이 지닌 에너지와 정염, 열정을 상징한다.

마르세유 타로가 만들어진 르네상스 시대에 제대로 안료를 사용해 색을 나타내기에 한계가 있었다. 19세기 산업혁명 이후에 유기화학이 발달하고 물감이 발명되기 전까지, 화가는 좋은 색을 얻기 위해 직접 안료를 만들어 그림을 그렸다. 미켈란젤로도 레오나르도 다빈치도 스스로 다양한 안료를 배합해서 사용했다. 뛰어난 공학적 두뇌를 지녔던 다빈치는 화공학적 재능은 그다지 없었는지 안료를 제조하는 데 번번이 실패해 작품을 포기하곤 했다.

물감의 원료는 식물성, 동물성, 광물성으로 다양해서, 유럽에서 생산되지 않는 희귀한 물질은 실크로드를 통해 아시아로부터 어렵게 들어왔다. 구하기도 힘들었지만, 원료를 손에 넣는다고 해도 화가 스스로 회화용 물감으로 가공해야 했기 때문에 숙련된 기술이 필요했다. 광물성 안료는 산화철과 흙을 섞기도 하고, 다양한 색을 내는 원석을 빻아서 쓰기도 했다. 우리나라에서도 전통적으로 한지나 천, 단청을 채색하기 위해 황토나 홍화씨, 봉선화, 치자 등의 다양한 천연염료를 사용했고, 음양오행에 따라 염료를 색채별로 분류했다. 그래서 시대별로 쓰이던 염료 종류나 화가마다 고유한 안료 배합법을 기초로 작품의 진위를 구별할 수 있는 것이다.

또한 유대의 신비주의 카발라도 생명나무 세피라의 열 개 단계를 빛으로 표현하며, 색에 상징을 주었다. 하지만 카발라의 색은 그저 각 세피라에 색을 대입한 것이 아니라 훨씬 복잡하고 이해하기 어려운 체계를 가지고 있다. 각 세피라 안에 숨은 또 다른 무한한 세피라 안에 계속 그 색이 다른 단계로 나타나는 것이다. 현대적 언어로 표현한 것이 아닌, 고대 히브리어 문헌을 여러 언어로 해석한 것을 또 우리말로 해석한 것에 너무 집중하다 보면 길을 잃는다. 예를 들어 우리말의 '누루죽죽하다'나 '희끄무레하다'는 표현을 영어로 어떻게 표현할 것인가? 그 영어를 다시 히브리어로 번역한 것을 유대인들이 읽을 때는 한국어에서 한참 멀어진 색을 이미지화하고 있을 것이다.

타로 안으로 들어온 색의 상징

타로에는 노랑, 빨강, 파랑, 검정, 초록, 흰색, 그리고 살색이 주로 보이고, 어떤 판에는 주황색이나 하늘색, 보라색, 옅은 노랑, 옅은 초록 등이 보이기도 한다. 이런 색을 중세 미술 감상하듯이 색 상징 도표에 대입하며 이해하면 편하련만, 타로는 시대별로 조금씩 변형되었고 작가별, 인쇄된 시기별로 색도 조금씩 다르다. 게다가 중세인은 색에 대한 감성도 현대인과는 달랐을 것이다. 예를 들어, 현대의 상징 체계에서 물은 하늘과 같은 파란색을 쓰지만, 중세에는 하늘과 구분하기 위해 녹색으로 표시했다. 물을 파란색으로 쓰기 시작한 것은 근세에 들어와 지도를 그릴 때 숲을 녹색으로 표시하면서부터다. 빛이 프리즘을 통과하면 7개의 파장으로 색이 표현된다는 것도 광학이 발전한 근대에 와서 밝혀진 사실이다.

타로에서 색은 중요한 상징이므로 참고해야 하지만 처음 그린 사람의 의도에서 멀어진 카드 안에서 색에 너무 집착할 필요는 없다고 본다. 물감의 색을 모두 섞으면 검은색이 되지만, 빛은 모두 섞으면 흰빛이 된다. 이런 상대적인 색의 마술을 도식적으로 대입하는 것에는 무리가 있다. 그러므로 색의 상징은 참고로 하면서 내가 선택한 타로 안의 전체적인 색감의 구조를 통해 직관적으로 느끼는 것이 옳을 것이다. 일단 자신이 쓰고 있는 타로 버전의 색에 집중하되, 에너지 준위를 보기 위해 색채 카드를 따로 사용하는 것도 좋은 방법이다.

내 안의 또 다른 나

─────── 인간은 어머니의 몸에서 떨어져 나와 처음으로 스스로 숨을 쉬고 우주의 기를 받는다. 태어난 날 머리 위에 뜬 별자리의 기운은 인간의 심리적 삶의 기초가 된다. 그러므로 별자리에 깃든 아니마(여성성)와 아니무스(남성성)의 에너지는 여성과 남성의 육체적, 심리적 합을 보여준다. 타로의 메이저 카드들은 하늘의 별자리에 상응되는 상징을 가지므로 여성과 남성의 다양한 현실적인 문제를 질문할 수 있다. 물론 카드가 모든 답을 해주지는 않는다. 하지만 풀어가야 할 방향을 제시해 줄 수는 있다.

현상세계는 물, 불, 공기, 흙의 순환이다

아리스토텔레스를 비롯한 고대의 과학철학자들은 이 세계가 물, 불, 공기, 흙의 4원소로 구성되어 있다고 생각했다. 물론 과학철학자들이 주장한 4원소는 눈에 보이는 물질이라기보다는 상징적인 원소를 의미하고, 현대과학은 이를 나누고 또 나누어 더 많은 원소를 발견했지만, 실제로 고대인은 물, 불, 공기, 흙의 순환으로 자연이 유지되고 있다는 세계관을 가졌다. 물이 공기 중으로 증발하여 다시 흙으로 떨어지고, 불이 사물을 태우면 흙으로 돌아가 생명을 소생시킨다.

이런 원소의 순환은 계절의 주기와도 연관되었다. 봄에 풍요로운 대지에서 식물이 돋아나 여름이면 활짝 꽃 피우고 가을이 되면 잎이 떨어지고 씨를 남긴 후 겨울에 죽음을 맞이한다. 죽은 후에는 만물이 땅

#아니마 #아니무스 #아리스토텔레스 #4원소
#안드로진 #플라톤의 향연 #융합 #태극 #유전공학
#자웅동체 #페르소나

으로 돌아가 양분이 되어 다시 식물을 부활시킨다. 이런 자연의 순환을
보며 인간의 삶 또한 순환하리라는 믿음을 가졌다. 그래서 동·서양의
수많은 신은 계절의 리듬을 따라 풍요, 성장, 죽음, 부활을 상징한다.

　그런데 네 원소는 모두 이중적인 성격을 가진다. 물은 대지를 풍요
롭게 적시는 생명의 원천이지만 어느 순간 거대한 해일이나 홍수가 되
어 모든 것을 파괴한다. 땅 역시 씨앗을 틔워 아름다운 자연을 만드는
가 하면 모든 것을 삼켜 썩게 하는 무덤이다. 하지만 이 모든 이미지는
새로 태어나기 위한 형태의 변화다. 죽음으로써 또 다른 생명체의 탄생
과 성장을 위한 밑거름이 되는 것이다.
　불은 세상을 비추고 따뜻하게 하는 에너지지만 어느 순간 모든 것
을 태워버린다. 공기 또한 온화하게 만물을 숨 쉬게 하고 미풍으로 얼
굴을 감싸지만, 어느 순간 태풍이 되어 모든 것을 날려버리는 두려운
존재다. 여성에게 어머니의 성스러운 이미지도 있지만, 남자를 유혹해
서 죽음에까지 이르게 하는 요부의 이미지도 있고, 남성은 가족을 보호
하고 사냥해오는 아버지의 강하고 커다란 품의 이미지도 있지만 모든
것을 힘으로 파괴하는 폭군의 이미지 역시 공존한다.

　고대의 많은 철학자들은 남성과 여성이 결합을 원하며 찾아 헤매
는 이유를 원래 인간은 하나의 몸인 안드로진Androgyne이었기 때문이라

생각했다. 이는 창세기 하느님의 모습이기도 하다. 하느님은 남성적이고 엄숙한 아버지의 특성으로 묘사되지만, 가부장적이던 시대의 상상일 뿐 남성, 여성의 구분에 관한 언급은 없다. 최초로 만든 아담도 남성으로 묘사되지만, 이브 또한 그의 몸에서 나왔으므로 이 둘은 하나의 몸 안에 존재했다. 그래서 에덴동산의 남·여는 각각의 개체이지만 성적인 끌림이나 수치심 없이 자연과 일체로 살아간다. 플라톤은 저서 〈향연Symposium〉에서 인간은 원래 완전체로서 남녀 몸이 붙어 팔과 다리가 네 개에, 얼굴은 두 개인 공 모양의 존재였다고 한다. 머리가 두 개니 지능은 두 배이고, 공처럼 자유자재로 움직여 그 능력이 탁월하다 보니 오만불손해져 신에 도전장을 내밀기에 이른다. 이에 위협을 느낀 제우스는 번개로 이들을 반 갈라버렸다. 그 이후 인간은 이전의 강인했던 몸으로 돌아가려는 본능으로 잃어버린 반쪽을 찾아 헤맨다. 그래서 둘이 만나면 사랑으로 녹아 하나가 되고, 외롭고 허전한 본성이 치유된다는 것이다.

또한 남성과 여성 둘 사이의 결합으로 탄생과 죽음이 반복되는 자연계의 이치를 보며 우주는 음과 양, 어둠과 밝음 등 두 개의 성질이 교차한다는 이원론적인 사상을 가졌다. 그래서 네 원소 중 물과 땅은 수용적이며 품에 안는 여성성을 상징하고 불과 공기는 능동적이고 움직임이 큰 남성성을 상징한다. 남성과 여성이 만나야 생명이 탄생하듯이 이 네 개의 원소 각각이 홀로는 존재하지 못하고 아무것도 생산하지 못한다. 땅이 없는 공기는 존재할 수 없으며, 공기 없는 땅은 생명이 숨쉴 수 없다. 불이 타오르기 위해서는 공기가 있어야 하며 물이 없는 땅은 불모지일 뿐이다. 네 개의 원소는 결합해야 우주적 물질의 원천이 되는 거다. 무엇인가가 창조되기 위해서는 남성적 요소와 여성적 요소가 만나야 한다.

남성성 중에서도 공기는 긍정적이고, 활동적이며, 이성적이다. 반면에 불은 훨씬 원초적인 남성성으로 힘과 권력을 상징하며 전투적이다. 여성성으로서 땅은 풍요롭고 모든 것을 품어 새로 태어나게 하는 어머니로 표현되며 직관적이다. 물은 여성적인 섬세한 감성과 융통성, 변화 등을 나타낸다. 모든 문화권의 신화에는 다양한 여성과 남성의 상징이 있지만 결국은 네 원소의 원초적인 결합에 그 근원을 두고 있다.

연금술과 점성술에서도 왕과 왕비, 해와 달, 빛과 암흑, 천체와 대지 등 음과 양은 융합Convergence : 점성술이나 연금술 언어는 Conjunction을 궁극적인 목표로 한다. 정반대의 특성이 하나로 통일되는 과정을 상징하는 것이다. 동양의 태극에서도 음과 양이 하나의 원 속에 뭉쳐 있는 것이 우연한 상징은 아니다.

내 안의 또 다른 성, 아니마와 아니무스
인간은 자연의 일부이므로 남성과 여성인 물, 불, 공기, 흙의 네 개

요소가 몸과 마음에 다 들어있다. 남성적 요소와 여성적 요소가 모두 들어있는 총체인 것이다. 그래서 동양이건 서양이건 고대의 의학은 네 원소의 상징을 통해 육체와 마음을 다스렸다. 서양에서는 원소라 하였지만, 동양에서는 기운이라고 하는 것도 모두 이에 기반을 두고 있다. 음 안에 양이 있고, 양 안에 음이 있다고 보아, 동양의학의 치료나 처방에도 기운의 조합으로 나타나는 성향에 따라 약을 쓴다.

현대 유전공학에서도 이 부분은 밝혀져 있다. 지구상에 사는 척추동물은 그 어떤 종이든 수정이 되어 세포분열이 시작된 시점에서는 여성과 남성의 구별이 없다. 특히 인간은 염색체가 XX로 만나든 XY로 만나든 난소와 정소가 될 씨앗을 모두 가지고 있어 남성과 여성의 구분이 없다. 하지만 이후 계속 분열이 일어나며 남성을 결정하는 Y 유전자에 남성호르몬을 관장하는 유전자가 작동해 여성 쪽이 퇴화하며 남성의 생식기로 변해간다. 이 유전자가 작동하지 않으면 여성이 된다. 결국 여성과 남성은 하나의 완전체에서 출발해 분리되는 것이다.

플라톤의 철학서나 구약의 창세기에 쓰인 대로 고대인들이 생각했던 자웅동체의 상태라는 것이 놀라울 뿐이다. 인간은 자신이 떠나온 완전체를 무의식 안에 기억하며 나머지 자신의 반쪽을 채우기 위해 헤매는 것이다. 성경의 창세기에는 하느님께서 아담을 창조하신 후에 아담의 갈비뼈로 이브를 만들었다고 한다. 하지만 이는 가부장의 족장 시대이던 고대의 상징적 우주관일 뿐이다. 현대의 유전공학에서 말하듯, 인간은 자웅동체 속에 남성의 유전적 요소가 있어서 이것이 발현되면 남성이 되고, 발현되지 않으면 여성으로 남는 것이니 여성 속에서 남성이 나온 것이라 보는 것이 어쩌면 더 논리적이다. 수많은 신화의 여성적 상징 속에 탄생과 죽음이 공존하는 것은 우연이 아니다. 이런 상징이 과학과 만나는 순간이 놀라울 뿐이다.

외부로 나타나는 것은 의식과 페르소나일 뿐, 인간의 속성 안에는 분화되기 이전의 여성성과 남성성이 숨어 있다. 그러므로 인간의 인격에는 100% 남성성만을 가진 사람도, 100%의 여성성만 가진 사람도 없다. 다만 그 비율이 달리 나타날 뿐이다.

카발라 신비주의와 점성술에서 많은 영향을 받은 칼 융은 인간의 집단 무의식에 숨어있는 반대의 성性을 아니마Anima와 아니무스Animus라 표현했다. 아니마는 여성적인 무의식으로 남성에게만 형성되며, 반대로 아니무스는 남성적인 무의식으로 여성에게만 형성되어 자신도 모르게 인격에 관여한다. 예를 들어, 감성적인 아니마는 기분이나 변덕 등의 원천이 되므로 남성이 기분이 급변하는 것은 내면에 숨어있는 아니마의 작용이다. 반대로 이성적인 아니무스는 사상의 원천이 되므로 여성의 신랄하고 위엄있는 태도는 내면에 숨어있는 아니무스에 기초한다.

아니무스나 아니마는 인간종種에 모두 공통된 것부터 문화권마다 각인된 것까지 복잡한 형태지만, 변치 않는 것은 남성 아니마의 가장 큰 원천은 어머니이고, 여성 아니무스의 가장 큰 원천은 아버지이다. 그러므로 어린 시절 부모로부터의 영향은 한 개인의 전인생을 지배한다.

남성과 여성이 끌리는 메커니즘 역시 각각의 내면에 존재하는 아니마와 아니무스의 작용이다. 인간은 상대방에게 자신 속에 숨겨진 또 다른 성을 투사한다. 즉 남성은 자신 속의 숨겨진 아니마를 지니고 있는 여성에게 끌리고, 여성은 자신 속에 숨겨진 아니무스를 지니고 있는 남성에 끌린다. 이는 거울에 비친 또 하나의 자기 모습을 사랑하는 것이다. 인간에 깃든 이런 이중성의 상징을 이해해야 타로도 별자리도, 인간의 심리도 이해할 수 있다.

인간은 누구나 위로받고 싶다

인간은 왜 일어나지도 않은 미래를 불안해하며 알고 싶어 하는가? 지적으로는 가장 강하지만 육체적으로 그리 강한 종족이 아닌 호모 사피엔스는 약육강식의 지구에서 머리 하나 믿고 문명을 일구어 왔다. 그러니 언제나 물리적 위험에 불안하고, 정착 생활 이후에는 소유물을 잃을까 걱정하고…, 인간의 DNA 안에 불안이 각인될 수밖에 없다. 인간과 달리 동물은 미래를 생각하지 않는다. 현재에 위험이 감지되면 반응하고 대처할 뿐이다.

그래서일까. 어떤 문화권이든 인간의 약한 부분을 이용해 조종하거나 어루만져 주는 역할을 하는 사람들이 있었다. 뛰어난 지력을 가진 신관이나 선지자, 점성술사 등. 심리학이라는 영역이 생기기 전까지는 이들이 심리치료사의 역할을 했다고 볼 수 있다. 내면의 두려움을 의식 위로 끌어올리고, 일어나지도 않은 일을 걱정하지 않도록 미래를 안심시켰던 거다.

프로이트와 융, 인간 내면을 탐구하는 두 가지 시선

고대에도 종교나 철학, 동양의학 등 인간의 마음에 귀를 기울인 학문이 있었지만, 앞서 설명했듯 심리학이라는 전문 분야가 수면 위로 떠오른 것은 20세기의 일이다. 오스트리아의 정신과 의사이던 지그문트 프로이트가 인간의 내면에 대해 폭탄 같은 이론을 내놓으면서부터. 그전까지의 인간은 시대를 불문하고, 정신을 육체와 분리해 우주와 연

\#호모 사피엔스 \#프로이트와 융 \#리플리 증후군
\#괴테 \#파우스트 \#지킬박사와 하이드 \#헤르만 헤세
\#나르치스와 골트문트 \#페르소나

결된 영적인 부분으로 생각했다. 그런데 프로이트는 대뜸 인간의 본성
은 육체에 매여있고, 동물적인 성욕이 사회적인 제재로 간신히 눌려있
는 것에 불과하다며 판도라의 상자를 던진 것이다. 이는 마치 물리학
에서 불변의 법칙으로 받아들이던 뉴턴의 고전역학에 아인슈타인이 상
대성이론을 들이민 것에 버금가는 충격이었다. 그런데 아이러니한 것
이, 프로이트의 이론은 한계점이 너무도 선명해서 오히려 수긍이 간다
는 것이다. 서구의 가부장적 부르주아 사회를 모델로 한 편협한 이론
이라는 불편함에도 불구하고, 도시 자본주의 사회에 일부일처제를 뛰
어넘는 대중적 가족 모델은 아직 결정적 대안이 없어 보이기 때문이다.
　　프로이트는 그동안 신의 그늘에 숨어 고상한 척하던 인간을 발가
벗겨 거울 앞에 서게 했다. 마구 내달리며 살고 싶은 '나'와 이를 바라보
며 엄하게 꾸짖는 '도덕적인 나', 이후 서양의 심리학은 내달리고 싶은
억압된 '나'를 분석하는 데에 열광했다.

　　이에 반해 스위스의 분석 심리학자이던 칼 융은, 과학자이지만 20
세기 초 많은 심리학자처럼 인간성을 조각내버리는 서양 특유의 자세
를 취하지 않았다. 오히려 동양적 감성으로 인간성과 우주 전체를 감싸
안으며 인간의 내면에 다가갔다. 당시의 과학자들은 가까이할 엄두도
내지 못한 신화나 점성술, 연금술, 그리고 이방의 종교 영역까지 모든
신비주의적인 대상을 인간의 연구에 포함시켰다. 인류가 그토록 오랫

동안 지켜온 전통에는 나름의 진리가 있으리라는 믿음 때문이었을까. 실제로 현재도 점집이나 역술인을 찾는 심리는 불안한 미래를 엿보고자 하는 바람이지만, 많은 부분이 아무에게도 말할 수 없는 현재의 심리상태를 솔직히 이야기하고, 위로받고, 해소하고 싶기 때문이다. 심리치료나 정신과 상담과 일맥상통하는 것이다.

프로이트가 '나는 나를 보고 있다'면, 칼 융은 '나는 나를 보는 나를 보고 있다'라고 말한다. 신비로운 또 하나의 자아가 느껴지는 순간이다. 융의 심리학에서는 인간이 오래도록 생각해온 선과 악, 음과 양, 어두움과 밝음처럼 인격에서도 두 개의 요소가 대립한다. 의식 위의 자아와 연극적 자아인 페르소나, 드러난 자아와 어둠에 숨겨진 자아인 그림자, 그리고 여성성과 남성성 등 이원적인 요소로 구성되어 있다고 본 것이다.

'페르소나'라는 가면 혹은 그림자

페르소나Persona란 고대 그리스에서 배우들이 연극할 때 쓰던 가면을 말하는데, 의식하고 있는 자아와는 달리 일부러 만든 또 하나의 자아를 말한다. 페르소나는 의식적인 연기가 아니라 자신도 모르게 무의식적으로 하는 연기다. 마치 의식하지 않아도 드레스를 입으면 우아한 몸가짐을 하고, 청바지에 운동화를 신으면 경쾌하고 캐주얼해지는 것과 같다. 이는 개인에 따라 강약의 차이가 있지만 우리는 모두 자신도 모르게 연기를 하고 있다. 사실 인간이 모여 사는 세계에서는 슬프게도 본질에 상관없이 만들어진 이미지에 현혹된다. 정치인이나 연예인 만큼 극명하지는 않지만, 인간은 사회적 동물이므로 누구나 연극적 요소를 갖는다. 이 페르소나가 극단적으로 커져 병이 된다면 이게 바로 리플리 증후군으로, 거짓으로 쓰고 있는 페르소나를 진짜 자기로 믿는 것이다. ●

칼 융의 이론에서 또 하나 흥미로운 것은 그림자라는 무의식이다. 그림자는 페르소나가 드러내놓고 쓰는 가면인데 비해 나의 인격 반대편에 서 있는 은밀한 또 하나의 자신이다. 마치 괴테의 파우스트와 내면의 악마 메피스토, 또는 로버트 스티븐슨의 지킬박사와 하이드, 브루스 배너와 헐크 같이 억눌려 있는 정반대의 자기 자신이다. 〈헐크〉는 강한 남자가 되고 싶은 유약한 남성들이 마징가제트나 로봇 태권V처럼 정의를 위해 힘을 휘두르고 싶다는 숨겨진 그림자 욕망을 해소해 준 드라마였다. 〈지킬박사와 하이드〉는 이중인격의 극단적인 버전이다. 젊은 시절부터 본능을 주체하지 못하고 쾌락을 추구하던 자신과 고상한 자신 사이에 괴로워하던 지킬박사는 선과 악의 인격을 분리하는 연구

● 리플리 증후군: 자신의 현실을 부정하고 자신이 만들어낸 거짓의 자기를 진실이라고 믿고 거짓말을 반복하는 인격장애. 미국의 소설가 패트리샤 하이스미스의 소설 〈재능 있는 리플리 씨 The Talented Mr. Ripley〉(1955)에서 유래했다.

에 성공한다. 각각의 인격으로 변화무쌍하게 살지만 이중적인 삶에 괴로워하다가 결국 자살하고 만다.

이에 반해 괴테의 〈파우스트〉는 진정한 자신을 만나기 위해 내면의 그림자를 스스로 꺼내는 웅장한 문학작품이다. 늙은 학자 파우스트는 이성으로 세계의 비밀을 인식하고자 했지만, 진리를 얻지 못한 절망으로 자살하려 한다. 자살의 유혹에서 벗어난 파우스트는 본능을 유혹하는 악마 메피스토와 계약을 맺고 그동안 눌러왔던 삶의 충동을 통해 진리에 도달하고자 한다. 마치 헤르만 헤세의 〈나르치스와 골트문트〉가 한 몸이 되어 파우스트에 환생한 듯하다. ●

인간은 누구나 이중성을 지닌다. 아니 진정한 자아가 과연 무엇인지도 모를 정도로 상황에 따라 가면을 쓰고 연기하는 것 같기도 하다. 어쩌면 인간에게 있어 종교적인 제의나 미사, 또는 예배란 가장 표면에 떠오른 성스러운 페르소

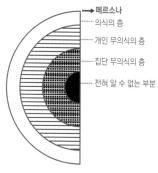

칼 융이 분석한 내면의 심리구조 단면도

● 파우스트는 연금술사 파라켈수스, 노스트라다무스 등과 함께 16세기에 실존했던, 극적인 삶을 살았던 점성술가라고 전해진다.

나에 지나지 않을지도 모른다. 그 안에 신이나 진리에 이르는 길은 각자의 내면에 층층이 파여있는 어둡고 좁은 무의식의 세계를 파내려가야 도달할 수 있으리라. 그리고 그때마다 내면의 그림자라는 폴더 안에 또 하나의 반대되는 자신을 숨기며 살아가는 존재인지도 모른다

현재의 파편이 모여 미래가 된다

타로는 깊은 심층의 무의식으로부터 오는 희미한 빛을 거울처럼 반사해 또 하나의 나를 세상에 드러낸다. 무의식 속에 숨겨진 그림자의 상징을 드러내는 것이다. 타로는 카드를 선택하는 사람뿐 아니라 읽어주는 사람 역시 자신의 무의식과 만나는 일이다. 진정 에너지가 통한다면, 인쇄된 종이 한 장의 그림을 가운데 두고 이 세상의 겉모습 이면의 진리와 만날 수도 있는 거다. 황당한 것 같지만 나는 실제로 살면서 이런 경험을 가끔 한다. 그것이 꿈일 경우도 있고, 어떤 사람과의 만남에서 올 경우도 있고, 정말 열심히 몰두하는 어떤 작업에서 어느 날 무언가가 내게 온 경우도 있다. 물질을 넘어 무언가 초월적인 힘을 느끼는 순간이 있는 거다.

타로의 해석이란 인간의 아프고 상처받은 마음을 긍정적인 방향으로 나아가게 해주는 나침반의 역할이다. 그 누구도 한 개인의 미래를 설계하거나 책임지지는 못한다. 들어주고, 그 방향이 옳은지 그른지

를 알려주려 노력할 뿐이다. 바꾸어 말하면, 그만큼 한 마디가 엄중하다는 말과 같다. 자기 앞가림도 못 하면서 예언을 들먹이기보다는 운명의 실타래가 엉켜있는 현재 상황을 알려주고, 이를 긍정적인 방향으로 나아가게 해주는 일종의 심리치료사라고 생각하는 것이 좋다. 정신과 의사나 심리상담사들이 우리의 운명과 미래를 뜯어고치지는 못한다.

정해진 운명—X 축이라고 치자—이 있지만, 그 시간의 무한대 흐름 중 Y축의 가장 완만한 곡선을 선택하도록 하는 것이다. 아인슈타인의 상대성이론에 의하면 시간은 흐르는 것이 아니다. 매 순간 현재의 파편이 모여서 미래가 되기 때문이다.

인생의 사각지대에서,

타로의 지혜를 만나다

TAROT SQUARE

세상을 읽는 타로 인문학
마음을 위로하는 타로 심리학

현상을 설명하는
타로의 현대과학

미신 또는 증명되지 않은 과학의 진실

──────── 고대의 사람들도 하늘에 태양이 있어 세상이 빛나고 밤에는 달과 별이 반짝인다는 사실을 알고 있었다. 태양과 달과 별은 지구인인 우리의 시각으로 볼 수 있는 물질세계에 속해 있으니까. 그런데 인간이 감지하는 것들이 우주를 이루는 물질의 전부일까. 산과, 들, 바다, 도시, 동물, 달, 별, 태양을 지나 은하계를 넘어 그 이후의 우주가 얼마나 더 광대하고 혹은 영원한지는 아무도 모른다.

육안으로 볼 수 없는 미생물이나 분자의 세계는 어떠한가. 현미경으로도 보이지 않는 원자 속의 작은 조각은 아직도 계속 발견되고 있고 어쩌면 우주가 광대하고 영원한 만큼이나 무한히 작아질지도 모른다.

미생물을 공부하며 가장 놀란 것이 우리와 함께 지구를 지배하고 있는 미생물 중 인간이 알고 있는 것은 1%도 안된다는 것이었다. 지구에 존재하는 99%의 미생물은 미지의 세계인 채 인간과 공존하고 있다. 그러니 인간은 항생제도 듣지 않는 슈퍼 박테리아니, 신종 인플루엔자니 하는 미생물에 휘둘리고 있을 뿐이다. 그뿐 아니라 지진, 해일, 폭풍 등의 소식을 들을 때면 우리는 지구에 관해 거의 알고 있는 것이 없다는 생각이 들곤 한다. 굳건하게 발을 딛고 살던 일상의 세계가 사실 이토록 허약한 모래성이었나 하는 생각에 말이다. 끝없이 광대하고 큰 우주부터 끝없이 작아지는 원자의 세계 바로 중간 지점에 서 있는 우리는 어쩌면 잠시 껍질을 빌려 시 · 공간의 물질세계에 머물 뿐 이 세상의 주인이 아닐지도 모른다. 인간은 오감으로 감지하는 세계를 철석같이 믿

#미생물 #분자 #거시세계 #미시세계
#데카르트 #코키토 에르코 숨 #에코
#샤머니즘 #토템 #스티븐 호킹

고 있지만, 우리를 둘러싼 이 세계는 인간의 4차원적 감각으로는 인식할 수 없는 숨겨진 여러 차원이 엇갈리고 있을지도 모른다.

우리가 아는 것보다 모르는 것이 많은 세계

우리가 보고 만질 수 있는 최대치로 뻗어나가면 거시, 볼 수 없을 만큼 현미경 속에서 최대한 작아지면 미시, 경제도 이 모델을 따서 이름 지었다. 아주 장기적 안목의 경제정책을 논하면 거시경제고, 임금 인상이나 세금 같은 눈앞의 현안은 미시경제다. 이렇게 치면 박테리아나 바이러스는 미시의 세계고 은하계나 외계인은 거시의 세계다. 바이러스나 외계인이 듣고 웃을지 모르지만 어쨌든 인간 중심의 언어로 나누었을 때, 인간은 거시세계와 미시세계의 완전한 중간에 위치한다.

18세기 이후로 인간은 데카르트가 철학의 제 1원리로 '코키토 에르고 숨$^{Cogito Ergo Sum}$(나는 생각한다, 고로 존재한다)'이라 주장한 이후로, 자아에 도취하였다. '나^{Ergo}'는 생각하는 주체로서 우주의 주인이며 과학적 증명을 통해 영원히 진보한다고 믿었던 것이다. 생각하고 있는 '나', 즉 '자아^{Ego}'만이 참이고 이성을 통한 증명만이 진리라는 말은 내 의식이 꺼지면 컴퓨터 모니터처럼 세상도 꺼진다는 의미다. 그러나 컴퓨터의 모니터가 꺼져도 전기는 흐르듯이, 물질세계의 의식이 꺼진 후 그 에너지의 흐름은 어떻게 되는지 아직 아무것도 아는 것이 없는데 말이다. 데카르트의 연역적 사고 이후 실험적인 과학이 눈부시게 발전한 것은 사실이지만, 인간의 오만이 또 하나의 바벨탑을 세우고 있는 것은 아닌지 가끔은 인류의 역사를 돌이켜볼 필요가 있다.

인간은 약 1만 년 전 신석기 시대부터 정착 생활을 시작해 다양한 문명을 일구며 지금에 도달했다. 그런데 곰곰 생각해보면, 대부분의 현대적 기계문명은 산업혁명이 시작된 19세기 이후의 일로, 석유도 전기도 자동차도 서양의학도 그 역사는 불과 200년 남짓 될 뿐이다. 인터넷은 말할 필요도 없다. 그 이전까지의 인간은 자연이나 가축의 동력을 사용하며 하늘의 별을 보고 농사를 짓고, 신석기 시대의 인간이나 별다를 것 없는 세계관을 지니고 살아왔다. 당연히 20세기 이전까지의 인간은 하늘과 땅의 현상을 두려워했고, 거기에서 파생된 다양한 형태를 신으로 여기며 숭배했다. 사실 인류의 모든 종교적 행위는 지극히 자연스러운 삶의 일부분이었다. 이 모든 행위를 '미신'이라는 하나의 카테고리 안에 넣어 폐기처분한 것은, 기독교를 기반으로 한 유럽이 르네상스 이후 축적된 부와 기술로 신대륙과 아시아를 평정하고 지구의 패권을 잡은 이후의 일이다. 이 기세를 따른 과학의 발전은 18세기경까지 인류의 세계관을 지배하던 점성술이나 연금술 같은 분야를 유행 지난 패션처럼 폐기처분 해버리고 말았다.

알고 보면, 인간은 현대과학이나 기독교가 미신이라 무시하고 억

누른 세계관으로 수천 년의 문명을 일구어 왔다. 그러니 DNA에는 이미 신비를 추구하는 종교 유전자가 자국을 남긴 거다. 그래서인지 대부분의 인간은 부정할 수 없는 샤머니스트다. 믿고 있는 종교가 무언이든 말이다. 의외로 많은 사람이 자기만의 징크스나 토템 같은 걸 가지고 있다. 예를 들어 격투기 선수 김동현은 경기 때 항상 빨간 팬티를 입고 나간다고 한다. 가장 강할 것 같은 이 커다란 남자가 이런 징크스에 집착한다는 것이 의아하기도 하면서 한편으론 귀엽다 생각했던 기억이 난다. 나도 아주 중요한 일을 앞에 두곤 눈썹 정리를 안 한다든지 하는 소심한 징크스를 가지고 있다.

또 고양이가 영물이라며 싫어하는 문화권의 터부 역시 고양이의 상상할 수 없을 정도의 유연함과 평형감각을 두려워하던 일종의 토테미즘이라 볼 수 있다.

과학적 발견과 증명을 낳은 인간의 상상력

이 세상에 새로운 것은 없다는 진리가 가슴에 와 닿는다. 가장 위대한 과학자들조차 자신만의 미신 비슷한 믿음으로 가설을 세워 이를 수학적으로 증명해 냈으니 말이다. 현대 물리학의 시초인 뉴턴이나 케플러도 당대의 유명한 점성술사였다는 것을 아는 사람들은 많지 않다. 이들이 보던 우주는 지금 우리가 생각하는 과학적 우주라기보다는 점성술적인 모델이었다. 이 시각으로부터 중력이나 관성의 법칙, 행성과의 거리 등 고전역학을 도출해낸 것이다. 현대의 수많은 과학적 발견과 증명도 칼 융이 주장하는 심층 무의식의 세계, 즉 원형^{Archetype}으로부터 나온 신비한 상상력에서 시작되지 않았다고 그 누가 증명할 것인가? 별의 움직임을 보고 농사를 짓고, 미래를 점치다 보니 우주선까지 만들게 되고, 불로장생의 비밀을 풀려던 연금술로부터 질병을 고치는 항생제도 만들어낸 것이다. 미신과 과학의 가장 큰 차이점은 간결한 공식으로 똑 떨어지게 정리하느냐 못하느냐의 차이다. 시詩처럼 아름답고 간결한 수학 언어로 정리가 되면 과학이고, 구구절절 산문이 되면 미신인 거다.

그런데 아이러니한 것이, 귀신의 존재도 아인슈타인 이후 현대 과학자들이 내놓는 차원의 문제를 다루다 보면 과학에 근접한다는 사실이다. UFO도 어찌 보면 현대판 귀신과 다름이 아니다. 우리가 존재하는 세계는 3차원의 공간으로 시각, 청각, 미각, 촉각으로 보고 만질 수 있는 물질로 이루어져 있다. 공간적 물질에 지나지 않은 이 3차원의 존재에 '살고 있다'는 의미를 부여하는 것이 '시간'이다. 즉 존재하는데, 살아가는 것은 '시간'이라는 차원을 통해서다. 그러므로 우리는 3차원 공간에 시간의 차원이 겹친 4차원, 즉 시·공간에 살고 있다. 하지만 여기에서 잊지 말아야 하는 것이, 우리는 3차원에 '존재'하고, 4차원에서 '살아간다'는 것이다. 다시 말하면, 4차원에서는 '존재'하지 않는다는 말이다. 말장난 같지만, 수학적으로 곰곰 생각해보자. 우리가 모르는 외계인은 4차원에 존재하고, 5차원을 '살고 있을 수도 있다'는 말이다. 어쨌든 공간과 시간을 넘는 다른 차원이 존재한다는 것은 현대과학의 중요한 이론 중 하나다. 증명된 바 없는 가설이지만 UFO나 귀신 비스름한 환상은 시공간 어딘가에 틈이 있어 다른 차원의 현상들이 잠시 비추었다 사라지기를 반복하는 것일 수도 있다. 과학적 증명은 할 수 없지만. 과학적 추론이란 언제나 가설로부터 실험을 거듭하며 결론을 끌어내는 것이니, 언젠가 이를 관성의 법칙이나 상대성원리처럼 수학적 공식으로 풀어낸다면 과학으로 인정되는 거다. 그러니 인간의 의식이나 무의식 속에 존재하는 수많은 초월적인 것들을 부정해서는 안되고 아직 증명할 수 없는 미지의 지대라고 보는 것이 훨씬 합리적이다. 이 모든 것은 인간 정신세계의 일부분인 것이다. 성경에도 악마의 존재를 말하고, 스티븐 호킹도 세상을 떠나기 전 외계인의 존재에 관해 이야기한 것이 우연은 아니다.

세력을 잃은 자들의 역사 혹은 인문학

우리가 다루는 타로 역시 마찬가지다. 과학적 증명은 얻지 못했지만 타로는 아주 오래전부터 인간이 지녀온 정신세계의 한 부분을 차지하고 있다. 그것도 유일신을 제외한 모든 것을 미신으로 몰아버린 기독교 세계에서 굳건히 살아남았다. 그래서인지 타로는 권력을 잡은 자들의 역사가 아닌, 잃은 자들의 역사가 아닐까 하는 생각이 들었다. 인문학이란 역사, 철학, 사회, 경제 등 인간 사고의 패턴을 거시적이고도 종합적으로 통찰하는 학문이다. 지상에 왔다 간 모든 인간, 그 모든 것의 총체가 문명이고, 주류의 권력을 잡은 세력이 있으면 잃은 세력도 역사의 일부다. 인문학이란 인간의 근원적 질문에 대한 사유이기 때문이다. 자 이제 타로가 주는 과학적인 비밀의 문을 열고 그들의 역사 속으로 들어갈 때이다.

시작부터 끝까지, 세상은 파동으로 이루어졌다

─────── 생명의 시작과 진화, 별과 달의 움직임, 자연계의 수열과 구조, 인간의 의식과 무의식, 이 모든 것이 우연한 결과물일까? 이 개념은 고대부터 현대까지 모든 철학자와 과학자를 괴롭혀온 화두이다. 그런데 이 의문의 중심에는 눈에 보이는 '주기', 즉 '리듬'이라는 운동이 있었다. 왜 반복적이고 주기적인 현상이 일어나는 것일까?

우리가 사는 4차원의 시·공간에서 일어나는 모든 물리적 현상은 '파동'이라는 리듬을 탄다. 남극과 북극, 자성을 갖는 자기파, 인류의 밤을 밝혀준 전기, 자외선이나 방사선, 라디오나 TV, 핸드폰까지 우리의 일상은 수많은 파동으로 둘러싸여 있다. 그런데 물결이나, 소리, 전파 등만이 파동은 아니다. 지금까지 밝혀진 물리학 이론에 따르면 우리가 사는 물질계는 액체나 기체, 고체 모두 파동으로 이루어져 있다. 생물체의 세포나 뇌, 호르몬, 무엇 하나 예외 없이 그 물질을 이루는 물질 상호 간의 파동으로 결합한 것이다. 생명체를 유지하는 생체 흐름도 결국은 세포 안에 존재하는 전자의 파동에 지나지 않는다. 이 파동이 에너지가 되고 단단하게 결속되어 모양을 이루고 인력으로 잡아당기며 고정된 것이다. 결국 물질이란, 사람이나 꽃 같은 생물이건, 돌이나 물 같은 무생물이건 자신만의 파동 그 자체라는 의미다.

물질의 파동, 생명의 파동, 역사의 파동
누구나 한번쯤은 이 세상의 장면 같지 않은 낭만적인 물가를 거닐

#주기 #파동 #중성자 #양성자 #주파수
#델타 #세타 #알파 #감마 #혈압 #맥박 #진폭
#바이탈 사인

며 행복에 잠겼던 기억이 있을 것이다. 호수에 돌을 던지면 물결이 일고, 바닷가에서는 끊임없이 파도가 밀려와 내 발밑에 닿는다. 그런데 이런 아름다운 정경이 어느 날에는 무서운 쓰나미가 되어 모든 것을 심연으로 쓸어가다니, 도대체 왜? 아름다움과 두려움을 동시에 주는 이 물결의 비밀은 무엇일까? 따라가 보고 싶은 생각이 들었다.

물결은 명백한 파동이다. 그 파동은 멀리 동심원을 그리며 퍼져 가면서 옆에서 오는 다른 파동과 합쳐지기도 하고 어딘가 장애물을 만나면 '철썩' 때리고는 방향을 바꾸어 또 다른 물결을 만들어내기도 한다. 오케스트라를 보자. 악기 하나하나가 내는 아름다운 음은 모두 물결과 같은 파동이다. 음은 서로 특정한 규칙을 가진 파동끼리 만날 때 화음이 이루어진다. 규칙을 가진 파동들이 모여 물결처럼 파장이 널리 퍼지면서 혼합된 오케스트라를 창조하는 것이다. 신이 이 세상을 창조하며 원하신 것이 이런 화음 아니겠는가. 이 아름다운 화음의 비밀을 풀어 신의 영역을 엿보고 싶은 것이 과학자나 철학자의 비밀스러운 욕망일 수도 있다. 아담이 받은 벌이란 풀지도 못할 호기심에 몸부림칠 DNA를 영원히 자손들에게 물려주는 것이었다.

역사를 보자. 하나의 제국이 시작해서 문명을 이루고 점차 발전한다. 그러다 절정의 시기를 지나 쇠락하고 멸망한다. 그리고 새로운 제국이 탄생한다. 이집트도 바빌로니아도 그리스, 로마제국도 다 그렇게 흥망성쇠를 거듭했다. 즉 파동처럼 올라가고 내려가는 물결을 이룬다.

인간의 정신과 감성을 다루는 예술사를 보아도 마찬가지다. 이성과 감성이 교차한다. 그리스·로마 시대의 예술이 이성적이고 규칙적이었다면 중세는 기복 신앙의 감성적 시대였다. 다시 그리스·로마의 이성적 고전 예술로의 회귀가 르네상스다. 이는 곧 바로크라는 감성적인 예술에 자리를 내어주고 그다음은 신고전주의라는 이성의 시대가 온다. 그리고는 다시 감성의 인상주의…, 물결과 같은 파동이다. 고전 음악이 온 후에는 낭만주의 음악이 오고, 경제도 마찬가지다. 호경기가 있으면 정점을 찍고는 불경기로 떨어진다. 그러다가 어느 순간 다시 호경기가 되고, 아파트값도 올라갔다 내려가기를 반복한다. 우울증 뒤에는 조증이 오고, 천국 같은 사랑 뒤에는 씁쓸함이 남는다.

이뿐 아니다. 식물이 광합성 하는 생화학 과정을 보자. 잎사귀 안의 녹색 엽록체와 빛 사이에 일어나는 파동의 연속이다. 우리가 고체라고 생각하는 모든 물체, 플라스틱이나 바윗덩어리 같은 물질도 분해하고 분해해서 물질로서는 더 나눌 수 없는 원자에 도달한다. 이 안에는 중성자, 양성자가 있고 그 주변에는 전자가 있어서 높은 에너지 단계와 낮은 에너지 단계를 오가는 파동을 계속하고 있다. 분자 상호 간에 끌어당기는 힘이 느슨하면 기체가 되고 좀 더 조밀하면 액체, 아주 단단하면 고체가 되는 거다. 모든 물질은 파동이 일으키는 운동으로 에너지를 방출하며 이 힘으로 쉬지 않고 운동하게 된다. 이 에너지의 파동은 또 그 크기와 주파수로 서로 끌어당기는 힘을 작동한다.

인간의 뇌파는 어떨까? 이 또한 쉼 없이 지속하는 파동이다. 주파수에 따라 델타, 세타, 알파, 베타, 감마 등의 파동으로 나뉜다. 뇌뿐 아니라 신경전달물질이나 우리 몸의 모든 생명 신호 체계 자체가 생화학적 전기의 흐름이다. 즉, 생명은 끊임없는 파동이라는 의미다. 병원의 바이탈 사인 모니터에 나타나는 혈압이나 맥박, 심장, 체온은 모두 파동으로 나타난다. 파동이 멈추고 가로의 직선이 표시되면 환자의 생명은 끝난 것이다. 왜냐면 인간의 육체 자체가 생물학적 전기의 흐름, 즉 파동이니 이 파동이 멈추면 생명은 더이상 없는 것이다. 육지에 사는 개도 고양이도 물에서 헤엄치는 물고기도 다 마찬가지다.

나의 심장도 진동하고, 말을 하면 성대가 진동해 목소리가 공기를 헤치고 나아가 상대방의 고막을 진동시킨다. 내가 움직이면 발걸음을 따라 마루가 진동하고 공기가 진동한다. 내가 만지는 딱딱한 고체도 더 낮아질 수 없는 절대온도 −273℃가 되기 전까지는 내부에서 분자들이 끊임없이 진동한다. 생명 현상뿐 아니라 우주의 모든 물질은 전기적 파동으로 이루어진 자체의 에너지를 갖는다. 지구도, 달도, 태양도, 온 우주의 별들 사이에는 서로 끌어당기는 힘인 인력이 작용한다. 거대한 인력을 가진 태양을 중심으로 지구나 화성, 목성 등의 별이 공전하는 것도, 대기 안의 비나 눈이 우주 공간으로 날아가지 않고 지구로 떨어지는 것도 모두 인력의 작용이다. 모든 물체는 나름의 파동으로 자신의 모습을 지니고, 즉 다양한 진동을 가진 파장이 혼합된 형태로 하나의 완전체를 만들고 있는 거다.

파동에는 주파수가 있다. 물체마다 고유의 파장과 강약을 지닌다는 의미다. 여기서 동양철학에서 이야기하는 기氣를 과학적으로 이해할 수 있다. 기氣란 물체가 지닌 고유의 파장, 즉 파장의 효과로 발생하는 에너지라 해도 틀린 말은 아닐 것이다. 기가 세다는 말은 에너지가 강하다는 말과 일맥상통한다.

시공간의 파동이 묶여 있는 곳이 지금 내가 사는 세계다

인간은 공간과 시간이 중첩된 시공간 안에서 물질의 파동이 만들어내는 에너지로 가득 찬 세계에서 산다. 공간에서 '존재'만 한다면 3D 그림처럼 입체로 멋있게 그냥 거기 있기만 하면 될 텐데, '산다'는 의미는 3D 공간에 '시간'이라는 한 차원을 더해 움직임과 흐름의 의식을 갖는다는 말이다. 결국 시간과 공간, 에너지와 물질파동이 묶여 있는 곳이 지금 내가 사는 세계다. 어려운 이론이기는 하지만 곰곰 생각해보면 이해가 간다.

이동하고 퍼지는 성질에 의해 파동이 옆 물체에 전달되면 그 물체의 입자가 진동하고, 근처 물체에 에너지를 전달한다. 그런데 이런 파동에도 종류가 있다. 먼저 조화로운 공명 파동이다. 이는 서로의 위상과 크기 즉, 주파수가 맞아 파동이 증폭되어 시너지 효과를 주는 파동이다. 두 번째 상쇄 파동이다. 이는 파동끼리 만났을 때 주파수가 맞지 않아 서로의 에너지를 감소시키고 시너지 효과를 일으키지 못하는 파동이다. 마지막으로 고립 파동이 있는데 이는 개성이 너무 강해 다른 파동을 만나도 아무 영향을 주지 않고 그대로 통과하는 파동이다.

주파수^{Frequency}와 진폭^{Amplitude}, 위상^{Phase}은 모두 같은 두 파동이 합쳐지면 두 배로 증폭된다. 그리고 주파수와 진폭은 같지만, 위상이 다르면 증폭의 크기는 줄어든다.

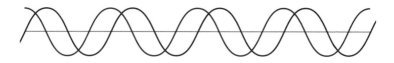

그런데 주파수부터, 진폭, 위상까지 모두 다른 파동도 있다. 서로 교란해 마이너스가 되는 파동이다.

여기에 삶의 비밀이 숨겨져 있다. 파동의 주파수나 진폭, 위상이 맞다는 것은 결국 코드가 맞다는 의미와 다르지 않다. 인간은 우주적인 힘이라 할 수 있는 아주 복잡한 파장을 지녔다. 본능적인 주파수에 이성이라는 주파수가 따로 있는 것이다. 문명사회가 만든 인위적 파장일 수도 있고, 성경 말씀대로 신의 모습을 본 따 만든 후에 선악과를 먹은 벌일 수도 있다. 만일 모든 인간이 똑같이 남성은 +의 전자기파를 갖고, 여성을 −의 전자기파를 가지면 만나고 헤어지는 사랑이나 이별도 존재하지 않을 것이다. 동물처럼 그냥 단순하게 본능을 따라 움직이는 힘 밖에는 없을 테니 말이다. 그런데 주파수가 이 세상 인간의 숫자만큼 다양하다 보니 상대방을 만나기가 바닷가의 모래알만큼 어려운 거다.

이런 생각을 멀리까지 끌고 나가면, 결국 인간의 모든 행 · 불행이 자신에 맞는 좋은 주파수를 끌어오는 것이라는 뉴에이지적인 생각과 맞닥뜨리게 된다. 앞에서도 이야기했지만, 이는 미신이 아니라 충분히 과학적인 생각이다. 단 전제가 있는데 진정으로 자신을 믿어야 한다는 것이다. 진정으로, 순교한 기독교나 불교 신자의 신앙처럼 자신의 파동을 믿어야 한다. 그러면 누구의 말처럼 '정말 우주가 나를 돌볼 것이다'.

꿀벌이 꽃을 찾아 날아가는 것은 꽃에서 나오는 파장을 눈으로 볼 수 있기 때문이라고 한다. 코로 냄새를 맡는 것이 아니라 자신에게 필요한 꽃가루의 파장을 찾아 움직이는 거다. 모기가 칠흑같이 어두운 밤에 사람을 찾아내는 것도 후각이 발달한 것이 아니라, 자기가 좋아하는 피를 가진 사람의 파장을 보거나 느끼기 때문이다. 간혹 모기에 잘 안 물리는 사람이 있는데, 이는 모기와 주파수가 다른 거다. 인간도 문명 이전에는 자연의 일부였고, 시각이나 청각 또는 제 5의 감각이 퇴화되기 전까지는 꿀벌이나 모기처럼 자신에게 맞는 파장을 느꼈을지도 모른다. 잃어버린 능력을 다시 찾으려면 믿는 수밖에는 없다.

하나로 모인 파동은 운명도 바꾼다

인간이 보고 듣고 만지고 느끼는 그 모든 것이 물체와 나의 파동에 의한 상호작용인 것이다. 내가 생각하고, 말하고, 꿈꾸는 그 모든 것도 파동이다. 그러니 좋은 것을 생각하고, 좋은 말을 하고 원대한 꿈을 꾸다 보면 이 파동이 미래 어딘가에 닿아 그쪽으로 인력이 작용할 수도 있다. 그래서 나는 종교가 갖는 기도의 힘을 믿는다. 자연 현상에서 파동의 중첩은 가능하기 때문이다. 파도와 파도가 만나면 쓰나미가 되기도 한다. 한 사람이 든 촛불의 에너지가 모여 혁명을 이루기도 한다. 이 역시 파동이 만들어내는 것이다. 한 인간의 파동 에너지는 약하지만 수많은 사람이 동시에 하나의 염원을 두고 진실로 바란다면 이는 진정 세계를 변화시키는 큰 힘을 발휘하기 때문이다. 다만, 그 파동이 진정 하나의 목표를 향해 절실함을 담을 때의 이야기다. 각자 주문 외우듯이 나만 잘살게 해달라는 이기적인 기도는 서로 주파수가 맞지 않는 파동의 난무일 뿐이다.

반복하지만, 우주의 모든 물질은 변화하는 파동으로 이루어져 있다. 파동은 간섭과 회절, 즉 서로 교란되기도 하고 장애물에 부딪혀 굴절되기도 한다. 인간 역시 우주의 일부분이므로, 육체도 마음도 파동에 따라 끊임없이 변화한다. 즉 인간은 시·공간의 그물 안에서 끊임없이 파동치며 존재하므로, 예측할 수 없는 만남과 상황에 따라 파동의 방향이 바뀔 수도 있다는 의미. 그러므로 미래란 꽉 짜인 각본처럼 운명의 실타래로만 엮이지는 않았다. 모든 것을 알고 예측하는 것은 인간의 영역이 아니다. 과학을 넘어 종교를 추구할 수 밖에 없는 인간의 한계이기도 하다.

수십 장의 타로 중에 내가 지금 뽑은 카드는 나의 파동이 전해졌기 때문이다. 그리고 그 카드는 '나'라는 인간 안에 파동치고 있는 과거, 현재, 미래가 중첩된 에너지로 변한다. 타로는 뽑는 순간 그 사람이 비추는 아우라의 에너지를 반영한다. 무언가 새로운 미래가 앞에 기다리는 것이 아니라 내 안에 존재하는 에너지가 끌어당기는 방향으로 가도록 충고하는 것이다.

매순간 우리는 다른 우주를 선택한다

——————— 내가 처음 이동통신을 만난 것은 비퍼^{Beeper}를 통한 것으로 당시의 친숙한 명칭은 '삐삐'였다. 명함보다 작은 크기의 기계가 '삐삐, 삐삐' 울리면 거기에 뜬 번호를 보고 공중전화를 하는 거다. 그 시절에도 핸드폰이 있긴 했지만 거의 아령만 한 무게에 일반화가 되지 않던 시절이었다. 그러던 핸드폰이 어느 순간 급속도로 몸집과 무게가 줄어들더니 반으로 접히기까지…, 이어서 처음 경험해본 채팅이라는 세계는 얼굴도 목소리도 없이 공중에 떠도는 영혼과 텔레파시를 주고받는 느낌이라고 할까. 서로 아는 사람끼리 통신하던 편지나 유선 전화와는 달리 세계 어디에서나 전혀 모르는 상대방과 동시적 커뮤니케이션을 할 수 있다는 것은 뭔가 초현실적인 느낌이 들었다. 이 상황을 1000년, 아니 100년 전 인간이 경험했다면 얼마나 놀라웠을까? 아마도 삐삐나 핸드폰에서 나는 목소리를 신이라 생각하고 제단에 올려두고 기도를 했을지도 모른다.

여기서 멈추어야 했다

누군가가 이야기했다. "여기서 멈추어야 했다." 인간과 자연, 신과의 관계를 그나마 간직하려면 딱 여기까지였던 것 같다. 이후는 핸드폰이 인터넷과 합체가 되더니 모든 것이 너무 빨리 변해 속도를 가늠하기조차 어렵게 되었다. 그런데 문제는, 우리는 현대문명 전부터 가진 감성과 영적인 면을 여전히 지니고 있는 호모사피엔스 종이라는 것이다.

#데카르트 #프랑스 대혁명 #볼셰비키 혁명
#빛 #물질화 #찰라 #시그널 #차원의 통로
#다차원 #인력 #타임슬립

다른 종으로 진화해 감성은 모두 사라지고 과학적 사고와 판단능력 같은 것만 남으면 좋으련만, 불행하게도 인간은 아직도 지난 세기의 감성을 지닌 채 차디찬 디지털의 세계로 가고 있다. 21세기는 마치 대혁명 후의 프랑스나 볼셰비키 혁명 후의 구소련, 그 이상으로 아무런 준비 없이 급격하게 다른 체제를 맞이한 느낌이다. 세계는 이제 파동으로 가득 차 있다. 물질 사이의 자연적인 파동뿐 아니라 인간이 만들어 낸 인공위성이나 전자 파동까지 온 지구는 파동의 덩어리인 것 같다.

　파동으로 가득한 이 물질세계는 공간이자 시간으로 우리에게 인식된다. 파동으로 내게 전달된 수화기 안의 목소리나 메시지를 확인한 순간을 우리는 단말기에 표시되는 숫자로 기억한다. 이 숫자가 60을 채우면 한 칸이 올라가 1분이 되고, 이것이 또 60을 채우면 1시간이 되어 끊임없이 돌아간다. 이 60의 단위가 모여 하루가 되고 한 달, 일 년, 그리고 인간의 일생이 표시되는 거다. 그런데 곰곰이 생각해보니 '그건 인간의 생각일 뿐' 자연과 우주는 그저 묵묵히 거기 있다는 것을 알게 된다.

　현대물리학에서 말하는 물질, 시간, 에너지, 공간 이 모든 것은 한 덩어리로 존재한다. 이 안에 시간이 연속된 흐름처럼 느껴지는 것은 어쩌면 빛을 쫓는 인간 의식의 흐름일 뿐, 우주는 그냥 덩어리 그 자체일 수도 있다. 즉, 유有인지 무無인지 알 수 없는 우주에 '시간'의 의미를 부여한 것은 인간의 의식일 뿐이라는 말이다. 그래서 데카르트는 이 우주의 모든 것을 의심하고 또 의심한 후, '나는 생각한다, 고로 나는 존재한다$^{Cogito\ Ergo\ Sum}$'라는 단순한 명제로 귀결될 수밖에 없었으리라.

빛이 있어 존재하는 현재 vs 빛을 공유했던 과거

인간은 태어나서 어른이 되고 늙어 죽는다. 그래서 우리는 사물의 변화를 보며 시간이 연속적으로 1, 2, 3, 4, 5… 처럼 수를 따라 일직선으로 흐른다고 믿는다. 그래서 역사에 연대기^{Chronologic}를 중요시하지 않는가. 그런데 조금만 뒤돌아보면 역사성이라는 연대기에는 완전한 객관성이 없다. 이는 한 인간의 일생도 마찬가지다. 그저 우리 주변에 특별한 관계를 주고받는 사람들끼리 함께 한 기억의 공유일 뿐, 이 기억이 그 시대의 역사나 문화사라는 큰 흐름과는—우리가 개인적으로 의미를 두고 있는 사건 외에는—큰 연관성을 어디서도 찾을 수 없다. 그냥 기억의 저장소 어디에선가 꺼내온 이미지일 뿐인 거다. 결국 시공간이란 실체가 없는 것이며, 우리 집단의식 안에서 사건 사이의 관계만 존재할지도 모른다는 거다. 하나의 문명, 하나의 국가, 하나의 단체 등 큰 의식 범위 안에서 어느 권력자가 남긴 자료만 있을 뿐, 사실 과거는 뒤죽박죽이다. 아프리카 수단에 사는 모르는 한 존재와 내가 어떤 인생을 살다 죽던 서로 아무 관계가 없다. 즉, 나의 빛이 비치는 범위에서 엄청나게 멀리 존재한다는 의미다. 이 거리감은 안드로메다나 수단이나 그다지 다를 바 없다. 우주의 별은 내가 눈으로 보기나 하지 지구 어딘가에 사는 모르는 존재는 삶을 공유할 그 무엇도 없다. '현실'이라는 내 에너지의 영역에 들어오지 않는 한 화성인이나 목성인 만큼이나 먼 존재다.

결국 현실은 빛을 함께 공유하며 존재하는 영역이다. 즉, 내가 인식하고 보는 프레임Frame 만큼의 영역이 현실이라는 의미다. 원래 인간은 그렇게 생겨났다. 원시인은 자기가 빛 속에서 보는 만큼만 삶의 전부로 알고 살았을 것이다. 하지만 현대인은 과학과 미디어의 힘을 통해 내가 공유하지 않는 삶까지 투사Projection하고 산다. 그러나 생각해보면, TV나 인터넷의 작은 화면을 통해 우리가 지구의 모든 삶을 공유하는 것처럼 느끼게 만드는 이미지는 허구다. 한낱 꿈과 다를 바 없이, 일상의 내 물질적 삶과는 관계 없는 이미지일 뿐이라는 거다. 결국 인간은 어느 순간 죽음으로 이 홀로그램이 꺼지면 스위치 내린 텔레비전처럼 파동이 0인 상태로 돌아간다.

만약 빛이 없다면? 물리적인 논리를 떠나, 일단 아무것도 보이지 않으니 현실의 의식 자체가 의심스러울 것 같다. 현실의 가족과 나의 모든 사회적 위치들은 눈에 보이기 때문에 이루어진 빛의 산물이다. 보이지 않으면 예쁨과 못생김, 젊음과 늙음, 어쩌면 물질적 죽음조차 보이지 않을지도 모른다. 그래서 고대문명부터 태양은 문명의 가장 강력한 힘을 상징했다.

창세기에도 하느님이 처음 빛을 만드셨듯이, 빛이 없었으면 호모 사피엔스의 모든 문명은 의미가 없다. 지구의 생명은 빛이 더해져 만들어져 온, 또는 만들어져 갈 영역이다. 그러므로 빛이란 인간의 생명을 작동하고, 세계를 인식하게 하는 원동력이다. 보이지 않는 암흑 속에 문명이 무슨 의미가 있겠는가? 빛이 있다 보니 밤에도 그 빛을 쫓기 위해 전기를 발명한 것이지, 원래부터 빛이 없다면 인간은 우주 공간에 그냥 의식상태로 머물렀을지도 모른다.

인간에게 있어 과거가 무엇인가는 조금 윤곽이 잡힌다. 빛을 통해 만들어진 문명에서, 과거란 함께 빛을 공유한 물질의 총체이다. 즉, 내가 보고 듣고 나와 파동을 함께 한 기억의 총체가 과거다. 내가 경험한 정치, 외교, 사회, 문화 이 모든 역사는 그냥 그 실체를 알 길 없이 동시대가 함께 기억할 뿐이다. 매 순간들은 끊임없이 복사되어 삽입된다. 융의 이론을 빌리자면 이런 기억의 총체가 집단 무의식이다. 이를 더 깊이 파고 내려가고 또 내려가면 이런 기억이 없는 인간이 처음 출발한 그 빛에 도달할 수 있다고 생각한 융은 확실히 유대교 신비주의인 카발라의 영향을 많이 받았다.

그럼 현재란 무엇일까? 시간과 공간에 빛을 통해 내가 존재함으로써 물질화Incarnation하는 그 순간이다. 빛이나 내가 없으면 시공간이라는 개념도 의미가 없다. 바로 지금 빛이 통과하는 이 순간, 불교에서 이야기하는 '찰라'만이 현재일 뿐 현재는 머무르지도 흐르지도 않는다. 그저 그 순간의 섬광이 지속할 뿐이다. 시간이란 과거에서 미래로 흐른다기보다 그저 상태만 있을 뿐인데, 인간이 '시간의 흐름'이라는 의식을 만들어냈을 수도 있다. 결국 인간은 시야라는 2차원 화면에 담긴 사물을 바라보며, 이 사물을 입체로 인식하고 3차원의 공간에서 존재하며, 4차원의 시간을 '살고 있다'.

어쨌든 현재는 우리가 확실하게 물질을 보고 만지고 느끼며 경험하기에 실재한다고 믿는다. 그런데 미래는? 인간은 고대부터 지금까지 '미래란 무엇일까'라는 불안을 안고 산다. 하지만 과학도, 종교도, 그 누구도 확실한 답을 줄 수는 없다. 다만 유추할 뿐이다.

몇 년 전 방송한 〈시그널〉은 무전기라는 현대적인 소재를 쓴 타임슬립 드라마였다. 23시 23분이면 무전기가 '삐삐'하고 울리며 과거와 연결된다. 과거의 형사와 현재의 프로파일러가 무전기로 교신하여 미제의 강력 사건들을 해결하며 과거의 엉클어진 현상들을 바꾸어 가는 이야기였다. 현재와 과거라는 시·공을 초월해 여행하는 타임머신이나 우주여행 이야기는 언제나 나의 흥미를 끌었지만, 우리에게 친숙한 무선체계의 교란을 매개체로 한 드라마라 더 친숙했는지도 모르겠다. 우리는 이를 '현재'에서 SF라 하지만, 물리학적 다양한 이론을 접하다 보면 아주 불가능한 이야기도 아니다.

〈SGNL〉이라는 스마트 워치 제품을 보자. 스마트 워치를 차고 손가락을 귀에 대면 손 자체가 수화기와 같은 역할을 해서 상대방과 통화할 수 있다. 진동으로 전달된 상대방 목소리가 손을 통해 귀에 전달되면 음성의 진폭으로 증폭되어 들을 수 있는 소리로 바뀌는 것이다. 이것이 'ET'와의 조우나 미켈란젤로가 그린 하느님과 아담과의 조우와 무엇이 다른지 모르겠다. '날고 싶다' 든지, '우주여행을 하고 싶다' 등 인간의 깊은 무의식으로부터 의식으로 떠오르는 것은 모두 창조의 '상징'이므로, 조금 있으면 다른 차원에 사는 유령과 손가락을 통해 교신할수 있는 시대가 오지 않는다고 누구도 장담할 수 없게 되었다. 왜냐면 파동은 교란될 수 있기 때문이다.

짜인 운명의 그물 사이로 나의 파동이 미래에 전달된다

인간이 보고 듣고, 만지고 느끼는 그 모든 것은 물체와 나의 상호 파동의 작용이다. 여기에 모든 비밀이 있다. 내가 생각하고, 말하고, 꿈꾸는 그 모든 것도 서로 간의 작용이라는 의미다. 그러니 좋은 것을 생각하고, 좋은 말을 하고, 원대한 꿈을 꾸다 보면 이 파동이 미래 어딘가에 닿아 그쪽으로 인력이 작용할 수도 있다. 비록 내가 이렇게 태어나 주변 물질과 지형지물이 정해진 환경에서 자란다 해도, 어디로 튈지 모르는 예측 불허의 미래 파동은 조금씩 좋은 방향으로 수정이 가능하다고 본다. 물론 타로는 인간의 삶과 죽음, 몹시 나쁜 사고, 질병, 이런 것을 직접 말해 주지는 않는다. 주역이나 점도 이런 것을 말해줄 수

는 없다. 너무 단정적으로 말한다면 현혹하는 사기에 불과하다. 왜냐
하면 우주에 인간의 삶과 죽음 또는 그에 상응하는 사건을 찍어내 말
하는 능력이나 권리를 가진 사람은 없기 때문이다. 미래를 직접 수정
할 수 있는 능력은 물질세계에 귀속된 일이 아니다. 다만 현재의 파동
이 전해준 타로를 보면 미래가 어느 방향을 향하고 있는지를 가늠할 수
있고, 적어도 좋은 방향으로 노력할 수 있다. 이 노력이 인간을 변화시
키고 나의 운명을 변하게 하는 힘을 발휘하는 것이다. 즉, 짜인 운명의
그물 사이로 나의 파동이 미래에 전달되고, 매 순간 우리는 다른 우주
를 선택하는 것이다.

　타로는 인간 내부의 깊은 무의식으로 가는 차원의 통로Inter Dimensional
로, 아직 열리지 않은 다른 차원의 에너지다. 나는 이것을 카발라나 신
비주의 같은 이야기로 국한시키고 싶지 않다. 다만 인간의 내면에는 물
질화되지 않은 수만 가지의 가능성이 숨어있는 다차원의 우주와 연결
되어 있다는 것을 말하고 싶다. 우주는 좋고 나쁨을 판단하지 않는다.
우리가 구체화한 것을 끌어들일 뿐이다. 신 역시 마찬가지다. 진정한
신은 좋고 나쁨을 판단하지 않는다. 다만, 인간만이 좋고 나쁨을 판단
한다. 법이나 종교적 제약은 권력자의 것일 뿐이다. 이런 제약을 신이
만들었다고 믿는 것은 어리석다.
　신은 판단하지 않는다. 다만 거기 있을 뿐이다. 그러니 미래의 카

드를 뽑을 때는 진실한 염원을 담자. 고대의 신관이 괜히 몸을 청결히 하고 보름달이 떴을 때 우주의 기를 받으며 세상을 읽었을까. 과학적으로도 이때 달의 인력이 강해 에너지가 충만하기 때문이다. 주변의 나쁜 에너지를 없애고 좋은 에너지로 집중하기 위함이다. 타로는 점을 보는 것이 아니다. 열린 정신으로 공부하다 보면 타로가 무궁무진한 지혜와 가르침의 원천이라는 것을 알게 된다.

별에서 온 그대, 웜홀을 지나다

—————— 고대로부터 어느 문명권이나 초월적인 어떤 힘과 소통하는 능력자들이 존재했다. 신관이나 신녀, 주술사나 마술사, 무당 등으로 불리던 이들을 사람들은 때로는 신격화하고 때로는 두려워하며, 또 때로는 평범함에서 벗어난 삶을 이유로 경멸하기도 했다. 기독교나 불교 등 사회에서 공인받은 주류 종교 안에서도 마귀를 쫓는다거나 방언을 하는 등 우리가 알 수 없는 힘과 연결된 성직자들이 항상 있었다. 특별한 접신의 능력이다. 이들이 본 것은 무엇일까?

가슴 설레며 본방사수 했던 드라마 〈별에서 온 그대〉의 주인공 도민준은 은하계 밖의 수십억 광년 떨어진 별에서 온 외계인이다. 외계인답게 공간 이동은 물론 시간을 멈추게 하는 초자연적인 힘을 가진 능력자다. 그는 400년 전에 동료들과 지구에 왔다가 어떤 사건 때문에 우주선에 탑승하지 못해 홀로 남았다. 공전 주기가 길어 지구의 1년이 몇 분에 불과한 별에서 온 도민준은 조선시대부터 늙지도, 죽지도 않고 살아왔다. 그의 별에는 가족이나 친구, 사랑 이런 개념이 없어서 그의 심장은 AI처럼 차갑다. 차가워야 하는 심장이 뜨거워지면 그는 죽게 된다. 그런데 400년 전 지구에 처음 떨어졌을 때 만난 조선 처녀가 왠지 가슴에 남았었다. 그러다 현재에서 그녀가 환생한 듯한 천송이를 만나 자기네 별에서는 없는 '사랑'이라는 격렬한 감정에 휘말리게 되어 심장이 두근거리며 뜨거워진다. 죽을 수도 있는 거다. 그러다 404년에 한

#공전 주기 #웜홀 #베르나르 베르베르 #타나타노트
#임사 체험 #7개의 천계 #블랙홀 #화이트홀 #인터스텔라
#아인슈타인 #니르바나 #자크 라캉

번씩 가까워지는 혜성과 함께 지구로 오는 모국의 우주선을 타고 고향
별로 돌아가야 하는 시간을 맞는다. 아니면 한 줌의 재가 되어 존재조
차 사라져 버릴 운명이기 때문이다. 자신이 다음번 우주선으로 지구를
방문하게 된다면 그건 지구 시간으로 404년 후가 된다. 이미 천송이는
이 세상 사람이 아니니 그의 고민이 깊어지지만, 결국 고향으로 돌아가
게 된다. 그런데 몇 년 후 도민준은 여전히 그를 그리워하며 홀로 사는
천송이 앞에 홀연히 나타난다. 물질적인 시공간의 반대쪽에 존재하는,
우주와 연결된 '웜홀^{Wormhole}'이라는 비밀 통로를 통해서였다.

빛을 향해 가는 웜홀 혹은 7개의 천계

드라마를 보며 생뚱맞게 베르나르 베르베르의 소설 〈타나타노트〉
가 생각났다. 전혀 관계없어 보이는 이야기지만 '웜홀'이라는 공통적인
주제가 보였기 때문이다. 이 소설은 호불호가 극명한 작품인데 아마도
난해한 과학, 철학적인 이론에 또 너무 두려운 '죽음', '임사 체험'이라
는 부분을 건드려 어떤 이들에게는 거부감을 주기 때문일 것이다. 타나
타노트^{Thanatonautes}라는 의미는 죽음을 의미하는 그리스어 타나토스^{Thanatos}
와 항해자를 뜻하는 노트^{Nautes}를 합성하여 만들어진 것으로 '죽음의 세
계를 탐사한다'는 의미다.

사후세계의 탐사 프로젝트는 사형수 중 지원을 받아, 정신과 육체
의 조건을 삶과 죽음의 임계점까지 데려가 체험케 하는 것이다. 하지만

삶으로 귀환하지 못하는 희생자들만 나오던 중, 마침내 펠릭스라는 죄수가 죽음을 체험하고 삶으로 귀환한다. 이로써 죽음의 세계가 그 베일을 조금씩 벗기 시작한다. 이후에도 몇 번의 탐사가 더 진행된 후, 결국 이 프로젝트를 계획했던 연구자들까지 탐사선에 오르면서 사후세계의 모습이 드러난다. 사후세계에는 7개의 천계가 존재하며, 천계의 마지막 관문에는 좁은 문, 또는 터널과 같은 곳이 있어 사자들은 이곳에서 심판을 받고 통과한다는 것이다. 그 이후는 환한 빛의 광선이 충만하다는 표현으로 끝난다.

죽음의 세계에서 7개의 천계를 지난다는 것은 티베트와 유대교의 신비주의, 불교적인 철학 세계와도 상통한다. 게다가 아인슈타인 이후의 현대과학을 총망라한 베르베르적인 해석이 가득 들어있어 깊이 매료되었던 작품이다. 한 영혼이 천계의 마지막인 7단계에서 심판을 받는 장면은 베르베르가 기독교적인 서양인의 정신세계를 풍자하는 듯하다. 여기서 죽음의 맨 마지막 단계에 어디론가 빨려 들어가 어느 순간 빛이 보인다던 엔딩은 참으로 동양과 서양, 종교와 과학이 만나는 듯한 융합의 느낌을 준다. 사자들이 빨려 들어가는 영계의 입구는 블랙홀이고, 7개의 천계라는 웜홀을 지나 심판이라는 화이트홀을 통해 나가는 것을 표현한 것 같았다.
우주의 모든 존재 사이에는 생물이건 무생물이건 별이건 태양이건 서로 잡아당기는 힘으로 팽팽한 긴장을 유지하고 있다. 이를 중력이라고 뉴턴은 이야기했다. 변치 않을 진리처럼 신성시되었지만, 불과 200년이 안 되어 아인슈타인은 뉴턴의 안정적인 우주에 폭탄을 던진다. 물질에 중력이 있기 때문에 그 힘으로 주변의 공간이 휘어진다는 것이다. 즉 스펀지에 돌멩이를 올려놓았을 때 푹 꺼지듯이 공간에 물체의 질량만큼 공간이 우그러든다는 것이다. 내가 소파에 펄썩 앉았을 때 내 몸무게만큼 소파가 우그러드니 우주에 있는 별도 그런가보다 상상할 수 있다. 그리고 그 움푹 들어간 소파나 스펀지에서 다시 일어서려면 내 몸무게를 밀어 올릴 만큼의 힘과 속도가 있어야 한다. 힘이 없으면 다시 주저앉게 된다. 여기까지는 우리가 사는 일상에서 이해가 가능한 물리학이다.

그런데 블랙홀Blackhole이란 질량이 극대화되어 주변의 시공간을 모두 빨아들이는 공간의 구멍을 말한다. 한번 들어가면 빨아들이는 중력이 너무 커서 어떤 물체도 그 이상의 힘과 속도를 낼 수 없기 때문에 다시 빠져나올 수가 없다. 너무 어렵게 생각할 것 없이, 가끔 사고가 나는 수영장의 수챗구멍을 상상하면 된다. 우리가 사는 시공간을 풀장이라고 치자. 그런데 실수로 수챗구멍이 열린다고 상상해보자. 그 엄청난 힘, 즉 중력은 진공청소기처럼 수영장의 물을 빨아들인다. 블랙홀의 극대화된 질량을 이기려면 빛의 속도보다 빨라야 되돌아 나오는 힘이 생기는데, 아직 우리가 사는 물질계에서 빛보다 빠른 것은 없기 때문이다.

그런데 인간이 인식할 수 있는 한계, 또는 우주의 법칙은 대칭적이고, 또 에너지 보존적이다. 즉 모든 것은 빨아들이기만 할 수도, 내뱉기만 할 수도 없기 때문에 모든 것을 빨아들이는 블랙홀의 존재가 있다면 어딘가 그 에너지를 받아 나오는 구멍이 있을거라 생각한 것이다. 그것이 바로 화이트홀이고, 블랙홀Blackhole과 화이트홀Whitehole을 연결해 주는 터널이 웜홀Wormhole이다. 그 터널이 안전한지, 위험한지는 알 수 없다. 항상 열려있는 터널인지, 순간순간 열렸다 닫혔다 하는 통로인지도 알 수 없다. 그리고 그 통로를 지나면 무엇이 있는지도 우리는 알 수 없다. 본적도 들은 적도 없는 완전 다른 우주가 열리는지, 천국이나 지옥이 있는지, 아니면 그냥 내가 있던 자리로 허무하게 되돌아오는지, 신라 시대로 가는지 미래로 가는지, 아무도 모른다. 그저 〈인터스텔라Interstella〉 류의 SF 영화로 만족할 수밖에는 없다.

불교적인 윤회의 시각으로 보면, 블랙홀로 빨려 들어온 우주의 초월적 의식, 또는 무한 에너지가 어머니의 자궁이라는 웜홀을 통해 화이트홀을 넘어 세상 밖으로 나오는 건지도 모른다. 그 전의 우주적인 상태는 자아가 생기면서 무의식의 심연으로 가라앉고, 성인이 되어가며 점점 의식의 표면이 넓어진다. 어머니의 몸 안에서 인간이 되기 위한 최초의 상태인 난자가 만들어지는 장소를 의학 용어로 나팔관이라고 하는 것도 신기하다. 현대과학에서 블랙홀이나 웜홀, 화이트홀의 모습도 이와 다르지 않다. 아니 아인슈타인의 시공간을 도식화한 것도 같은 모양이다. 어쩌면 나팔의 모양도 인간의 집단 무의식 안에 생긴 상징일 수 있다. 현대과학이 동양철학을 과학 언어로 말하고 있는 듯해서 어리둥절할 따름이다.

베르베르의 타나타노트에서도 죽음 이후 영혼이 가는 길은 일종의 나팔관과 같이 넓은 입구로부터 차차로 좁아지는 각각의 천계를 나타낸다. 마지막 단계에서 좁은 굴속을 지나 그 터널의 마지막에 출구의 빛을 향해 나가는 것으로 소설은 끝난다. 아마도 화이트홀을 상상했을 것이다. 아니면 불교가 이야기하는 윤회의 재탄생 과정일 수도 있고, 기독교라면 아마 그 빛 아래 천국이 있을 것이다. 이 모든 생각도 결국은 인간의 무의식 깊은 곳으로부터 온 상징인 거다.

기억의 심연에서 '잃어버린 원형'을 길어내다

이 세상에 왔던 많은 석학, 성인들이 '나'라는 의식이 생기기 전 유아기의 무의식 상태에 관해 관심을 가졌다. 한 개인으로서 세계를 인식하지 못한 채, 태어난 곳의 그 심층적인 무의식 세계와 아직 연결되어 있던 상태 말이다. 우주의 초자연적인 에너지와 연결된 무의식의 가장 심층부는 우리가 온 우주의 기억을 가진 곳이다. 어쩌면 아무것도 없는 무無의 상태일 수도 있다. 수많은 고승이나 성인들이 수련을 통해 도달하고자 했던 '니르바나'라는 정신의 단계라는 것만 알 것 같다. 칼 융이 말한, 인간이면 모두 가지고 있는 공통의 잃어버린 원형^{Archetype}과도 통한다. 이 원형 위에 집단 무의식이 존재한다. 인간은 이 원형의 기억을 깊은 심연에 남긴 채 한 개인으로서 자신을 찾는 여행을 시작하는 것이다. 이 여행의 종착점은 결국 돌아온 곳으로 돌아가는 '죽음'이지만 말이다.

　인간의 심리적인 발달 과정도 이와 다르지 않다. 태어나서 눈을 뜨고 걸음마를 시작할 때까지 아기에게는 '나'라는 의식이 없다. 그냥 우주에 연결된 자연의 일부였다. 그러다가 걸음마를 시작하고 어느 날 거울을 보며 거기에 비친 모습을 보고는 손을 대며 깡충깡충 뛴다. 자신과 최초의 만남이다. 그리고는 어느 순간부터 나라는 인식이 생기는 거다. 심리학에서 말하는 '인격^{Personality}'이다.

　프랑스의 정신분석학자이자 철학자인 자크 라캉은 프로이트의 정신분석학을 '자기 자신, 즉 자아'의 시각에서 새로이 보았다. 거울에 비친 나의 모습은 물질화된 나의 육체를 보여준다. 이는 내가 모르고 있던 나의 물리적인 모습이다. 우리가 태어나 서너 살이 되며 처음으로 가지게 되는 이 '최초의 내 물질적 모습'과, 이를 바라보는 '분리된 또 하나의 나'는 심리적인 삶의 출발이다. 부모에게 받은 DNA가 분화되며 계속 선택을 이어가듯이 우리의 인격도 이 순간부터 일생 변화한다.

자아를 의식하고 인격 있는 삶을 시작하면 출발 시점의 혼돈된 원형은 기억을 상실한다. 그리고 다시는 그 기억을 되돌릴 수 없다. 이는 무의식의 맨 아래층인 원형 깊숙이 가라앉아 있으므로 결코 의식 표면으로 올라오는 일은 없다. 하지만 문득문득 이 세상의 어떤 표상-언어학자들은 기호라 하는데, 나는 표상이 더 와 닿는다-들을 볼 때마다 기억의 심연으로부터 무언가 희미한 연기처럼 떠오른다. 상징주의자들이나 융 등의 심리학자들은 이를 '상징Symbol'이라고 했다. 인간의 합리적인 언어 대신 추상적인 이미지의 형태로 인식되는 일종의 교감, 또는 무의식 언어라는 말이다. 꿈도 무의식에서 오는 상징의 일종으로 보았다. 고대의 모든 문화권에는 상징이 존재했고 현대에도 여전히 존재한다. 이는 인간이면 누구나 가진 생명 이전의 우주적인 심연으로부터 오는 메시지이기 때문에 어느 문화권이건 표현 방식에 차이가 있지만, 그 본질은 같다.

상징은 어느 날 우리가 만나는 타인으로부터 올 수도, 문득 고개 들어 하늘을 보았을 때 구름 사이로 보이는 별 하나로부터 시작되어 가슴 속으로 들어오기도 한다. 고대부터 흥망성쇠를 반복했던 수많은 문명 속에서 인간은 언제나 이 상징을 파악하고 우주와 하나가 되고자 하는 종교의식을 반복해 왔다. 인간은 물질만으로는 채울 수 없는 비물질적인 신비로운 세상으로부터 온 원형적 기억을 가지고 있기 때문이다.

그래서 상징은 인간 존재의 가장 깊은 차원과 관련을 맺고 있으며, 지성과 감각을 초월해 영혼의 세계로 인도한다. "진리란 언제나 우리 내면에 들어있다. 너 자신을 알라"던 소크라테스의 말씀을 이해하는 순간이다. 소크라테스 역시 상징의 깨달음을 던지고 갔다. 아마도 아리스토텔레스나 뉴턴과 같이 눈에 보이지 않는 세계는 무시하고 이성만을 믿었던 과학자들은 어이없는 소리라 할 것이다. 이들이 살아 돌아와 아인슈타인이나 스티븐 호킹 등과 만난다면 이들을 점성술사 혹은 연금술사라 하지 않았을까.

이 세상에 왔던 많은 영적 지도자들이 체험을 통해 남긴 것은, 인간 내면에는 성스러운 원천과 닿아있는 심층 부분이 있어 이로부터 끊임없이 생명의 에너지가 끌어올려진다는 것이다. 우리의 의식 위에 있는 자아는 키 작은 포도나무 같다. 포도나무는 자신의 키보다 10m 이상 뿌리를 내려 지하수를 퍼 올리는 유일한 식물이다. 예수가 자신을 포도나무에 비유한 이유이리라. 이 심층의 지하수와 단절이 되어버리는 순간 인간은 껍질만 남은 물질에 지나지 않는다.

출발점을 잊지 말라는 우주의 목소리

기독교나 이슬람, 카발라, 티베트, 이집트 등의 모든 경전은 언어적 상징으로 씌어 있다. 고대인들은 경전을 이해하는 사람들을 신관, 예언가, 점성술사, 사제, 랍비 등으로 부르며 경외심을 가졌다. 세상은 물질에 갇혀 있으므로, 그것을 뛰어넘는 영적 능력이 있는 사람만 상징을 해독할 수 있다고 믿었기 때문이다. 상징을 해독하는 자들은 특별한 초능력을 가졌다기보다는, 현실적으로 세상과 삶에 관한 지식을 파내려가다 보니 어떤 깨달음에 도달한 학자들이었을 것이다. 예를 들어 현대에도 우리는 '아는 만큼 보인다'라는 말을 자주 한다. 오래된 도시를 여행할 때, 아무런 지식이 없이 가면 유적지란 그저 허물어진 돌덩이에 지나지 않는다. 하지만 그 역사와 문화를 공부하고 보면 그 돌덩이들이 완전히 다른 의미로 다가옴을 느끼게 된다. 그곳을 지나갔던 문명의 흥망성쇠와 인간의 정신과 조우하는 것이다. 레오나르도 다빈치나 미켈란젤로의 작품을 만날 때도 그들의 인생과 철학, 열정, 시대적 배경 등을 이해하면 작품을 뛰어넘어 수백 년 전의 위대한 한 인간을 마주하게 된다. 이 세계도 마찬가지다. 내적 지식이 쌓이면 쌓일수록 물질로 된 세상 뒤에 숨겨진 먼 무의식으로부터의 표상을 느끼게 된다. 종교인에게는 깊은 신앙을 통한 성령의 느낌일 수도 있고, 지식인에게는 깊은 철학적 자기 성찰이 될 수도 있다.

타로도 마찬가지다. 지식을 쌓아 어느 날 문득, 종이에 그려진 형태나 색채를 넘어 이것을 그린 사람들이 전하려 했던 그 비밀, 우주의 가르침과 조우할 수 있어야 한다. 지식을 바탕으로 한 직관이나 깨달음과 비슷하다. 결국 상징이란 무의식의 심층을 지나 다른 세계로 가는 웜홀일 수도 있다. 물질을 벗어나 다른 세계의 문을 열어주는 통로라는 의미다.

타로가 긍정적인 것은 바로 이 심층의 에너지를 권하고, 이와의 조우를 끊임없이 인간에게 권한다는 것이다. 타로의 메이저 카드는 인간의 의식에서부터 출발해 본능적인 억압이나 페르소나, 그림자, 집단 무의식, 이 모든 것을 뚫고 인간의 원형, 인간이 출발한 그 영적인 세계로 가는 여정을 나타낸 상징이다. 고대의 현인들이 우리가 출발했던 현재의 물질적인 삶 저쪽의 영적인 우주의 기억을 잊지 말라 남겨놓은 흔적처럼 말이다.

상대성원리 안에 존재하는 타로의 시간

───────── 인간은 달과 태양의 움직임에서 하루나 한 달, 그리고 일 년이라는 시간의 단위를 얻어냈다. 밤이 되면 달이 뜨고 새벽이면 해가 뜬다는 것은 수렵생활을 하던 원시인들도 알았다. 농경사회가 시작되며 먼동이 트면 밭에 나가 일하다 해가 지면 집으로 돌아오고, 추수를 위한 절기의 개념도 생겼을 것이다.

시간을 의식하기 시작하자, 선각자들은 태어나 늙고 죽어가는 주기에 관해 끝없는 의문을 던지기 시작한다. BC 5세기경 그리스의 수학자인 피타고라스나 동양의 부처는 시간이 절대적인 속도로 흐르지 않는다는 개념을 제시했다. 이는 삶과 죽음이 교차로 흘러 환생이 반복된다는 윤회사상의 기초가 되었다. 이에 반해 플라톤은 세상이 창조될 때 시간도 함께 만들어졌다고 생각했다. 이는 AD 5세기 말 로마의 멸망 후에 중세 유럽의 국교가 된 기독교의 창세기를 설명하는 철학적 바탕이 되었다.

시간을 탐구한 오랜 시간들

하지만 이런 관점의 반대에 있던 아리스토텔레스에게 시간이란 물체가 움직일 때만 존재하는 것이었다. 그는 뉴턴처럼 시간을 운동과 관련해 생각해서, "시간은 운동이 아니지만, 운동을 떠나서 발생하지 않는다"고 말했다. 그런데 물리학의 관점에서 '운동'으로 발생하는 그 무엇이라면 깔끔하게 수학으로 정리된 공식이 있어야 한다. 하지만 물리

#윤회사상 #성 아우구스티누스 #아인슈타인
#특수 상대성이론 #라이프니츠 #마하 #제논 #스페이스타임
#크로놀로지 #양자물리학 #클라우드

학에 시간이 흐른다는 것을 정리해 주는 공식은 존재하지 않는다. 3차원이라는 공간에 그저 '시간'이라는 또 하나의 축을 그어 4차원이라 정의하는 개념이 있을 뿐이다. 우리가 존재하고 있는 공간에 시간이 더해지며 변하는 현상을 '시간이 흐른다, 나이를 먹는다'라고 설명할 뿐, 실상은 시공간이 반죽처럼 계속 변하고 있을 뿐인 거다.

서양 철학과 과학사에서 아리스토텔레스에게 빚지지 않은 이는 하나도 없지만, 시간의 문제는 그저 숙제로 남아있을 뿐이다. 처연하게 하느님께 고백하는 성 아우구스티누스(354-430)의 목소리가 현재 내 앞에서 중얼거리듯 귓전을 맴돈다. "진심으로 이 혼란스러운 수수께끼를 풀고 싶습니다. 주여, 저는 시간이 무엇인지 정녕 모르겠습니다."

인간이 개인적으로 경험하는 시간의 흐름은 직선이다. 삶은 지난 사건들의 연속으로, 줄줄이 이루어지고 미래가 줄 서서 기다리고 있다는 생각에서 벗어나기 어렵다. 과거에서 현재로, 현재에서 미래로 강물처럼 흐르는 시간은 되돌아갈 수도, 멈출 수도, 뛰어넘어 미래로 갈 수도 없다. 인류가 시간을 직선의 연속이라 믿는 것은 당연하다. 그런데 시간의 본질이 무엇인지를 생각하면 현대인도 아우구스티누스의 절규를 내뱉을 수밖에 없다. 성 아우구스티누스가 죽은 이후 1500년간 해결된 것은 별로 없어 보인다.

그런데 지구의 북반구나 남반구, 유럽과 아시아 간에 시간이 다르다는 것만 보아도 시간이 절대적이지 않다는 생각을 하게 된다. 게다가 1분=60초, 1시간=60분, 하루=24시간, 1년=12개월=365일…, 우리의 삶을 빡빡하게 지배하는 시간의 단위가 생긴 지는 그리 오래되지 않았다는 사실을 알면 더욱 갸우뚱해진다. 시계가 우리를 24시간 60분으로 옭아맨 것은 산업혁명의 발명품이다. 과거 '동구밖에 어스름이 걸리면 만나자'던 농경사회의 시간 개념은 상공업 시대에 더는 통용되기 어려웠기 때문이다. 분업으로 대량 생산을 하는 체제에서는 모두가 정확한 시간에 출근해 일사불란하게 생산하고, 교대해야 했기 때문이다. 우리가 지금 아는 시간이란 경제활동의 대세로 떠오른 자본주의의 산물인 것이다. 인터넷이 없던 20세기 말만 해도 지금과 같은 시간의 단위는 아니었던 것 같다.

시간을 의심하기 시작하다

우리가 존재하며 보고, 듣고, 냄새 맡는 이 물질세계의 역학을 정리한 뉴턴은 시간과 공간을 별개의 개념으로 보았다. 이 세계가 공간으로 떡 버티며 존재하고, 그 속에서 인간은 과거와 현재, 미래라는 시간의 흐름을 따라 살다 간다는 것이다. 이렇듯이 절대적인 기준점이 있는 세계에서 움직이는 모든 물체는 작은 생물에서부터 행성까지 정확한 규칙을 따른다고 믿었다. 즉 수학 공식을 통해 우주는 예측 가능한 세계였다. 우주의 주인인 양 인간은 들떴고, 신석기 혁명부터 르네상스를 거치며 숨 가쁘게 과학혁명과 산업혁명에 도달해 물질이 주는 풍성함에 도취해 있었다. 1905년 아인슈타인이 '특수 상대성이론'을 발표하기 전까지는 말이다.

아인슈타인은 그동안 우리가 굳게 믿고 있던 3차원이라는 공간 안에서 물질이 시간의 흐름을 타고 변해간다는 개념을 깨 버렸다. 우주는 뉴턴이 생각했던 것보다 무한했고, 뉴턴의 역학으로는 설명할 수 없는 현상으로 가득 차 있었기 때문이다. 아인슈타인이 본 우주는 따로 떡하니 존재하는 공간을 시간이 흘러 지나가는 것이 아니라, 시간과 합체된 시공Spacetime이라는 4차원의 세계였다. 게다가 시간은 우주에 있는 모든 물체에 똑같이 적용되는 것이 아니라 관찰 대상자의 상황에 따라 변하는 상대적이라는 것이다. '특수 상대성이론'이라 한 이유는, 뉴턴의 역학이 맞춤복처럼 들어맞는 일상생활에서는 느끼기 어려울 정도로 미세해서, 특수한 우주적 상황에서만 성립되기 때문에 붙여진 것이다.

시간이 상대적이라는 생각을 아인슈타인이 제일 먼저 한 것은 아니다. 독일의 과학자인 라이프니츠(1646-1716)는 18세기에 이미 '자연에 지각의 기준이 되는 절대적인 것은 없으며, 시공간이란 물체 사이에 상대적인 순서나 관계 그 자체일 뿐'이라고 했다. 여기에 더해 우리가 제트기의 속도를 말하는 '마하'의 기원이 된 과학자 마하(1838-1916)는 '시공간이란 물체가 변화하는 것을 보고 인간이 생각해 낸 추상적인 개념일 뿐'이라 하였다. 모든 운동은 다른 물체가 있는 위치나 움직임에 따라 인식하는 것일 뿐이라는 것이다. 비교 대상이 없다면 존재한다고 철석같이 믿고 있는 이 현실도 의미가 없다는 말이다.

손바닥도 마주쳐야 소리가 난다니, 곰곰이 상상해보자. 내가 우주에서 미아가 되어 별빛조차 닿지 않는 우주 공간을 배회하게 되었다. 그 새카만 텅 빈 우주에 나 혼자 떠 있다면, 공간도 시간도 감지할 수 없을 것이다. 발도 땅에 닿지 않고, 빛과 거울도 없으니 내가 늙어가는 모습도 알 길이 없다. 내가 '나'라는 존재감조차 모호한 의식만이 있을 뿐이다. 아인슈타인의 위대함은 라이프니츠와 마하가 생각했던 이런 상대적 시공간을 수학적으로 밝혔다는 데 있다.

어른들이 말씀하시곤 했다. 시간이 쏜 화살처럼 빨리 지난다고. 그 의미를 몸소 느끼는 지금 돌이켜 보니 어린 시절에는 시간이 아주 느리게 흘렀던 것 같다. 언제 어른이 되어 공부 안 하고 마음대로 놀며 살 수 있을까 생각하며 지루하게 기다린 나날이었다. 막상 어른이 되니 마음대로 살기는커녕 시간만 산 위에서 구르는 돌처럼 가속도가 붙는다. 인간의 뇌가 축적한 지식과 정보의 양에 의해 느끼는 시간의 개념이 달라 그럴 것이다. 아무것도 없는 도화지에는 그릴 공간이 많아 채우는데 시간이 걸리지만, 많이 채워져 여백이 별로 없는 도화지에는 그릴 공간이 별로 없어 채우는데 시간이 빨라지는 것과 비교할 수 있겠다. 프랑스의 기호학자 들뢰즈가 말하듯이, 시간은 저마다 다르게 흘러간다. '어느 시간, 어떤 계절, 환경, 분위기, 배경' 안에서 인간은 주체라기보다는 '사건'의 일부일 뿐이다.

생각보다 시간은 아주 특별하고도 주관적인 개념이라는 것에 놀라지 말자. 인간의 일생을 날짜로 계산해 보면 평균 30,000일 안팎이다. 우주의 광대함에 비해 이 얼마나 초라한 숫자인가! 천년만년 살 것 같던 인생이 먼지 같이 흩어지는 순간임을 인식하는 순간이다.

그리스 철학자 제논의 역설을 듣다 보면 시간도 운동도 존재하지 않는 것처럼 보인다. 제논은 '날아가는 화살은 정지해 있다'는 이해할 수 없는 역설Paradox을 제시해 시간과 운동에 관해 고민하게 만들었다. 당겨진 화살은 목표물을 향해 날아가지만 시간을 무한대로 잘게 쪼개면 머무르는 순간순간만 존재하므로 사실은 정지 화면이 광속으로 이어진 것뿐이라는 역설에 이르는 것이다. 애니메니션이 한 장 한 장의 그림이 연결되어 움직이는 것과 같다고 이해하면 된다. 결국 시간은 무한히 많은 '지금'이 모여 이루어진 것이므로 운동이라는 것은 존재하지 않는다는 것이다. 뉴턴적인 운동법칙에 익숙한 우리에게는 어렵고 믿기지도 않겠지만, 지금과는 전혀 다른 방식으로 시간을 이해해야 우주적 상징을 이해할 수 있다. 여기에서 시간이란 우리가 현실에서 느끼는 시간과 같은 의미가 아니다.

인식되는 순간, 과거의 무한대로 돌아간다

우리의 뇌에는 시간이 과거에서 현재, 미래로 흘러가는 직선운동
이라고 입력되어있지만, 조금만 세상을 멀리 보면 과거나, 미래라는 개
념은 생각보다 모호하다. 함께 기억을 공유하는 사람 또는 사회에서만
과거, 현재, 미래라는 구체적인 순서가 있을 뿐이다. 게다가 한 사건의
원인도 꼭 그 결과에 선행하지 않는다. 우주라는 무한 속에서 바라보면
인간 사회도 꿀벌이나 개미의 사회와 크게 차이가 없어 보인다. 그들이
하는 일에 전후 맥락을 알길 없이, 그저 똑같이 생긴 존재들이 윙윙거
리며 바삐 움직이고 있을 뿐인 거다.

우주적 시점에서 시공간Spacetime이란 과거라는 무한의 우주와 미래
라는 무한의 우주가 '나'라는 자아를 통해 물질의 옷을 입고 현재로 인
식될 뿐이다. 게다가 현재는 인식되는 순간 물질의 옷을 벗고 과거의
무한대로 돌아간다. 그러므로 '현재'란 불교에서 말하듯이, 나를 통해
잠시 물질화되었다가 다른 차원으로 가버리는 찰나刹那일 수도 있겠다.
그리고 측정할 수 없는 무한대의 과거, 현재, 미래 이 모든 시공간의 총
체가 어쩌면 겁劫일지도 모른다.

내가 인식하는 현재란 인식하는 그 순간뿐 이는 곧 우리의 기억 속
으로 두서없는 영상이 되어 축적되어 버린다. 이 안에는 현실에서 느끼
는 시간의 크로놀로지Chronologie가 없다. 생각나는 대로 어떤 과거든 돌아

가 끄집어낸다. 기억 속에서는 어린 시절이 조금 전 내가 방문했던 카페보다 먼저 등장하기도 한다. 그러니 과거나 미래는 순서가 있는 직선이 아니다. 게다가 물질적으로 만질 수도 없다. 우리의 차원 영역이 아닌 것이다. 이를 좀 더 쉽게 이해하려면 포토샵의 레이어나 인터넷의 윈도우 창을 생각해 보면 된다. 메모리 어딘가 저장되어 있어 그 레이어를 꺼내면 화면이 등장하는데, 그 안에는 산도 있고 들도 있고 사람도 있지만, 물질의 질량도 순서도 없다.

시간이 직선으로 흐른다는 생각은 개념에 집착하는 인간의 착각일 뿐일지도 모른다. 현실이란 우리의 잠재의식 속에 과거, 현재, 미래가 개념 없이 혼돈되어 있다가 어느 순간 물질화된 것일 수도 있다. 과거가 그렇듯이 미래의 사건들도 잠재의식이 이를 투사하기 때문에 현재에 인식될 수도 있는 것이다.

비물질의 물질화는 최근의 양자물리학에서 실험을 통해 구체화한 개념이기도 하다. 예감이라든가, 직감 등은 아직 존재하지 않는 사건을 실재적으로 느끼는 것이다. 예지력이나, 선견지명 등도 같은 맥락이다. 이는 과거, 현재, 미래를 넘나드는 우리의 무의식으로부터 온다. 이를 집단 무의식이라고 한다. 집단 무의식은 인간이면 누구나 가지고 있지만 어떤 개인에게 속한 것이 아니라 살아있는 모든 존재에 인간을 연결하는 역할을 한다. 인간은 자기가 사는 작은 사회를 떠나 동물, 식물, 자연, 지구, 우주와 끊임없는 관계 아래 있다는 말이다. 집단 무의식보다 깊은 심층에는 우주로 통하는 초월적인 무의식이 끝을 알 수 없이 무한히 열려있다.

타로의 시간에 묻고 답하다

타로는 이런 믿음에서 출발한다. 카드에 그려진 상징을 통해 우리를 과거와 현재, 미래가 흐른다는 구분 없이 고여있는 무의식에 연결하는 거다. 현대적인 의미로 이해하자면, 일종의 클라우드 같이 동시성을 통해 서로 시공간이 다른 지식을 공유하는 기능이라고 생각해도 좋다.

결국 타로가 시공간을 넘나들어 상징을 읽는다는 것은 나의 클릭으로 클라우드 안에 고대의 현자들이 축적해 놓은 지식을 끌어당기는 것이다. 이것이 바로 시공간을 초월하는 타로의 법칙이다. 이런 투사를 실현하기 위해 진지하고도 명확한 질문을 하는 연습을 하자. 예를 들면 이런 거다.

"나의 운명이 이렇다면 이제 무엇을 할 것인가?", "이 운명을 지닌 인생에서 가장 좋은 선택은 무엇인가?"

원하는 것에 대한 지식이 깊어질수록 검색어는 더 정교해지고, 클릭 한번으로 더 정확한 정보를 가져올 수 있다. 주파수를 맞추는 '끌어당김'이 작동되어야 하는 것이다.

상대성원리를 설명하는 두 가지 예

하나.

순이가 귀대하는 친구 철수를 배웅하러 서울역에 갔다. 순이는 플랫폼에 서 있고, 철수는 기차에 탔다. 기차는 곧 출발해 10㎞의 속도로 움직인다. 순이가 손을 흔들며 배웅하는데 한 마리의 비둘기가 시속 40㎞로 기차가 가는 방향으로 함께 날아간다. 이때 순이와 철수가 동시에 비둘기가 날아간 속력을 측정한다면 얼마일까?

순이가 플랫폼에 서서 측정한 속력은 새가 날고 있는 속도인 40㎞/h다. 그런데 여기서 상대적이라는 게, 철수가 측정한 속도가 다르다는 거다. 철수는 10㎞/h로 달리는 기차 안에 있으므로 비둘기의 속도는 자신이 탄 기차의 속도 10㎞를 뺀 30㎞가 된다. 이것이 바로 같은 공간 안에 있지만 서로 느끼는 시간의 흐름이 다르다는 상대성을 이야기한다. 속도란 나와 상대의 관계에서 다르게 측정된다는 것이다.

둘.

A는 플랫폼에, B는 움직이는 기차 안에 있다. 기차 중앙에서 빛을 비춘다. B는 기차 안에 빛과 같은 속도로 움직이는 공간 안에 있으므로 이 전등 빛이 양쪽의 벽면에 부딪혀 반사되어 오는 시간은 같다. 그러나 플랫폼에 있는 A가 이를 관찰해서 빛이 반사되어 돌아오는 시간을 잰다면 왼쪽의 빛은 훨씬 빨리 반사되어 돌아오고 오른쪽의 빛은 훨씬 늦게 반사되어 돌아올 것이다. 왜냐, 이 시간 동안 기차가 움직이고 있었으므로 움직인 만큼의 거리가 양쪽으로 줄어들거나 늘어났기 때문이다. 여기에서 시간이란 관찰하는 사람에 따라 상대적으로 다르게 느껴진다는 상대성원리가 나온다. 이는 뉴턴이 생각했던, 한 공간에서 모든 물체나 인간이 느끼는 시간은 동일하다는 이론이 깨지는 것이다.

슈뢰딩거의 고양이 이름은 타로?

──────── 현대과학은 어디까지 갈 것인가? 눈으로 확인할 길이 없으니 그 실체가 있긴 한 것인가 하는 의문에 빠져들 때가 있다. 우리가 중·고등학교 시절에 공부하던 뉴턴의 물리학 이론까지는 눈에 보이는 지구 위의 사물이나 별에 관한 이야기라 문과적인 물리 실력으로도 이해가 가능했지만, 나이가 들어 다시 만난 과학의 세계는 '이건 뭐지?' 하는 생각이 들 때가 있었다.

박테리아나 세포 정도만 해도 현미경에서 움직이는 것이 보이고 염색도 되니까 그런대로 이해가 됐다. 그런데 현미경으로도 볼 수 없는 DNA를 다루는 유전공학이나 분자생물학 실험실에서는 이해 불가였다. 유전자 조각을 이어 붙이거나 하는 실험은 결과물이 즉시 눈앞에 나타나는 것이 아니어서, 장님이 코끼리 만지는 느낌이 이럴까 싶었다. 게다가 더 작은 분자나 원자의 세계를 다루는 양자역학의 세계에서는 모든 것이 '확률'에 지나지 않는다니, 문과적인 뇌를 가진 나로서는 도무지 보이지도 않는 걸 어떻게 수학적으로 풀어내는지 이해가 되지 않았던 거다.

양자역학을 설명하는 '확률'

그런데 조금씩 알아가면서 미시세계가 가진 확률이 우리가 사는 현실세계를 향한 시선을 바꾸는 엄청난 이론이라는 것을 알게 되었다. 어느 날 내게 '유레카Eureka'의 번쩍이는 깨달음을 준 사람이 있었는데,

#뉴턴 #에르빈 슈뢰딩거 #양자역학 #분자 #홀로그램
#휴 에버렛 3세 #브라이스 드위트 #안드레이 린데
#양자 #전자

바로 오스트리아의 위대한 과학자 에르빈 슈뢰딩거^{Erwin Schrödinger}였다.

20세기 초는 뉴턴에서 이어진-눈에 보이는-현실적인 물리학을
철석같이 믿던 학계에 아인슈타인이 우주의 법칙에 관해 상대성원리를
발표한 시대였다. 여기에 한술 더 떠서 보이지 않는 원자의 세계를 설
명하는 '양자역학'은 뉴턴의 이론은 물론 아인슈타인의 이론과도 양립
되지 않아, 과학자들도 갸우뚱하는 어려운 이론이었다.

양자역학을 간단히 정리하자면, 우리가 사는 세계를 이루고 있는
물질을 나누고 나누면 원자라는 최소의 물질에 도달하는데, 이 안에는
원자핵이 있어 그 안에 중성자와 양성자가 있고, 그 주변을 전자가 돌
고 있다는 전제에서부터 시작한다.-물론 현대과학은 그 원자 안의 중
성자 양성자도 조각조각 더 작게 잘랐다-그런데 원자핵 주변을 돌고
있는 전자는 고정된 것이 아니고 궤도 안에서 이리저리 돌아다니고 있
어서 어느 장소에 있을지는 확률로 짐작할 뿐이다.

전자의 불확실한 상태라는 이론은 그동안 서구인이 가지고 있던
뉴턴식 고전역학의 세계관에 커다란 파문을 일으켰다. 시간과 공간은
고정되어 있으므로 우주까지 포함한 그 안에 있는 모든 물질의 정확
한 위치와 운동을 계산해낼 수 있다고 믿었던 신념에 상처를 입은 것
이다. 전자가 어느 위치에 있는지를 정확히 알 수 없다는 것은 물질의
상태에 여러 가능성이 공존하고 있다는 의미이기 때문이다. 무한한 가

능성의 확률 중에 우리가 전자를 관측하는 순간 하나의 상태로 결정된다는 것. 비물질적이던 가능성이 물질화되는 것이다. 한마디로 뚜껑을 열기 전까지는 무수한 가능성만이 존재할 뿐 아무도 그 상태를 예측할 수 없다는 말이다.

공식으로 깔끔하게 똑 떨어져야 할 과학에 이런 불확실한 '확률'이라는 개념을 못마땅해한 슈뢰딩거는 이 무슨 얼토당토 않은 소리냐며 비판했다. 나아가 이를 비웃으며 일반인이 쉽게 이해할 수 있는 현실 세계의 물질을 가지고 확률의 가설을 조롱했다. 그런데 아이러니하게도 비웃기 위해 제시한 고양이 독극물 실험이 오히려 양자역학을 대표하는 브랜드가 되어버린 거다. 아마도 현대의 동물 애호가들이 알면 펄쩍 뛰겠지만—나는 10년도 넘은 골수 캣맘이다—이는 진짜 실험이 아닌 가상의 실험에 고양이를 논한 것뿐이다. 왜 쥐도 아니고 개도 아닌 고양이인지는 모르겠지만, 어찌 되었건 이 명망 있는 물리학자의 아닌 밤중의 홍두깨 같은 고양이 실험은 이렇다.

상자 안에 고양이 한 마리를 넣고, 여기에 방사성 물질과 감지기를 설치한다. 그리고 독가스가 담긴 작은 밀폐 용기 위에는 망치를 설치했다. 한 시간이 흐르는 동안 만일 방사성 물질에서 입자가 방출되어 이것이 기계로 감지되면 망치가 밀폐 용기를 부수고 독가스가 방출되어 고

양자역학을 설명하는 슈뢰딩거의 고양이 독극물 실험

양이는 죽게 된다는 설정이다. 여기에서 방사성 물질이 방출될 확률은 50%이고 그 외의 고양이나 상자 등 다른 환경은 여기에 아무런 영향을 끼치지 못한다. 즉, 절반의 확률만 존재하는 거다. 이 실험 이후 고양이가 어찌되었는지의 결과는 상자를 열어보기 전까지는 모른다. 고양이는 이미 안에서 죽었거나 살아있거나 둘 중 하나다. 뉴턴적 물리학이나 양자역학이나 똑같이 '나'라는 관찰자가 뚜껑을 열어봐야 고양이의 상태가 확인되는데 그 과정의 해석은 전혀 다르다.

고양이는 두 개의 차원에 동시에 존재한다!

뉴턴적인 현실세계에서 고양이의 운명은 이미 정해져 있다. 우리는 그저 열어볼 뿐이다. 고양이는 관찰과 상관없이 운명적으로 이미 상자 속에서 살아있거나 죽어있거나 하나로 정해져 있다. 뉴턴의 세계에서는 상자 속 고양이나 상자를 여는 나나 모두 같은 공간, 같은 시간의 차원 하에 있다. 즉, 물질의 세계에 있는 거다. 이미 죽었거나 살았거나 우주의 법칙에 의해 결정지어진 운명을 확인하는 나는 관찰자일 뿐이다.

하지만 양자역학적인 세계에서 고양이는 내가 뚜껑을 열기 전까지는 살아있기도 하고 죽어있기도 한 상태가 공존하고 있다. 고양이는 운명과 상관없이 '죽었거나', '살았거나' 두 개의 차원에서 동시에 살고 있다.-얼마 전 평행 우주설을 다루었던 〈웰컴 투 라이프〉라는 드라마도 이런 내용을 다룬 것이다-설명하기는 복잡하지만, 이는 원자의 궤도를 돌고 있는 전자의 '확률성'에서 기인한다. 뚜껑을 열어 고양이의 상태를 확인하는 순간만이 현실이다. 운명이란 정해진 것이 아니고 그저 뚜껑을 연 현실만이 있을 뿐이다. 중첩된 두 개의 차원에서 살던 고양이는 상자의 뚜껑을 여는 동시에 삶과 죽음의 차원 중 하나로 현실이 되는 것이다.

슈뢰딩거의 고양이를 생각하며 나는 갑자기 어린 시절의 친구 연희가 생각났다. 초등학교 5학년 때 짝이었던 연희는 또래보다 성숙했고 항상 단정하게 갈래 머리를 땋고 조용히 앉아있었다. 그 친구가 왜 그렇게 내 마음을 끌었는지는 모르겠지만 어린 마음에 나랑은 너무 다른 세계에 속해 있다는 느낌 때문이었던 듯하다. 어딘가 비밀이나 우수에 젖은 듯한 성숙함이 있었지만, 이 시절의 나는 그저 즐거움에 깡총

거리던 철부지여서 그런 것은 감지할 능력이 없었다. 어른이 되어 생각해보니 연희는 5학년 2학기를 채 넘기지 못하고 전학을 갔다. 그 이후 지금까지 연희를 본 적이 한 번도 없다. 여기서 나는 생각한다. 연희는 과연 내가 사는 시공간 안에서 존재하는 것일까? 존재하지 않는 것일까? 그 친구에 관한 기억이라고는 수십 년도 지난 기억 속의 단편적인 이미지밖에는 없다. 인간 모두는 자신의 기억을 철석같이 믿고 있다. 그런데 조금만 떨어져 생각해보면 이건 우리가 사는 세계인 3차원적인 현존이 아니라 웹상에 떠도는 이미지처럼 다른 차원의 홀로그램에 불과하다. 내 기억 속의 연희는 나와 같은 차원에 존재하는 것일까, 아니면 존재하지 않는 것일까?

그러다 어느 날 초등학교 동창을 길에서 만나 연희의 소식을 듣는다 치자. 각 50%의 두 가지 가능성은 연희가 이 세상에 있느냐 없느냐이다. 그 친구를 통해 연희가 이러이러하게 살고 있다고 들으면 연희는 삶의 차원 속에 있는 것이고, 이러이러해서 이미 이 세상 사람이 아니라면 연희는 죽음의 차원으로 가버린 것이다. 연희가 '나'라는 관찰자의 현실로 들어오기 전까지 나는 그녀가 살았는지 죽었는지 모르므로, 삶과 죽음이라는 두 개의 차원 속에 있는 것이다. 슈뢰딩거의 고양이가 물리학적 이론으로는 여전히 어렵지만, 인문학적으로 이해되는 순간이다.

이는 죽음이라는 실존적 문제까지 생각하게 한다. 나는 언제까지나 보호해줄 것 같던 아버지가 돌아가셨을 때 죽음이라는 현실을 처음으로 진지하게 마주하게 되었다. 바로 얼마 전까지만 해도 아버지가 이 세상에 존재하지 않는다는 사실은 충격 그 자체였다. 아버지는 완전히 물질의 힘을 잃고 홀연히 사라져, 내 기억에 저장된 이미지로만 남았다. 나는 놀랐다. 그럼 아버지는 정말 존재했던 것일까? 그가 있었다는 가족과 친지의 기억뿐, 실재했다는 그 아무것도 남은 것이 없었다. 사진이나 유품도 별 의미가 없었고, 여러 명이 공유한 기억이 있다고 해서 아버지가 손에 잡히는 것도 아니었다. 물질로 존재하지 않으니까.

카드를 뽑는 순간, 무한한 우주가 내게 온다

뉴턴이 생각했던 우주는 눈에 보이는 단 하나였지만, 이제 우리는 이를 의심하기 시작했다. 우주는 하나가 아니라 슈뢰딩거의 고양이가 삶과 죽음의 차원에 동시에 있었듯이 평행일 수도 있다. 아니면 평행을 넘어 수많은 확률의 상태별로 무궁무진한 우주가 동시에 존재하는지도 모른다. 그도 아니면, 우주 자체가 아무 존재도 없는 무無의 상태인데 그저 전자의 움직임으로 홀로그램처럼 물질의 이미지와 감각이 떠도는 건지도 모르겠다. 게다가 이런 이론을 물리학자들이 제시했다는 데에 더욱 당혹감을 느낀다. 20세기 후반, 물리학자 휴 에버렛 3세Hugh Everett III와 브라이스 드위트Bryce Dewitt, 안드레이 린데Andrei Dmitriyevich Linde 등은 우리가 철석같이 믿고 발을 딛고 있는 우주가 수많은 우주 중 하나에 불과하다는 주장을 했다.

모든 것이 뚜껑 열기 전까지는 확률로만 존재한다면, 우리 각각이 삶을 살며 선택할 수 있었던 그 가능성만큼의 우주가 존재하고, 선택하는 순간마다 새로운 세계가 분리되어 탄생한다는 이론이다. 동양인에게는 친숙한 불교적인 향취를 느낄 수 있다.

타로에는 어떤 힘이 작용하는 것일까? 내 정신 영역에서부터 전해진 파동이 분명 카드를 선택하게 했을 것이다. 초현실적인 측면이 아닌, 이성과 과학적인 견지에서 납득하고 싶은 생각이 들었다. 타로 한 장을 선택하기 전까지의 세계는 과거 속에 갇혀있는 즉, 수많을 가능성이 중첩된 다차원의 세계다. 그러다 카드를 뽑아 여는 순간 가능성으로 열려있던 미래가 3차원의 현실로 들어오고, 내가 존재할 우주를 선택하는 것이다. 현재는 정해져 있지만, 미래란 아직 물질화되지 않은 무한히 가능한 우주 중 하나를 선택하는 것이다. 그것도 매번. 이 얼마나 신비로운 경험인가!

위치를 알아야 방향이 보인다

────── 고대부터 하늘의 별을 보고 미래를 예측하던 점성술은 천문학과 한몸이었다. 프톨레마이오스도, 코페르니쿠스도, 뉴턴이나 케플러도, 당대의 유명한 점성술사였다. 그러던 것이 18세기 과학혁명의 시기를 지나며 공식으로 정리가 되는 부분은 천문학으로, 나머지 애매모호한 철학적인 이야기들은 점성술이라는 칙칙한 구석방으로 일단 집어넣었다. 이후 수학적인 영감을 주는 디자인은 다시 골라서 현대과학이라는 브랜드를 달아 신상으로 포장해 출시했다. 이 세상에 완전히 새로운 것은 없다는 진리가 생각난다. 모든 것은 인간 무의식의 깊은 원형 안에 내재하고 있던 것들이다.

살아있는 감각의 시대

도시 문명이 발달하기 전까지 인간은 여전히 자연과 깊은 유대관계를 지니고 있었다. 투명한 하늘에서 떨어질 듯이 빛나는 태양과 달과 별, 그리고 포근한 흙과 풀이 그대로 느껴지는 대지에 대한 감수성은 현대인과는 전혀 다른 감각이었을 것이다. 세계관도 현대인과는 너무 달라 어머니의 품과 같은 대지의 생명력과 우주적인 기운을 매시간 느끼며 그에 인도되어 살아갔을 것이다.

인간은 신석기 시대 이후로 '소유'의 감각을 키워왔지만, 현대와 같은 물질적 풍요를 누린 것은 불과 몇백 년 되지 않는다. 인간이 전기와 철, 유리 그리고 미생물을 제어하기 시작한 것은 19세기 산업혁명 이후

#프톨레마이오스 #코페르니쿠스 #케플러 #피라미드
#스핑크스 #벡터값 #GPS #생텍쥐페리 #인간의 대지
#어센턴트 #아스트로타롤로지

다. 현대과학이란 그 역사가 200년도 채 안 된다는 의미. 온 지구가 전
자파로 감싸지기 전, 인간은 훨씬 정신적인 삶을 영위했을지도 모른다.
이는 누가 더 똑똑했는가의 문제가 아니다. 의식구조가 달랐다는 말이
다. 어쩌면 더 머나먼 문명 이전의 인류는 텔레파시처럼 현대인이 모르
는 뇌의 퇴화한 부분을 쓰면서 살았을 수도 있다. 동물이 자연의 현상
을 감각적으로 미리 감지하듯이 별의 에너지를 감지하고 이를 좌표 삼
아 인생이라는 망망대해를 항해했을 것이다. 그 흔적으로 남아있는 것
들이 점성술과 타로 등이 아닐까 생각해본다.

　우리에게 그나마 친숙한-'친숙하다'는 것은 연구가 많이 되어 역
사책에 등장한다는 말이다-고대 문명인 이집트도 예외는 아니었다. 이
집트인의 별에 대한 사랑은 상상 이상이었다. 하늘의 모든 것은 땅에
그림자처럼 반영되어 있다 생각한 그들은 신성한 별자리를 완벽한 각
도로 재현하려 노력했다. 남아있는 기자의 피라미드만 보아도 이들의
노력과 기술력에 경외심이 든다. 세 개의 대피라미드는 정확히 오리온
별자리의 위치에, 스핑크스는 동쪽 시리우스를 바라보는 위치에 건축
했다. 자연과 인간에 의해 대부분의 고대문명이 파괴되고 묻혀버린 현
대에 이르러, 이집트는 고대부터 흐르는 원형적 상징을 보여주는 가장
오래된 문명이다.

　유럽은 이집트의 신비를 토양으로 자라난 문명이다. 기독교의 전

례에서 사제가 "하늘에서와 같이 땅에서도 이루어지소서"라고 반복하는 것도 고대로부터의 상징에 해당한다. 루브르 박물관의 유리 피라미드가 이집트의 대피라미드와 똑같은 위치와 구조를 갖는 것도 우연이 아니다. 동양철학에서도 예외가 아니다. 주역도 결국은 하늘의 그림을 땅에서 파악하고자 하는 좌표의 해석이다.

네 안에 살해된 어린 모차르트가 있다

이제 현대의 인간은 별이나 자연의 변화로 대지의 생명력과 우주의 기운을 읽는 대신, 인공위성을 통해 자연의 변화를 읽을 수 있게 되었다. 이번 주 기온은 어느 정도 될지, 비가 올지, 눈이 올지 등등 내가 사는 위치에 자연이 어떻게 변할지 그 벡터값●을 예상할 수 있다. 스마트폰이나 컴퓨터만 있으면 어디에 있든 GPS^{Global Positioning System}(전 지구 위치 파악 시스템)를 이용해 자신이나 타인의 위치를 파악할 수 있게 되었다. 삼각 측량의 원리를 이용하여 알고 싶은 점을 사이에 두고 두 개의 인공위성이 만드는 두 변의 길이를 측정함으로써 수신기까지의 위치를 파악하는 것이다. 전파 즉, 파동을 통해 좌표의 벡터를 파악한다.

불과 몇백 년 전만 해도 밤하늘의 별자리가 바다를 항해하는 배들

● 위치를 넣은 수적 계산 값

의 실질적인 GPS였다. 밤하늘에 유독 하얗게 빛나는 북극성이나, 남십자성, 오리온, 페가수스, 시리우스…, 동방박사도 이 GPS를 보며 아기 예수가 태어나신 베들레헴까지 도달했다 전한다. 오디세이나 디오니소스가 항해했던 신화 속 이야기부터 15세기에 나침반이 발명되기 전까지의 모든 항해는 별자리와 주변의 지형지물을 GPS 삼아 이루어졌다. 그래서 하늘의 별을 보고 그 길을 유추하는 점성술은 고대부터 지금까지 우주의 사이클 안에 함께 돌고 있는 인간과 별이 서로 본질적인 에너지를 주고받는 것을 상징한다. 동양에서는 이를 기를 주고받는 것으로 표현했다.

인간이 존엄한 이유는 개개의 인간 안에 무한한 우주의 잠재력이 내재하기 때문이다. 인간은 우주와 연결된 무의식으로부터 모든 잠재력을 씨앗으로 지니고 태어난다. 하지만 물질에 얽매인 삶은 인간의 위대함을 엉뚱한 곳으로 가져가 버린다. 〈어린왕자〉로 친숙한 프랑스 작가 생텍쥐페리는 〈인간의 대지〉라는 작품에서, '네 안에 살해된 어린 모차르트가 있다'고 썼다. 기술이 발달하지 못했던 20세기 중반에 대륙 간 우편물을 나르는 비행기 조종사였던 그에게 매 순간의 비행이 죽음과의 싸움이었을 것이다. 기상 예보도 없던 시대에 구름과 모래바람이 이는 하늘로 날아오르며 그는 무슨 생각을 했을까? 물질에의 집착으로 엮인 지상의 미시적인 세계를 떠나, 사막과 별과 바람과 대지만 있는 거시적인 세계를 관조하며 깊은 성찰에 이른다. 그래서 그는 목숨을 건 비행에 나서며 설레지 않은 적이 한 번도 없었다고 한다. 자연이라는 인생의 친구를 만나러 출격하는 것이다. 그리고 지상의 의식주에 묶인 소시민적 삶은 대부분 인간의 위대함을 싹조차 틔우지 못하게 한다는 것을 깨닫는다. 현실에 눌려 미처 싹도 못 틔우고 삶을 살아가는 인간의 잠재성을 '살해당한 수많은 천재, 어린 모차르트'라 표현한 것이다.

인간은 무한한 영적 에너지를 가지고 태어나지만 실현되느냐는 또 다른 차원이다. 게다가 모든 인간이 이런 잠재력을 의식하거나 슬픔을 깨달으며 사는 것도 아니다. 대부분의 인간은 그저 주어진 대로의 물질적인 현실에 의지하며 삶의 무게를 버티고 있을 뿐인 거다.

개인마다 무한한 잠재력을 포함한 소우주라는 것은, 거시적인 감각을 가질 때만 이해할 수 있다. 지구는 천체와 끊임없이 인력을 주고받고 있으니, 내가 태어난 순간 만난 별자리는 내게 가장 강력한 파장을 불어넣었을 것이다. 실제 두 눈으로 확인한 바 없던 시절에도 지구가 둥글다는 사실을 과학이라는 전제하에 철석같이 믿었는데, 태어나는 순간 천체의 에너지가 개인의 일생에 영향을 미친다는 생각이 비과학적이라고 반박할 이유는 어디에도 없다. 인간은 우주의 일원이고, 이 닫힌 물질계 안의 에너지 시스템 아래 살아간다. 인간의 삶이 별과 별 사이에 빽빽하게 얽혀있는 중력과 에너지의 영향을 받는다는 사실은 과학적으로 '참'이다.

영혼의 GPS, 타로와 별자리

인간은 누구나 태어난 날의 별자리가 있다. 이 가운데 가장 중요한 것은 태양이 지나는 황도대 정중앙에 들어와 있는 별자리이고, 두 번째 는 인간의 내면에 영향을 주는 동쪽 하늘의 별자리로 어센던트^{Ascendant} ● 라 한다. 태어난 시간에 달은 어떤 모양이었는지, 각 방향에 어떤 별자 리들이 있었는지 등은 우주에서 나의 정체성으로, 나의 내적 또는 외적 인격이 표현되고 발전해가는 인생의 실현과 연관되어 있다.

그럼 이 확실한 좌표에서 태어난 나는 그 자리에 고정되어 있는 것 일까. 아인슈타인 이후 이제는 공간이 아닌 시공간에서의 좌표에 관해 이야기한다. 왜냐하면 인간은 공간뿐 아니라 여기에 시간이 더해진 '현 재'라는 점에 좌표를 가지고 계속 움직이기 때문이다. 놀랍게도 인간은 태어난 시점부터 시공간의 좌표가 작동하며 시간과 공간, 물리적 부분 과 영적인 부분이 결합하여 있는 존재다. 시간과 공간 안에서 나는 끊 임없이 물처럼 움직인다. 어디로 흘러가는지도 알 수 없이 내 본성이

● 탄생 시나 별점을 치는 시기에 동쪽 지평선에 걸리는 별자리

부표를 찾지 못해 여행하고 있다. 내가 어디쯤 와있으며 어디로 갈 것인가를 어떻게 알 수 있을까? 인생의 여정은 수학에서 이야기하는 벡터 Vector값이다. 인간은 물과 같아 하나의 위치에 붙박여 있는 것이 아니라 물질계이건 영혼계이건 끊임없이 변화하고 움직이므로, 그 움직임까지 계산한 모든 것이 총 연관되어 만들어진 총체, 그 벡터라는 의미다.

동일한 파동의 영역에서 살고 있는데 우리는 왜 물리적인 GPS만이 가능하다고 생각하는가? 영혼에도 GPS가 적용되지 않겠는가? 이것이 바로 타로를 보는 이유이다. 내 영혼의 GPS를 가동하는 거다.

타로는 내가 지니고 태어난 별자리와 현재의 나 사이에 벡터값을 준다고 표현할 수 있다. 즉, 3차원에서 최단 거리로 내가 움직이는 선과 운명의 실타래가 엉켜있는 현재 상황을 알려준다. 그러므로 점성술과 타로는 서로 보완의 관계로, 별자리가 출생의 순간 개인이 받은 운명에 관한 통찰력을 준다면, 타로는 현재에 처한 삶의 논점을 이야기한다.

별자리는 내가 태어난 생년월일의 좌표계로 부모로부터 받은 물리적 · 심리학적인 DNA의 존재론적인 코어(중심부)를 규정한다. 그러므로 이는 인간이 성장하며 주변 환경과의 교감이나 교육을 통한 경험과 판단력으로 살아가는 방식을 규정한다. 하지만 인간의 의식은 육체처럼 3차원의 정치, 경제, 사회 등의 물질적 시공간에만 머무는 것이 아니고, 끊임없이 무의식의 세계와 교감하고 있다. 바로 이런 총체적인 움직임이 어디쯤 와있는지를 보는 것이 타로다. 그래서 별자리와 타로의 조합인 아스트로타롤로지Astrotarologie는 각각의 기능보다 훨씬 강력하다. 뽑힌 카드는 현재 내가 있는 위치의 좌표를 나타내며, 내가 가진 에너지 준위를 나타낸다. 그 아무도 아직 이 세상을 구성하는 원자 속의 전자가 한순간 어떤 에너지 준위에 있는지를 확실히 알 수 없다. 모든 것은 확률이다. 그러므로 지혜로운 인간은 자신의 좌표를 읽으며 이 확률의 세계를 더듬어 한 단계씩 발전한다. 인간은 지구의 중력권에서 살며, 그 안에서 수많은 관계에 뒤얽혀 있다. 우리가 태어난 별자리를 마음대로 바꿀 수는 없지만, 현재의 위치를 정확히 안다면 옳은 길로 갈 수 있다.

태어난 별자리와 타로를 읽는 자, 그리고 자신을 알고 싶어 타로를 뽑는 자, 이곳에 삼각 측량된 현재 위치가 있다. 자신이 있는 위치를 알면 가야 하거나 또는 가지 말아야 할 방향이 보인다. 물론 이는 물리적인 위치 추적 장치처럼 시각과 청각으로 인식되는 명료한 세계는 아니다. 하지만 무의식 속에서 어렴풋하게 떠돌던 우리의 좌표가 순간적으로 물질의 옷을 입고 의식 속으로 떠오르면 안도감을 느끼는 거다. 내가 어디에 있는지 확인할 수 있기 때문이다.

인생의 사각지대에서,
타로의 지혜를 만나다

TAROT SQUARE

타로를 읽는다는 것,
미래를 본다는 것

당신은 누구입니까

─────── 대학 시절 여동생과 함께, 한 스님께서 주관하던 '깨달음'이라는 금강경 강좌 모임에 나간 적이 있었다. 삼대째 가톨릭 집안에서 자랐지만 종교와 무관하게 한국인의 철학적 뿌리는 불교라는 생각도 있었고, 불문학도로서 지적인 허영심이 가득했던 시절이기도 했다. 강좌를 맡은 스님께서 사람들에게 돌아가며 물으셨다. "당신은 누구입니까?"라고. 나는 당연히 내 소개를 했다. 다른 사람들도 마찬가지였다. 이름은 아무개이고, 어느 학교를 다니며, 전공은 뭐라는 등 간단한 설명을 드렸다. 그러니 스님께서는 또, "당신은 누구입니까?"라고 물으시는 거였다. 그래서 이번에는 부모님과 형제들 이야기를 하였다. 아버지 고향은 어디고, 무슨 일을 하시고, 형제자매는 몇이고, 성격은 어떻고…, 이번에는 내가 누구인지 스님께 충분히 납득시켰다 믿었는데, 스님은 계속 "당신은 누구입니까?"라고 물으시는 거였다. 순간 멍해지며, 더 이상 나에 관해 할 말이 없어졌다. 나를 둘러싼 환경과 사회적으로 하는 일 등을 다 덜어내고 나니, 진짜 나에 관해 아는 것이 하나도 없는 것이었다. 그때 느낌을 지금도 생생히 기억한다. 그리고 이 질문은 내 일생을 따라다니는 화두가 되었다.

인간의 삶이란 '나'는 누구인가에 대한 화두를 푸는 과정이다. 이를 자신의 내면에서 찾든 외부의 수많은 관계 속에서 찾든, 쫓는 것은 언제나 '나'이다. 그런데 아무리 쫓아도 답은 얻어지질 않는다. 나라고 믿고 있는 그 모든 지위나 명예, 물질은 환상이기 때문이다. 그렇게 되고 싶었던 또는 갖고 싶었던 것을 소유하고 정점에 오르지만, 거기에 정작 '다 이루고 꽃길만 걷는 나'는 없다. 만족을 모르는 세속적인 욕망은 또 다시 고개를 들고 길을 가라 재촉한다. 세상이 '어딘가로부터 오는 진리의 빛이 왜곡된 환영'이라던 플라톤의 말을 이제는 이해할 수 있을 것 같다. 그 진리의 빛을 찾아 과학도 철학도 신학도 발전해 왔다. 지적 생명체가 된 인류 문명의 원동력이자 고뇌인 거다.

현대문명이 주는 안락함과 소비는 달콤하지만, 선악과를 먹고 영생의 행복과 바꾼 이성은 생각보다 허약하고 의구심 투성이다. 예를 들어, 동물은 죽음을 두려워하지 않는다. 그 이유는 시공간 안의 생명이라는 한계성을 의식하지 않고 대자연 안에서 삶에만 충실하기 때문이다. 죽음을 두려워하는 것은 인간뿐이다. 그래서일까? 인간에게 종교가 존재하지 않은 시대는 없었다. 모든 죄를 누군가에게 양도하고 면죄부를 받았건 말건, 인간은 영적인 속성과 물질적 속성 사이에서 고뇌하며 방랑할 수밖에 없는 숙명을 지녔다.

여기에서 우리는 22개의 타로 메이저 아르칸 중 유일하게 숫자가 없이 방랑하는 카드, 광대Le Fou의 의미를 깨닫게 된다. 방랑자는 우스꽝스러운 모습을 하고 사이클의 바깥에 있다. 숫자를 지니지 않아 조커처럼 게임 중 어디에나 낄 수 있지만, 그게 끝이 아니다. 게임은 계속된다. 우리는 또 길을 떠나야 한다.

어머니로부터 생명을 받을 때 인간은 물질의 때가 묻지 않은 영적인 존재로 태어난다. 식물의 씨앗 안에는 나무와 숲을 이룰 모든 인자가 들어있듯이, 수정란 안에는 인간을 이룰 모든 DNA가 들어있다. 자연의 순환법칙에 따라 우주의 씨앗으로부터 온 아기는 그 안에 인간이 될 모든 인자 뿐 아니라 대자연과 하나가 되는 영적인 능력까지 모두 지니고 온 것이다. 하지만 시공간이라는 물질의 벽 속에 갇히는 순간 이 무한한 잠재성은 깊은 무의식의 세계로 서서히 가라앉아 버린다. 사회에 적응하며 자아가 강해질수록 더 깊이, 이는 마치 동물이 야생성을 잃어버리는 것과도 같다. 생텍쥐페리가 〈인간의 대지^{Terre des Hommes}〉에서 말했듯이 인간은 누구나 자신 속에 모차르트가 될 천재성의 씨앗을 품고 태어난다. 그 천재성이 사회에 의해 살해당했을 뿐이다. 학교, 종교, 군대, 회사 등 국가와 사회가 원하는 충직한 인간이 되는 과정은 창의력을 버리고 '모두'와 비슷하게 되어가는 과정이다. 아기 모차르트가 무의식의 심연으로부터 끌어올릴 수도 있었던 그 황홀한 심포니의 음은 잊고, 기억상실증에 걸린 것이다.

타로는 기록되지 않은 인간의 신비적 역사의 일부분으로, 깊은 곳에 숨겨진 무의식의 에너지를 끌어올리는 도구다. 우리 안에 잠자고 있던 어린 모차르트를 깨우는 작업이다. 우주적인 오케스트라인 시공간 안의 물질은 모두 밀접하게 연관되어 서로 영향을 주며 교향곡을 연주하고 있다. 인간과 인간 사이, 인간과 물질 사이, 과거와 현재, 미래 사이에서 서로 영향을 주며 인생이라는 교향곡을 연주한다. 생생하게 그 음을 들을 수 있다면 우리는 인생을 변화시킬 수 있을지도 모른다. 그러니 내가 지금 뽑은 카드는 이 모든 인과 관계에 영향을 주는 힘을 반사하는 거울이라고 믿는 데서부터 출발하자.

타로는 그 자체로 완성된 예술품처럼 고대로부터의 비전을 담고 있고, 아직도 그 모든 비밀을 풀지 못했다. 또한 역사 속에 이어져 오며 수많은 사람이 이를 통해 미래를 예견하고 생각하고 해석해온 도구이므로, 상징 자체에 기가 축적되어 있다고도 볼 수 있다. 그렇다고 타로를 너무 신성시할 필요도, 미신이라고 무시할 필요도 없다. 카드 자체가 무슨 기운을 가진 것이 아니라 이를 통해 내 안에 잠자고 있던 영적 에너지를 거울에 비추는 것뿐이다. 거울 자체가 신성한 것이 아니라 거기에 비춘 이미지가 신성한 것이다.

하지만 타로는 음악이나 미술처럼 그저 감각으로 느끼는 것이지 글로 쓰인 책이 아니므로 이성의 한도 내에서 너무 정확한 대답을 얻으려 하지 않는 것이 좋다. 이 점이 마르세유 타로의 흥미로운 점이다. 타로는 생각하고, 상상하고, 우리 자신을 돌아보게 할 뿐이다. 문화와 종교, 정치 모든 것을 넘어 세상을 보는 균형감과 톨레랑스^{Tolérance}(관대함)가 있다면 잠시나마 물질적 껍데기를 벗고, 아름다운 나비가 되어 날 수 있을지도 모른다.

물론 인간은 물질 없이, 소유 없이 행복할 수 없다. 포탄이 날아다니는 시리아의 전쟁터나 아프리카의 배고픔 안에서 영적인 것을 추구하기는 어렵다. 이들에게는 껍데기고 나비를 떠나, 지금 먹을 빵 한 조각이 중요하다. 하지만 이들에게도 '위로'는 필요하다. 세상만사가 각론으로 들어가면 다 물질에 귀속되지만, 누군가는 문명이라는 거시적인 시점에서 삶을 보도록 하는 일도 중요하다. 온갖 플라스틱과 음식물 쓰레기로 가득 찬 현대에 그 아무도 '이만하면 됐어'라고 생각하는 사람은 없다. 여전히 더 높은 곳, 더 커다란 보상을 쫓으며 살아간다. 돌아가는 쳇바퀴 안에서 나 역시 멈출 수 없다. 하지만 그 안에서도 순수했던 영혼과의 끈을 놓지 말아야 한다. 특히 아름다운 어린 아이돌이나 인생에 실망한 청춘들이 이런 세상의 원리와 접할 기회 없이 삶을 버린 소식을 들을 때마다 심장이 아프다.

삶이 그대를 속일지라도 슬퍼하거나 노여워하지 말라. 슬픔의 날 참고 견디면 기쁨의 날이 오리니. 마음은 미래에 살고 현재는 언제나 슬픈 것. 모든 것은 순간에 지나가고 지나간 것은 다시 그리워진다. 마음은 미래에 살고 현재는 슬픈 것. 모든 것은 순간으로, 지나가는 것이니, 지나간 것은 그리움이 되리라.

-알렉상드로 푸시킨(Aleksandr Pushkin) 〈삶이 그대를 속일지라도〉

타로가 우리에게 줄 수 있는 위로는 이런 것이다. 현재는 순간이고, 인생은 끝까지 살아봐야 안다고 위로한다. 그래서 현재의 슬픔도 고통도 온전히 자신의 것으로 하는 연습이 필요하다고 말한다. 허공에 공허하게 울리는 메아리가 아니다. 더 단단하게 되기 위해서는 밖으로만 나갈 것이 아니라 자신 속으로 들어가 스스로를 보려 노력해야 물질의 숲에서 길을 잃지 않는다.

세상은 보이는 것보다 더 많은 것으로 이루어져 있다. 문화건 역사건 아는 만큼 보인다. 타로의 세계도 그렇다, 아는 만큼 보인다. 마르세유 타로에는 어느 하나도 그냥 그려진 것이 없다. 인물의 시선, 의상, 자세, 머리, 모자, 이름까지 모든 것에 의미가 있다. 게다가 역사가 긴 만큼 여러 버전이 있어 공부하는 재미도 있다.

르네상스 시대의 버전은 온전한 세트로 전해지지 않고, 그 이후 17세기에 장 노블레Jean Noblet, 18세기에 장 도달Jean Dodal, 니콜라 콩베르Nicola Convert 등의 타로 장인들이 마르세유 타로를 복원하였다. 하지만 이 시대는 잉크나 인쇄술이 발달하지 않아 보존 상태나 색채가 좋지 못하기 때문에 현대에 폴 마르토Paul Marteau, 쟝-클로드 플로르노이Jean-Claude Flornoy,

크리스 아다르^{Kris Hadar}, 벤도프^{Ben'Dov}, 조도로스키^{Jodorowsky} 등의 전문가들이 색을 복원하여 자신의 버전을 내놓았다. 디테일이나 색이 조금씩 다르지만, 대부분의 큰 그림은 동일하므로 이 중 어떤 것을 선택하라고 할 수는 없다. 자신과 가장 맞는 버전이 진리다.

22개의 아르칸, 22개의 비법

하나하나의 카드를 프랑스어로는 아르칸^{Arcane}이라 하는데 이는 중세 연금술사들이 귀중한 금속이나 불로장생의 약을 만들던 '비법'이라는 의미다. 이는 각 그림이 뜻하는 비밀스러운 상징이 모여 하나의 결과를 조제해낸다는 의미로 볼 수 있다. 동양과는 역사나 기질이 다른 서양 문화권에서 전해온 정교한 그림이다 보니 중세나 르네상스 회화처럼, 도상학, 신화, 역사적 배경 등 상호 관계를 통해 전체를 보아야 조금이나마 그 의미에 다가갈 수 있다. 그래서 타로의 상징체계를 단기간에 이해하기는 어렵다. 게다가 이교도적이면서도 그 시대의 주류인 기독교적인 가면을 쓰고 있어 더 불확실하다. 지구에 존재하는 모든 신비적인 사상이 언제부터 시작되었는지 아무도 모르듯, 타로도 역사의 깊이를 가늠하기 어렵다. 어떤 학자는 타로가 인간 문명의 여명기부터 이어져 내려온 다양한 지식의 상징을 포함하고 있다 하고, 또 어떤 학자는 그저 단순한 놀이에 불과했던 타로가 18세기쯤 되며 신비주의 사상과 결합한 것이라고도 한다. 타로 뿐 아니라 고대의 단편적인 역사나 신화에는 "그렇다더라…"는 외에는 그 누구도 확실한 증거를 댈 수가 없다. 공룡을 본 적이 없으니 그저 있었다고 믿는 외에는 방법이 없는 거다. 그러니 각자 자신이 보는 관점만 있을 뿐이다.

타로에 예지적 능력이 있건 없건 그건 중요하지 않다. 주역이나 성경도 물리적인 책 자체가 아니라 그 내용에 의미가 있다. 이를 매개체로 삶에 깨달음을 얻을수록 세상의 이치가 보인다는 사실만이 진리다. 예술이나 학문, 스포츠 모두 마찬가지다. 시작 단계에는 배우려는 초심에 열정으로 밤을 새우고, 조금 알게 되면 모든 것을 아는 양 자만에 찬 시기를 보낸다. 하지만 한 분야에서 10년 정도 지나면, 조심스러워지며 말을 아끼게 된다. 내가 아는 것이 고작 장님 코끼리 만지기라는 것을 깨달으며 겁이 나는 것이다. 그러다 20년쯤 지나 한 분야에서 정점을 찍으면 그 일을 통해 인생을 터득하는 희열을 느낀다. 하지만 그 절정 이후의 더 깊은 심연의 진리는 부처나, 예수, 무함마드 같은 스승들 이외에는 그 누구도 가본 적이 없는 어려운 길이다. 우리가 거기까지 가기에는 이미 물질의 힘에 밀려 너무 멀리 왔다.

너무 높은 곳에 수준을 두지 않더라도, 지구상의 그 어떤 일이건 한 분야를 열심히 파다 보면 일종의 깨달음이 오고, 어느 날 신기하게도 단번에 모든 것이 명료해지며 풀리는 순간이 있다. 여기에서 시간이 더 가면 그 안에서 자신만의 방식을 찾게 된다. 진정한 원리일수록 장황하지 않고 단순한 깨달음인 경우가 많다. 이는 육체의 움직임도 마찬가지다. 스키나 댄스, 스케이트, 자전거 등 모든 스포츠도 처음에는 넘어지고 뒹굴며 의욕 상실의 시간을 보내지만, 오랜 시간 피나는 노력을 하다 보면 어느 날 '그분'이 오셔서 몸을 마음대로 컨트롤하게 되는 것과 같다. 마치 프랑스어의 데자뷔Déjà-vu 같은 신비로운 순간이다. 원래부터 알고 있던 내면의 깊은 무의식 세계와 조우한 것이랄까. 피타고라스나 다빈치, 석가도 그 높이의 차이는 있지만 모두 이렇게 깨달으며 더 높은 경지로 올라갔을 것이다.

타로라는 단어는 철자를 바꾸면 ROTA가 되는데, 이는 바퀴^{Roue}를 의미한다. 바퀴는 동그란 원이며 처음과 끝이 없이 돌고 또 돈다. 즉 우주와 자연, 그리고 생명의 무한한 순환의 이미지다. 아르칸에는 인간 모두에게 공통적인 집단 무의식으로부터 표출되는 메시지가 상징을 통해 도상화 되어있다. 처음 만든 사람들이 부여한 정확한 의미는 알 수 없지만, 상징은 무의식을 통해 인류 전체에 연결되어 있다. 그래서 타로는 이성적인 분석보다는 직관적인 감성이 앞서는 영역이다. 직관이란 엄격하게 물리적으로 정량화된 규칙이 아니다. 그래서 단기간 교육으로 얻은 정보로 남의 인생에 왈가불가하는 것은 매우 위험하다. 게다가 타로는 점이나 예언과도 다르다. 인생의 날실과 씨실을 촘촘하게 해설하는 주역과도 다르다. 오히려 그 촘촘한 운명을 긍정적 진동으로 변화시키는 것에 더 큰 중점을 두고 있다. 세계는 고정된 틀이 아닌 진동하는 음계로 이루어져 환상적인 하모니를 이루는 교향곡이기 때문이다.

신기하게도 뽑힌 카드들은 물리법칙처럼 극성極性이 있어서 끌어당기거나 밀어내며 서로 보완한다. +전하와 −전하, 여성과 남성처럼 서로 반대되는 것끼리 끌어당기고, 같은 것끼리는 밀어내는 것이다. 마치 스포츠 경기나 토론에서 대진표에 들어간 상대에 따라 텐션^{Tension}이 달라져 그날의 승패가 갈리는 것과도 같다. 또 세상에는 완전한 참도 거짓도 없듯이 모든 카드는 긍정적인 면과 부정적인 면을 동시에 가져, 뽑힌 위치나 주변에 함께 뽑힌 카드를 통해 긍정이나 부정적 해석을 할 수 있다는 말이다.

타로는 거시적이고도 미시적인 소우주

우선, 마르세유 타로의 상징을 이해하려면 순서에 대한 개념과 숫자, 그 안에 들어있는 다양한 스토리를 알아야 한다. 그래야 그림이 눈에 들어온다. 타로는 구상화라기보다는 추상화이기 때문이다. 예를 들어, 피카소의 그림을 아무리 들여다보아도 작가의 시대적 배경이나 표현 방식을 이해하지 못하면 낙서와 다름없다. 반면 피카소의 삶 자체에 모든 그림을 대비하는 것처럼, 너무 이성의 틀에 갇혀 글자 그대로만 외우는 것도 아무 의미가 없다. 무지는 죄지만, 너무 아는 것도 병이 될 수 있기 때문이다. 타로의 전체적인 테두리를 알아가다 보면, 카드를 여러 장 뽑았을 때 그것이 의미하는 바를 직관적으로 이해할 수 있는 시기가 온다.

타로는 22개의 메이저 아르칸과 56개의 마이너 아르칸이 어우러져 총 78장으로 구성되어 있다. 메이저 카드는 인간의 삶이나 우주적인 현상의 다양한 면을 상상할 수 있는 그림들로 이루어져 있고, 마이너 카드는 이 물질세계를 이루는 물, 불, 공기, 흙의 4원소를 상징하고 있다. 타로 78장은 자체가 거시적이고도 미시적인 하나의 소우주를 이루고 있는 것이다.

메이저 아르칸으로 인생을 점치고, 마이너 아르칸은 게임용으로 사용되어 트럼프의 기원이 되었다. 하지만 정교하게 삶을 들여다보기 위해서는 78장을 모두 사용하기도 한다. 메이저 아르칸은 강력한 상징 체계를 지녀 물 흐르듯이 해석이 가능하지만, 마이너 아르칸은 의미를 포착하기 어려워 메이저 아르칸의 보조적인 해석으로 많이 사용한다. 마이너 아르칸이 좀 더 세세하고 일상적인 사건을 포착할 수 있다 보니 확실한 분야의 질문이 있을 때는 4개의 카테고리 중 하나만 선택하여 메이저 아르칸에 섞어서 쓰기도 한다.

위아래가 거꾸로 나온 카드는 일반적으로 그 카드의 부정적인 면이 부각된다. 카드를 뽑은 사람의 과거, 현재, 미래 시점의 어떤 일에 어려움이 있는 것으로 해석된다. 타로를 두 쌍 가지고 한 벌은 거꾸로 섞어 쓰기도 하지만, 많은 대가는 이 방법을 함부로 사용하지 말 것을 권한다. 카드 자체의 의미가 있는데, 고의로 거꾸로 읽는 것은 에너지를 거역한다고 생각하기 때문이다. 그래서 일부러 두 벌의 타로를 섞기보다는 무심결에 거꾸로 나올 경우만 해석하는 것이 옳은 방법이라고 본다.

타로의 색은 중요한 상징적 의미가 있는데, 타로 안에 존재하는 색은 7개다. 7은 신성한 숫자이고, 또 빛의 색이기도 하다. 그런데 마르세유 타로는 그 역사가 한없이 길다 보니 큰 줄기는 같아도 인쇄된 시대별, 출판사별, 또 20세기 들어 복원한 전문가별로 조금씩 차이가 있다. 혼동이 올 수도 있지만, 이를 넘어 그게 타로라 인정하고 나면, 풍부한 상상력과 직관을 쓸 수 있는 즐거움도 있다. 이는 마치 와인과 같다. 세상에는 수많은 와인이 있고, 각각의 와인은 만들어진 지역이나 생산자에 따라 품종과 맛, 향, 질감 모두 다르다. 하지만 그 제조 원리는 같으며, 모든 사람의 입맛은 다르지만 최고의 명품 와인에 대한 기준은 그 차이를 불구하고 공통된 원리가 있다. 타로 고유의 의미 외에 시리즈별로 존재하는 차이를 찾는 즐거움도 있다

메이저 아르칸 Major Arcane

Major/Mageur 스포츠에서 메이저 리그가 있듯이, 타로의 메이저 아르칸 역시 '중요한' 상징을 모아놓은 시리즈다. 메이저 아르칸은 인생의 중요하고 큰 그림을 보여주므로, 커다란 변화나 사건을 상징한다. 살아간다는 것은 매 순간 선택의 연속이며, 이 순간이 모여 한 사람의 인생이 된다. 매 순간의 현상이나 사건들은 그냥 우연이 아니다. 무언가 알 수 없는 무의식의 세계로부터 오는 근본적이고도 영적인 파동의 결과물이다. 따라서 내가 무의식적으로 선택한 메이저 아르칸 위의 상징들은 인생의 커다란 변화나 사건을 암시한다.

22개의 메이저 아르칸을 순서대로 따라가면 그 자체로 한 인간의 영적, 지적, 사회적인 삶의 여정과 발전을 이야기하고 있는 아름다운 서사시가 된다. 삶의 모양새는 제각기 다르지만 어느 인간이나 태어나서, 자아가 생기고, 가족과 사회에서 교육을 받아 성장의 기간을 거친 후, 자기의 인생을 성찰하는 영적인 시간에 다다르며, 인생을 마감하는 것은 동일하다. 이 시간은 개인마다 모두 다르고, 어떤 이들은 높은 수준의 영적 단계에는 이르지 못하고 죽을 수도 있다. 타로의 이런 전체적인 서사와 각각의 그림이 주는 상징 체계를 알면, 전체에서 뽑아낸 몇 장의 타로를 보며 직관적으로 보이는 것을 이야기할 수 있게 된다.

메이저 아르칸은 1번부터 21번까지 번호가 매겨져 있고, 맨 마지막 카드는 '방랑 광대 Le Fou'로 훗날 게임용 트럼프의 조커가 되었다. 조커가 게임의 사이클 바깥에 있다가 원하는 순간에 끼어들듯 타로의 광대도 사이클 바깥에서 처음과 끝을 연결하는 고리 역할을 한다.

방랑 광대를 제외한 나머지의 카드에는 1~21까지 숫자가 주어져 있다. 이 중 21번은 열외로 하고, 1부터 20번까지는 5장씩의 카드가 카테고리를 이룬다. 5장 중 맨 먼저 오는 카드는 일종의 대문이다. 그 뒤를 따르는 4개의 카드가 하나의 그룹이 되어 총 4단계의 카테고리가 된다. 마지막 21은 '세계'라는 이름을 가진 카드로, 앞의 4단계가 총 조합되는 합일의 지점이다. 4라는 숫자는 물, 불, 공기, 흙의 4원소를 의미하며 우주를 구성하는 기본 물질이다. 또한 뒤에 오는 방랑 광대를 통해 다시 앞으로 돌아가는 순환의 마지막 단계이기도 하다. 여기에서 무한한 우주 순환의 개념, 원^{Circle}과 우로보로스 뱀의 상징이 또다시 상기된다. 카발라의 세피로트가 완성되는 이미지이기도 하다. 이로써 타로의 메이저 아르칸 22장은 우주의 창조를 상징하는 심포니 오케스트라로, 조화로운 교향곡을 완성한다.

✦ GROUP 01 ✦

❖ 첫 번째 카테고리의 문은 1번 마술사^{Le Bateleur}다. 뒤따라오는 2번 여교황, 3번 여왕, 4번 황제, 5번 교황, 이 4장의 카드는 물질화된 세계로의 환생, 즉 육체를 지닌 인간으로서의 현현, 탄생을 상징한다. 자아가 완성되지 않아 자신이 출발한 영적이고 우주적인 세계 속에 연결되어 있으며, 아직 다이내믹한 인생의 여정을 시작하기 전 단계이다. 인생으로 따지면 유년기다. 그래서 이 4장의 카드는 정지 상태의 그림으로, 흔히 사회적이거나 가족적인 상황을 말해준다.

I. 마술사 : Le Bateleur

프랑스어의 Bateleur는 중세 궁전이나 광장에서 축제 때 흥을 돋우기 위해 재주를 부리던 인물을 말한다. 이 단어에는 '곡예사'나 '마술사', 또는 우리나라의 '약장수' 같이 대중을 매혹시키는 엔터테이너의 의미가 들어있다. 무에서 유를 창조하는 '연금술사'의 이미지도 있다. 즉, 소설에 나오는 무서운 마법사라기보다는 재주가 많고 손놀림이 좋은 사람

이다. 영어나 우리말에서는 Bateleur를 완벽하게 번역할 단어가 없어 영어 타로에서는 의미가 조금 변질되었다. 요즘 TV나 공연에 나오는 마술사처럼 완벽한 눈속임으로 즐거움을 주는 사람인데, 타로 안의 청년은 아직 초보자라할까. 아직은 그 어떤 실질적 힘도 없어서 자신이 가진 재능을 피어나게 할 방법을 찾는 일이 남아있다. 이제 인생을, 정신의 순례를 시작하는 초보자이지만 테이블 위에 놓인 많은 물건을 가지고 무언가를 할 무궁무진한 삶의 마술을 준비하는 잠재력을 지녔다.

마술사는 청춘기의 얼굴을 한 젊은이로 남녀 양성의 느낌이 있다. 머리카락은 풍성하고 금발이다. 무척 활발한 청년으로 보이는데, 아직은 세상을 모르고 내면에 웅크리고 있다. 축제에서 분위기를 띄우고 아티스트적인 감성으로 대중을 유혹하지만, 세상을 변화시키는 대 마법사Le Magicien는 아니다. 그래서 이 카드는 많은 가능성을 내포하고 있는 미성숙의 단계를 상징한다. 유년시절의 문을 열고 자아가 만들어지는 과정을 상징할 수도 있다. 마술이나 연금술처럼 자신의 삶을 변화시키고 만들어가는 출발선에 있다. 이 잠재성은 타로의 21개 숫자 중 1이라는 것으로도 상징된다. 1은 아직 아무것도 하지 않은 상태다. 막 자아를 깨달아가는 어린아이처럼 모든 가능성과 운명을 자기 안에 품고 있다. 자동차가 기어를 중립에 놓고 있듯, 외부 세계와 마주해 자극을 받으면 진동을 일으킬 준비를 하는 상태라 할 수 있다.

마술사는 팔자로 다리를 벌리고 서 있는데, 이는 확실하게 땅 위에 발을 디디고 있다는 표시다. 현실적으로 차근차근 인생을 펼쳐나갈 것 같은 확신이 든다. 그런데 자세히 보면 체중이 살짝 왼쪽 다리에 실린 모습이다. 머리는 미래인 자신의 오른쪽을 보고 있지만 발은 아직 과거에 담겨 마음을 확실히 정하지 못했다는 의미다. 알록달록한 옷은 이 청년이 탐구정신과 열정, 직관이 혼재되어 다양한 곳에 관심이 있다는 것을 뜻하지만, 아직 뭔가 미숙하다. 하지만 발목에서 바로 허공이 시작되는 것으로 보아 그는 끝없이 정신적인 질문을 하게 될 것이다. 물질적 겉모습의 세계에 순응하지만, "우리는 어디에서 왔으며, 무엇이며, 어디로 가는가? Where do we come from? What are we? Where are we going"●에 대한 철학적 질문이다. 그래서 그가 쓰고 있는 넓은 챙의 모자가 무한대(∞)나 뫼비우스의 띠를 닮아있는지도 모른다. 무한대의 모습을 한 모자는, 인간은 무한한 곳으로부터 와서 무한한 곳으로 돌아간다는 본질을 말해준다.

봉은 마술적인 힘을 상징한다. 신데렐라에서 요정 할머니가 마술봉을 휘둘러 호박과 쥐를 아름다운 마차와 마부로 만든 것과 같은 강력

● 인상주의 화가 폴고갱이 1898년 타히티에서 그린 마지막 작품의 제목이기도 하다.

한 힘이다. 마치 헤르메스가 자신의 지팡이 카두세를 들고 물질에 마술을 걸어 상업이라는 거대한 물질세계를 지배했듯이 말이다. 그래서 마술봉은 대중을 매혹한다. 오른손에 든 오브제는 인체의 코어 높이에 있어 세상의 중심을 상징한다. 아직 대단한 전문가는 아니지만 마치 왼손의 마술봉으로 이 오브제를 무언가로 변화시키려는 것 같다. 인생은 마술 같은 것이다.

테이블이 살색인 것은 물질적인 면을 강조한다. 어차피 세계는 원소로 이루어져 있다. 멘델레예프의 주기율표를 모르던 중세에는 눈에 보이는 물, 불, 공기, 흙의 4원소가 세상을 이루고 있다는 생각이 일반적이었다. 그런데 카드의 그림에는 테이블 다리가 세 개밖에 보이지 않는다. 더 긴 테이블이어서 안 보이는 쪽에서 중간을 받치고 있을 수도 있고, 세 개로 간신히 서 있을 수도 있다. 어쨌든, 인생의 출발점이긴 한데 아직 아무것도 정해진 것이 없으니 확신은 없다. 불안한 거다. 물건들이 여기저기 널려있는 것은 분별력이나 사리 판단이 아직 어수선하고, 질서 있는 정신적인 가치에 도달하기 위해서는 물질적 가치를 뛰어넘어야 한다는 것을 암시하기도 한다.

긴 작업 테이블 위에는 컵, 칼, 칼집, 동전 몇 닢, 망태기가 있다. 다른 버전의 타로에는 주사위가 올려 있기도 하다. 마술사의 테이블 위의 오브제들은 마이너 아르칸과 직접적으로 연결되어 있다. 막대기는 불과 행동을 상징하고, 컵은 물과 정신을 상징하며, 돈은 흙과 물질, 칼은 공기로서 지성을 상징한다. 물, 불, 공기, 흙의 4원소는 영원히 순환하며 현상을 만든다. 하지만 테이블 위의 물건들은 마이너 카드에 완성되어 그려진 것처럼 멋지지 않고 아직 조잡하다. 이는 인생에서 성공하기 위한 다양한 도구를 가지고 있지만, 아직 완성도가 떨어진다는 것을 암시한다. 그는 세계를 구성하는 물질들을 다루어 좀 더 완성된 미래를 만들어 갈 것이다.

많은 마술사가 망태기를 사용해서 물건이 나타나게도 사라지게도 한다. 그래서 망태기는 잠재력, 가능성의 상징이다. 망태기에서 밖으로 나와 있는 물건은 앞으로 자라나갈 희망의 싹일지도 모른다.

땅보다 허공이 대부분을 차지하는 것은 그가 갈 정신적인 길이 멀고 이제 막 출발하고 있다는 것을 여러 기호로 보강한다. 땅 위에 듬성듬성 있는 식물들은 태어나는 에너지와 생의 근원적인 단계를 표현한다. 특히 다리 사이에 있는 식물의 싹은 인생을 정복하기 위해 약한 환경에서 이제 막 진화하기 시작한 것을 말한다. 게다가 '다리 사이'란 '세상의 근원'이 아니던가. 이는 탄생을 섬세하게 상기시키는, 가장 강력한 여성성의 상징이기도 하다.

전반적으로 이 카드는 새로운 시작, 배움, 뭔가 효과적인 행동, 좋은 결과 등을 암시한다. 긍정적인 카드로 재능과 지성을 겸비한 사람을 표현하며, 자신의 능력으로 명성이나 사회적 지위 등의 목표에 도달함을 말한다. 내면은 창조적 에너지로 가득 찬 삶의 주인이며, 진취적이다.

　거꾸로 나온 카드는 부정적인 행동, 범법 행위, 너무 빠른 결정, 경거망동, 기회주의, 자신의 능력에 대한 신뢰의 부족, 물질적인 결과에 대한 강박관념, 진정한 가치의 망각 등을 경고한다.

II. 여교황 : La Papesse

　가톨릭의 전통에서 아직 여자는 교황이나 추기경, 사제의 서품을 받지 못한다. 현대에는 다양한 목소리가 나오고 있지만 아직은 보조적인 수녀의 위치에 머물고 있을 뿐이다. 여성의 지위가 더 낮았던 중세는 말해 무엇하랴. 여자 교황이 있을 리 만무하다. 그런데 역사로 인정된 사실은 아니지만, 교황 요한 8세가 여자였다는 소문이 있었다. 요한 8세는 822년에 불행하게 서거했는데, 기독교 사상 최초로 암살당했다. 그것도 독약을 탔는데 빨리 죽지 않아 망치로 가격했다는 설이 있다. 교황이 실제 여자였는지에 대한 아무런 증거는 없이 야사로만 전해온다. 어쩌면 이 시대 복잡한 정치 권력 간의 싸움을 보며 민중의 마음속에 여성이 교황이 되는 게 낫겠다는 염원에서 나온 상상일 수도 있다.

아니 땐 굴뚝에서 연기가 났는지 여부는 아무도 모른다.

2번 카드에는 나이 든 여성이 전형적인 중세의 의상을 입고 권좌에 앉아있다. 권좌는 원칙, 밸런스, 잘 건축된 권력을 상징한다. 무릎 위에 두꺼운 책을 펼치고 있지만, 오른쪽 사선으로 시선을 두고 있어 현재보다는 먼 곳을 보는 눈이다. 움직이지 않는 부동의 자세는 수동성을 표현하며, 깊은 성찰, 신뢰를 담은 기다림이다. 학구적인 분위기는 뭔가 범접할 수 없는 거만과 내면의 힘을 느끼게 한다.

여교황은 일반적 해석에서는 할머니나 나이 든 여자 어른을 상징한다. 우리나라도 과거에 그랬지만 유럽에서도 중세에는 할머니가 5세 정도까지 손주를 기르는 일이 많았다. 일손이 부족하던 시대에 아이는 계속 태어나고, 여기에 가사와 농사일까지 겸해야 하는 것이 젊은 여성의 일상이었기 때문이다. 게다가 유아 사망률이 높아, 엄마는 아이가 어느 정도 커서 살아남을 때까지 의식적으로 정을 주지 않고 멀리하는 것이 불문율이기도 했다. 동서양을 막론하고 대부분의 할머니는 삶의 오랜 체험과 지혜를 바탕으로, 엄마처럼 규제하기보다는 자연스러운 접촉을 통해 아이를 가르친다. 그래서 할머니가 기른 아이들은 육체와 정신 사이의 모순이나 갈등이 별로 없다. 가족관계에서 할머니를 상징하는 여교황은 마술사가 문을 연 유년기의 첫 번째 교육자인 것이다.

　세 단의 왕관은 교황권의 전형적인 상징으로 육체적, 감성적, 정신적인 지도자라는 것을 말한다. 교황은 영적일 뿐 아니라 세속적인 힘도 대변한다. 현재도 교황의 행보는 전 세계 정치에 영향을 주는데, 중세시대는 말할 필요도 없다. 게다가 왕관의 꼭대기는 카드의 프레임 바깥까지 닿아있다. 이는 여교황이 지성이 높아 사려 깊고 분석적임을 표현한다. 그래서 쉽게 감정을 드러내지 않는다. 여교황의 머리 뒤로 넓게 걸려있는 베일은 뭔가 높은 세상과 연결된 텔레파시를 수신하는 안테나 같은 느낌이 든다. 이 너울 뒤에는 기둥이 있다는 것이 오른손 뒤쪽에 암시되어 있다.

　다른 버전의 타로에는 두 개의 기둥이 확실히 나타나기도 한다. 어쨌든 기둥은 권력, 안정, 이원성, 성스러움의 문을 상징한다. 하지만 베일 뒤에 가려져 있는 것으로 보아 여교황은 이런 능력을 전시하지 않는다. 겸손한 그녀는 안테나처럼 모든 신호를 잡아낼 뿐이다.

책벌레인 듯 아주 두꺼운 책을 무릎 위에 펼치고 있지만, 조금 아까 읽은 구절을 생각하는지 아니면 볼 필요도 없이 모두 알고 있는 듯 무심한 표정이다. 물, 불 공기, 흙의 물질 에너지와 자연의 지식을 담은 위대한 책이리라. 존재와 내면을 의미하는 왼손은 모두 나와있는 데 비해 행동과 능동성을 나타내는 오른손은 푸른 망토 밑으로 살짝 가려져 있는 것도 주시하자. 그녀의 가르침은 소유나 행동보다는 정신적이다.

정신적이면서도 물질적 창의력을 발휘하는 여교황은 아주 긍정적인 힘이다. 지식이 많지만 평온하고 신념에 가득 차 있고, 충실하다. 그런가 하면 도덕적이고 보수적인 가치를 상징하기도 한다. 믿음이 가는 진지한 여성의 표본이다. 어떤 계획, 프로젝트, 또는 임신처럼 무언가 잉태되고 있는 느낌도 있다. 세상의 현실적인 원소를 상징하는 여교황은 농부나 장인을 표현하기도 한다.

카드가 거꾸로 나왔을 경우는 이런 긍정적인 면들이 옹고집의 부정적인 양상을 띤다. 학자인양하고 주제넘게 오만한 여자, 인격이 받쳐주지 않고 지식만 많은 여성이 빠질 수 있는 함정을 조심해야 한다는 암시이기도 하다. 현대와 같은 정보의 홍수 시대에 확실치 않은 정보들로 가득 찬 여자일 수도 있다.

III. 여황제 : L'Imperatrice

왕족의 의상과 보석을 단 젊은 여인이 편안히 왕좌에 앉아있다. 시선은 왼쪽을 향하는데, 왼쪽은 다음에 올 카드인 황제가 있는 방향이다. 우리는 동화나 애니메이션에서 여왕을 많이 봐왔지만, 이는 근세 영국의 빅토리아나 엘리자베스 여왕 등에 친숙해졌을 뿐이다. 중세에는 왕의 부인인 왕비가 아닌, 권력의 정점에 있는 여왕은 여교황 만큼이나 아주 드물게 표현되는 인물이다. 하지만 타로의 3번 카드에 있는 여왕은 왕비가 아니라 권력의 상징인 왕홀과 방패를 지니고 독자적인 황제로 표현되고 있다. 타로의 독특한 면은 여성을 성모 마리아나 천사 등으로 미화하지 않고, 인간적이고도 평등한 속세의 여성으로 표현하고 있다는 것이다.

여교황보다 훨씬 젊어 얼굴에는 주름이 없다. 머리에 깊이 눌러 쓴 왕관은 능력과 사교성을 겸비한 매력적인 존재임을 뜻한다. 아마도 가까이하기 어려운 지성을 지녔을 것이다. 그래서 지상의 물질세계에 군림하지만, 정신적인 강한 힘을 지니고 있다. 다리를 벌리고 앉은 모습은 편안하고 안정적인데, 이 역시 오픈마인드나 친화성을 의미한다. 정의의 여신이나 악마처럼 정면으로 앉아있다는 것은 반응이 빠르고 직선적이고 신속하며 어떤 주제에 민첩하다는 것을 뜻한다. 입고 있는 드레스도 빨간색과 파란색이 강렬하게 섞여 있어 파란색이 상징하는 이성과 빨간색이 상징하는 행동이 함께 존재한다. 그래서일까. 남성적인 행동력을 표현하기 위해서인지 특이하게도 남성의 특징인 아담의 목젖이 있다. 왕좌와 왕홀, 방패는 왕과 같이 외부 세계의 지배, 안정, 힘, 보호를 상징하며 어떤 어려운 상황에서도 약한 자를 돕는 강력하고도 확실한 의지를 표현하고 있다.

왕좌의 등받이는 날개를 연상시킨다. 이는 여황제가 하늘로 날아오르고자 하는 정신적 욕망이 있음을 말한다. 그래서 섬세한 지성과 품격으로 주변을 영적 영역으로 상승시키는 능력이 있다. 오른팔에 안고 있는 방패에는 노란색의 독수리가 그려져 있는데 독수리는 영토를 의미하며 세상을 지배하는 기호다. 그런데 여왕이 방패를 들고 있는 모습은 권위적이라기보다는 마치 어미가 아이를 품에 안은 듯 인간적이다. 방패에 그려진 독수리도 성체가 아닌 어린 새끼 같다. 새의 왕인 독수리는 눈을 깜빡이지 않고 해를 바라볼 수 있는 유일한 존재라고 한다. 방패에서 날개를 펴고 파닥이는 것과 같은 모습은 한계를 극복하고 더 높이 날아오르고자 하는 욕망, 더 높은 정신성에 다달아 진리를 응시

하고자 하는 바람을 표현한다. 이런 아기 독수리를 품은 여왕은 어머니를 상징한다

왕의 상징인 왕홀을 왼손으로 쥐고있는데, 들고 있는 것이 아니라 왼쪽 어깨에 걸쳐있다. 이는 수동적인 상태로, 힘으로 권력을 과시하지 않겠다는 의미다. 그녀의 위엄은 마음으로부터 오는 것이다. 펜을 잡듯이 왼쪽 손가락으로 왕홀을 잡고있는 것은 커뮤니케이션이나 글쓰기, 문서와의 연관성을 말한다. 이 때문에 여왕은 종종 창조하고 교감하고 책임감 있는 자리를 갈망하는 것으로 여겨진다. 현대적으로 해석하면, 여교황이 들고 있는 책이 종이 문서보다는 정보처리나 SNS 등의 소통 능력을 상징하는 것일 수도 있다.

왕홀 위에는 십자가 하나가 장식되어 있는데 가장자리로 가며 점점 넓어지는 형태로, 이는 중세의 템플리어들이 사용하던 것이다. 십자가는 인간의 아주 깊은 무의식, 원형으로부터의 힘을 받는 송·수신기를 상징하며, 존재의 본질에 작용하면서 파괴가 아닌 조화를 통해 중앙으로 모으는 것을 뜻한다. 타로와 템플리어들과의 연관성이 느껴지는 부분이다.

함께 뽑힌 카드나 질문에 따라, 젊은 부인, 애인, 여자친구를 상징할 수도 있다. 어머니는 대지인 땅을 상징하기도 하지만, 아이를 잉태하는 물이기도 하다. 그래서 여황제는 상인, 은행가, 재무 담당 등-사

회의 피인-돈을 순환시키는 직업을 상징하기도 한다. 돈이 금일 때는 흙이지만, 흐르기 시작하면 물이다.

뽑았을 때 위치가 잘못 놓이거나 거꾸로 놓이면 부정적인 의미가 될 수도 있다. 너무 권위적이고 경박하며, 기회주의적이고, 남의 영역을 성가시게 침범하며, 주변을 뒤죽박죽으로 만든다. 현재의 위치를 유지하기 어렵거나, 라이벌이 나타날 수도 있다. 또한 모성을 잘 수행하지 못하는 일이 있을 수도 있다. 커뮤니케이션의 문제도 배제할 수 없어 메시지를 너무 많이 보내거나 잘 전달이 안 될 수 있다. 질투심 많은 애인이므로, 시도 때도 없이 연인을 감시할 수도 있다. 요구가 많고 성미가 까다로워 쳐내고 싶은 여자 동료일 수도 있다.

IV. 황제 : L'Empreur

그림을 보면 베토벤의 피아노 협주곡 제 5번 '황제'가 떠오른다. 왕좌에 기대듯 앉아있는 황제는 긴 수염을 기른 남성이다. 앞에 온 여황제와 함께 사회적인 세계를 상징하지만, 내면적인 조용한 힘과 외부적인 강력한 힘은 차이가 있다. 제국을 상징하는 왕홀, 날개를 편 독수리가 그려진 방패, 의상과 보석 등 권력의 모든 상징이 눈에 띈다. 봉건시대의 황제는 소小왕국으로 이루어진 연방제국 통합권의 수호자였다. 황제의 왕관은 하늘로부터 받은 성스러운 권력이자, 구약성서의 아브라함처럼 강한 힘으로 약자를 보호하는 가부장적 족장의 상징이기도 했다.

제국 안의 복잡한 힘의 균형을 유지하기 위해서는 권력을 남용해서도 안되는 위치였다. 이 시대의 황제는 자신이 원하든 아니든, 능력이 있든 없든 카리스마와 지혜를 갖춘 정의의 사도여야 했다.

다리를 꼬고 있는 모습이 당당한데, 얼핏 보면 이 아르칸의 숫자인 4자를 연상시킨다. 이 모습은 일어나거나 엎드릴 일이 없는, 그보다 윗사람은 없다는 권력의 기호다. 3번의 여황제를 향해 몸을 돌려 옆모습만 보이는 것은, 감추고 있는 이면을 나타낸다. 허리띠를 잡고있는 왼손은 확고한 태도와 평화와 안정의 상징이지만, 역으로 황제는 변화를 싫어하며 보수적이어서 반대 세력에 거세게 반응할 수도 있다는 의미다.

오른손으로 의기양양하게 들고 있는 왕홀은 여황제처럼 템플리어 십자가로 장식되어 있지만, 잡고있는 모습은 판이하다. 여황제는 어깨에 걸치고 있는데 반해, 황제는 과시하듯 내밀며 꽉 쥐고 있다. 왼손은 정신적, 내면적인 것을 상징하는 비해 오른손은 능동적이고 활동적인 것을 상징한다. 그래서 왼손이 허리띠에 멈추어 있다는 것은 정신적으로 상승하려는 노력보다는, 세속에서의 행동이 중요하다는 의미다. 그리고는 무사태평하게 다리를 꼬고 방패에 기대고 있다.

지금이 태평성대인지, 영토를 상징하는 독수리도 날개를 접고 쉬고 있다. 방패 하단에 독수리의 꼬리털이 땅에 거의 박힌 듯한 것은 전통과 뿌리에 대한 보수의 상징이다. 독수리가 날아오른다면, 한 발에 체중을 싣고 다리를 꼬고 있는 황제는 고꾸라질 것이다. 황제의 힘은 세속적인 영토에서 오는 것이다. 왕좌는 물질에 대한 지배를 나타내는데, 4개의 다리가 있는 입방체로 안정의 상징인 4라는 숫자와 연관된다. 왕이 다리를 꼬고 있는 모습이 4자를 연상시키는 것과도 일맥상통한다. 황제는 굳건하고 신뢰할 수 있는 사람이다. 왕의 원소는 불로서, 태양이자 육체와 권력의 힘 등을 상징한다.

지금은 학교에 가지만 중세에는 별다른 교육 제도가 없었다. 소녀들은 가정이나 수녀원에서 종교 교육을 받고, 소년들은 11살에서 14살 정도가 되면 할머니나 어머니의 치마폭을 완전히 떠나 남성적인 세계에 입문하였다. 가정이라는 안전한 둥지를 떠나 사회를 향해 첫걸음을 딛는 것이다. 귀족 자제의 경우는 왕이나 영주의 시동으로 들어가 궁정인으로서의 교육을 받고, 평민 자제는 장인의 공방에 들어가 기술을 배우는 도제가 되었다. 그러므로 황제는 남자 아이가 처음 마주하는 남성적인 세계, 전통적인 아버지의 상징이다.

카드가 거꾸로 나올 경우에는, 이 모든 남성적인 힘이 부정적인 면을 나타낸다. 꼰대의 경직된 사고, 힘과 권력의 과도한 사용, 호전적이거나 난폭한 면 등을 표현한다.

V. 교황 : Le Pape

여러 시대를 거치며 타로는 다양한 버전으로 만들어졌다. 그런데 시간이 지나도 한결같은 방식으로 표현되고 있는 카드들이 있는데, 교황도 그중 하나다. 권좌에 앉아, 한 손에는 바티칸 교황국의 상징인 삼층 십자가 지팡이를 들고, 다른 손으로는 축성하는 모습이다. 무릎 꿇고 앞에 앉아있는 두 사람은 이 축성을 받으며 존경심에 가득 차 있는 듯하다. 두 개의 기둥 사이에 앉아있는 교황은 엄숙하면서 일종의 두려움이 느껴지는 존재다.

교황의 원소는 공기로, 타로에서는 푸르스름한 수염이 난 나이 든 남자로 표현된다. 오랜 경험에서 오는 깊은 지혜가 느껴지는 모습으로 아브라함 같은 지도자나 영적 안내자 같아 보인다. 앉아있다는 것은 정지 상태인 남성으로 안정적이고 영원한 권력의 상징이다.

교황의 시선은 왼쪽으로 돌아가 있다. 이는 좋은 길로 선도하기 위해 지나온 경험에서 결론을 끌어내는 것을 의미한다. 양손에 낀 십자

가 표시가 있는 장갑은 가식 없는 진실을 상징하며, 신과 인간 사이의 자비로운 중재자 역할을 말한다. 게다가 심장을 가리키는 손가락은 사랑을 떠올리게 한다.

교황은 노란색 테두리의 크고 빨간 망토를 입고 있다. 이는 그 역할이 능동적인 지도자이며 열심히 속세의 지상권을 경영한다는 의미다. 빨간 망토 아래에 입은 푸른색 의복은 외적인 활동에 가려져 있는 내면적이고도 섬세한 모습을 보여준다. 말씀의 표현을 상징하는 아담의 목젖 높이에 검은 점이 있는 단추로 망토를 잠그고 있다. 이는 교황이 천국의 열쇠 또는 비밀을 전수받은 자로, 이를 입문자에게 가르친다는 의미다.

왕관은 여교황의 것과 비슷해서, 정신적 힘을 가리킨다. 3층으로 된 왕관은 천상, 지상 그리고 보이지 않는 또 다른 차원을 상징하며, 클로버 문양은 성부·성자·성령의 삼위일체를 상징하기도 한다.

교황이 앉아있는 권좌는 밖으로 잘 보이지 않는다. 이는 교황이 지배하는 보이지 않는 정신적 세계를 상징한다. 구조를 이루는 기둥들은 종교 건축물의 전형적인 요소들이다. 기둥은 지성의 상징이고, 두 개의 기둥 사이는 통로, 문, 입구를 상징한다. 이 두 개의 기둥은 솔로몬 신전의 기둥을 상기시킨다. 프리메이슨의 전통에서 두 개의 기둥은 금색의 삼각형에 그려진 정면의 문을 둘러싸고 있다. 또한 프리메이슨의 법칙에서 수련생들은 오른쪽 기둥 앞에, 정식 단원은 왼쪽 기둥 앞, 스승들은 그들의 중앙에 위치한다. 교황과 그 앞의 두 사람을 보면 이런 암시가 느껴진다. 정통 가톨릭의 수장이면서도 장갑에는 템플리어의 한 일파인 말트 십자가로 장식된 것도 의미심장하다.

그 앞의 두 사람은 정수리부터 둥글게 삭발한 수도사의 전형적인 모습이다. 교황 앞에 무릎을 꿇어 등을 보이고 앉아있는데, 용서를 통해 영혼을 씻어내고 재탄생하는 의식이다. 이들은 존경심에 가득 차 교황의 메시지를 기다리는 듯이 보인다. 오른쪽에 무릎을 꿇고 있는 인물은 오른쪽 팔이 프레임에서 잘려나가 있는 것으로 보아 누군가에게 인도되어 교황 앞에 온 것으로 보인다. 열광적으로 교황을 우러러보고 있지만, 아직 외부세계에 열정이 남은 속세의 성직자로 갓 입문한 수련생임을 나타낸다. 왼쪽의 수도사는 영성을 표하는 노란색 모자를 뒤에 달고, 서양에서 상석을 의미하는 권력자의 오른쪽에 있는 것으로 보아 정식 단원으로 보인다. 이들은 다양한 카드와의 조합이나 질문에 따라 약혼이나 동맹을 떠올릴 수도 있고, 신혼 부부로 해석될 수도 있다. 또한 이 두 사람은 내면세계에 대한 가르침과 조언을 들으러 온 순례자일 수도 있고, 할아버지 주변에 모여든 아이들을 상기시키기도 한다.

3중(트리플) 십자가는 교회, 지상의 세계, 하늘을 상징하며, 바티칸의 교황 자신을 나타낸다. 때로는 예수 수난의 십자가로 표현되기도 한다. 타로의 3층 십자가는 고대의 엘레우시스^{Eleusis} ● 십자가^{Croix Hiérophante}를 환기하게 하는데, 본능, 의식, 지식의 삼 단계 또는 종교적인 계급의 단계를 상징하면서 교차한다.

카드로 해석할 때 교황은 이해관계없이 충고해주는 어른, 존경받는 모범적인 멘토, 믿을 수 있고 한결같은 사람을 나타낸다. 또한 사회적으로 높은 직급인 사람으로부터의 칭찬, 이로 인한 성공 등을 표현할 수도 있다. 교사, 의사, 장인, 예술가 그리고 종교가 무엇이건 정신적인 실현으로 이끄는 성직자 등 인간의 영혼과 육체를 보살피는 모든 주체를 의인화하고 있다.

거꾸로 나온 카드는 너무 타인의 칭찬을 찾거나, 자기 멋대로 결정

● 아테네에서 멀지 않은 고대 그리스의 도시로, 헤르메스의 아들인 엘레우시스의 이름에서 유래했다. 대지의 여신 데메테르를 중심으로 삶의 이원성을 향한 신비적인 예식이 행해지던 곳이다.

하지 말아야 한다는 것을 암시한다. 또한 자신의 실제 위치를 지탱하는 용기 없이 바람 부는 쪽으로 택하는 모습을 말하기도 한다. 어떤 경우에는 또한 너무 과도한 도덕주의를 상징할 수도 있다.

✦ GROUP 02 ✦

❖ 두 번째 카테고리의 문을 여는 카드는 6번 연인Les Amoureux이다. 7번 전차, 8번 정의, 9번 은둔자, 10번 운명의 수레바퀴, 이 4개의 카드는 자아가 성숙해져 첫사랑과 육체적인 정염을 알게된 후 학업과 수련으로 들어가는 시기다. 인생의 청춘, 남성과 여성이라는 성적 자아를 인식하고 정신과 몸체가 단단해지는 시기다. 이 그룹의 그림들은 인간이 순수한 배움의 시기에 가질 수 있는 변화무쌍한 덕목들을 상징하고 있다.

VI. 연인 : L'Amoureux

앞의 5개의 아르칸이 지금막 인생을 출발하는 미숙한 자아와 가족이라는 사회를 상징한다면, 6번의 연인 카드부터는 외부와의 접촉을 통한 합일을 상징하는 아르칸들이다.

사춘기가 시작될 무렵, 우리의 심장을 쫄깃하게 하던 첫사랑의 기억은 누구나 있을 것이다. 우리가 첫눈에 누군가에게 반하는 화학반응이 일어날 때, 내부에서는 '아니무스Animus'와 '아니마

Anima'라는 미지의 영역과 만나게 된다. 그런데 온몸이 녹는 듯한 사랑의 감정에는 행복뿐 아니라 고통이 따라온다. 나 자신에게는 가능한 것이, 타인과 나 사이에서는 그렇지 못하기 때문이다. 인생이란 실현 불가능한 이 융합에 대한 갈망의 연속이고 그 때문에 거대한 에너지의 흐름이 형성된다.

이 아르칸의 상징은 명백한 사랑이다. 금발의 젊은 남자 머리 위에서 아기천사가 화살을 당기고 있다. 그리스 신화의 큐피드와 유사한 아기천사는 푸른 날개를 달고 있는데, 이는 젊은이들 사이의 순진하고 무의식적인 유혹의 힘을 상징한다. 화살집을 멘 아기천사는 화살로 남성의 심장을 겨냥한다. 화살을 단 한발만 쏠 것이고, 한번 당긴 화살을 되돌리기란 불가능하다. 이는 선택을 통해 감수해야 하는 결과를 상징한다. 그림에서 천사를 둘러싸고 있는 빛나는 섬광이 이를 표현한다. 이 에너지의 광채는 하늘을 뒤덮고 긴장감으로 차 있다. 사랑은 눈이 머는 것이다. 이때는 사회적 지위도, 국경도 다 초월한다. 어떤 버전에는 천사의 눈에 붕대가 감겨있는데 이는 이성이나 분석적인 사고가 사라지고 마음이 활짝 열린 상태임을 나타낸다. '우리'라는 가족의 테두리가 부서지는 것도 이 시기로, 이제 외로운 자아와 존재의 싸움이 시작된다.

　젊은 남성은 전혀 다른 분위기의 두 여인 사이에 서 있다. 자신의 왼쪽 여성은 젊고 아름답다. 오른쪽 여성은 나이가 들었고 노련해 보인다. 월계관을 쓴 것으로 보아 사회적으로 더 높은 위치일 수도 있다. 남자는 어려운 선택의 교차로에서 미래에 도박을 거는 분위기다. 아침드라마의 소재가 될 법한 상황. 남성의 시선은 오른쪽 여성을 향하고, 왼손은 젊은 여성의 배 앞에 있다. 임신을 나타낼 수도 있다. 어쨌든 의심의 여지가 있는 상황이다.

　아르칸 위에는 답이 없이 애매모호하지만, 이 손은 은밀한 관계를 나타낸다고 볼 수 있다. 얼굴을 살짝 돌리고 있는 것도 자신의 진심을 내보이지 않고 있다는 의미다. 젊은 여성은 화관을 쓰고 가운데 남성의 심장에 왼손을 대고 있다. 남성의 정열과 욕망이 최고조로 올라가 있음을 나타낸다.

　오른쪽의 여성은 옆모습을 보이는데 이는 겉모습과 속마음은 전혀 다르다는 것을 나타낸다. 옆의 두 젊은 연인의 결합을 축하한다고 생각하는 것도 가능하다. 아니면 이 남자가 자신의 약혼녀를 어머니에게 소개하는 것일까? 반대로 장모님일 수도 있다. 능동적인 빨간색 긴 소매는 새의 날개 같기도 해 활동적인 에너지를 나타낸다. 머리에 쓰고 있는 월계관은 사회적으로 높은 지위를 의미한다. 오른손은 보이지 않고 왼손으로 남성의 어깨를 잡고 있는데, 마치 이리로 오라는 것 같다. 그래서 남성은 혼란에 빠진다.

왼쪽의 젊은 여인은 외모나 태도 모두가 오른쪽의 여성과는 정반 대다. 우선 정면을 보며 웃고 있다. 남자의 심장을 왼손으로 가리키고 있는 것은 진정한 사랑에 빠졌다는 표시로 평화 속의 결합을 상징한다. 푸른색의 망토를 입고 있는데, 이는 수동성과 조용함을 의미한다. 하지 만 왼팔은 빨간색으로 내면의 강한 활동을 상징한다.

확실한 것은 남성이 결정을 내리지 못하고 엄청나게 주저하고 있 다는 것이다. 아직은 그저 자신의 운명을 따를 뿐, 지배할 수도 통제할 수도 없다. 다리가 맨살을 보이는 것은 약함을 상징하지만, 역으로 단 순함과 순결함을 의미하기도 한다. 하지만 이 모든 상황은 본인이 감당 해야 할 몫으로, 그래야 해방되고 자유를 찾을 수 있다. 오른손은 허리 띠 위에 올려져 움직이지 않고 뭔가 기다리는 듯이 보인다. 하지만 이 는 앞의 황제처럼 행동이나 결심, 힘의 기호다.

발을 180도로 벌리고 있는데, 이는 자유의지도 상황도 모두 불편 하며, 어떤 선택의 운명과 마주하고 있다는 것을 상징한다. 게다가 체 중은 아직 오른발에 있는 것으로 보아, 아직은 망설이고 있지만, 정열 의 불이 꺼지면 가차 없이 젊은 여성을 떠날 수도 있다.

서로가 완전히 녹아드는 덧없는 순간에 연인들은 천국을 되찾은 것 같지만 사랑에는 유효기간이 있다. 사랑이 아무리 강렬한들 존재와 존재 사이의 거리를 좁히지는 못하기 때문이다. 이 최초의 정열은 잡을 수 없기에 일생 찾아 헤매는 근원이 되고, 최대치로 기억된 에너지는 그 순간을 다시 경험하고 싶은 욕망으로 불쑥불쑥 고개를 내밀 것이다. 사랑의 정열 끝에 존재는 내면적인 탐구의 길로 인도된다. 이것이 월계수관을 쓴 여성의 상징이다. 존재는 고통스럽게 아름다운 첫사랑의 여인을 잊어버리고 지식을 찾는 길을 향해 돌아선다.

이 아르칸은 진정한 사랑의 관계에 대한 갈망, 육체적인 끌림을 의미한다. 또한 이 육체적 끌림을 억제하고 정신적으로 정화하는 긍정적인 유혹일 수도 있다. 상황에 따라 약혼이나 결혼일 수도 있고, 큐피드는 태어날 아이를 암시할 수 있다.

거꾸로 된 카드는 강박적으로 된 과도한 사랑, 부정적인 유혹이나 결합, 이별과 결별, 상대방의 바람기도 될 수 있다.

VII. 마차 : Le Chariot

중세 봉건시대에 영주와 기사는 각자 땅을 소유하고 자치적으로 영토를 다스렸다. 이런 개별적인 작은 왕국들이 모여 하나의 국가를 이루고, 중심에는 국왕 또는 황제가 있었다. 물론 이들이 세력을 넓히고 힘의 균형을 유지하기 위해 복잡한 정략결혼으로 얽혀 있는 것은 말할 것도 없다. 근대의 중앙집권 제도가 탄생하기 전까지 봉건주의는 서유럽의 정치, 경제, 군사를 지배하는 체계였다.

특이한 것은 이 아르칸의 7 이라는 숫자가 1+6, 2+5, 3+4 의 조합이라는 것이다. 이는 주사위에서 마주 보는 숫자의 조합이자, 마술사와 연인, 여교황과 교황, 여황제와 황제 아르칸의 조합이기도 하다. 7=5+2=4+3. 이런 조합으로 보아 마차에 올라있는 이 젊은 왕은 영적인 면과 지성, 고매한 사상, 열망으로 가득 차있는 존재일 것이다. 왕관이 백합과 클로버로 장식된 것은 우연이 아니다. 이는 왕가와 교황국의 상징이다. 마차를 덮고 있는 덮개는 보호, 왕권, 품격을 상징하는데 인간적이고 소박해 보인다. 이는 왕이 자기 영토의 지배자이지만 아직은 작은 왕국이라는 의미다.

젊은 왕은 전투에서 승리한 후 도시로 입성하고 있다. 서서 자신의 오른쪽을 보고 있는 것은 미래를 향하며, 진취적이라는 의미다. 왼손은 허리에 놓여있어 황제 아르칸에서와 같이 지성과 힘을 상징한다. 오른팔은 수레에 놓여 우두머리, 왕, 비밀 전수자의 표상인 왕홀을 잡고 있다. 징이 박힌 갑옷은 입은 사람의 몸을 보호하고 무적으로 만들어준다.

얼핏 마차 위의 젊은이는 지금 승승장구하며 세상을 다 아는 것 같다. 하지만 자세히 보면 마차는 빨간 상판으로 카드를 위와 아래로 나누고 있다. 이는 아래의 본능적 에너지와 위의 의식 사이에 소통 불가능한 분열이 있음을 표현한다. 몸 아래가 보이지 않는 것은 정신을 추구해서, 성적 본능이 억압되어 있다는 의미이기도 하다. 표정은 승리해서인지 조용하고 평화롭다. 하지만 내면에는 힘들게 싸운 전투의 기억이 남아있을 것이다. 어깨에 장식된 두 개의 옆모습 마스크는 숨겨진 이중성을 강조한다.

마차는 육체를 표현하고 마부는 정신을 표현하며, 말은 에너지를 상징한다. 마차 앞에는 V와 T라는 문자가 노란색 문장에 쓰여있는데 그 의미는 확실치 않다. Victory일까? 아니면 카드 장인이나 판화가 등 누군가의 이니셜일 수도 있다. 마차에 연결된 두 마리의 말은 서로 반대 방향으로 달리고자 한다. 이는 두 개의 다른 힘을 상징한다. 둘 다 왕과 같은 방향을 보고 있지만, 오른쪽 말은 조용히 길을 가는 것 같은데, 왼쪽의 말은 부자연스러워 보인다. 방향을 전환하려는 모습이, 싸우는 것도 같다. 마차의 바퀴도 두 개가 다른 방향으로 어긋나있다. 이는 모두 두 개의 다른 힘, 이원성의 개념을 강조하고 있다.

젊은 왕은 마차 모는 데 꼭 필요한 고삐도 쥐고 있지 않다. 이런 불분명한 상황은 목적에 도달하기 위해 달려야 하는 길이 확실치 않다는 것을 보여준다. 게다가 두 마리 말의 뒤편 윤곽은 보이지 않고 마차 자체에서 튀어나온 듯 보이는데, 복병이나 함정이 깔려있을 수도 있다는 의미다.

마차는 전체를 통합해서는 모순과 충동에 사로잡힌 자아의 이미지를 구성한다. 왕비도 도와주는 이도 없는 왕은 충동적이고 불확실한 방향으로 가는 마차에 타고 있다. 원하는 방향으로 마차를 몰기 위해서는 큰 노력이 필요할 것 같다. 승리하긴 했지만 아직은 힘없는 소왕국의 지배자에 불과할 뿐이다. 인생의 청춘기에 얻은 지식은 미약해, 인간은 아직 연약한 자아라는 의심 가는 소왕국의 지배자일 뿐이다. 하지만 시간이 가면 모든 억압을 내던지고 더욱더 단단한 자신을 구현하게 될 것이다. 땅에 자라고 있는 풀이 이를 말해준다. 젊은 왕은 계속 성장하고 개화해 갈 것이다. 그래서 여러 필의 말을 모는 강력한 왕으로 자라갈 것이다.

일반적으로 타로에서 마차는 승리와 개선의 긍정적인 의미고, 특별한 일에서의 결정적인 성공을 뜻한다.

거꾸로 된 카드는 성공이 양날의 검이라는 것을 알린다. 성공을 관리할 줄 모르는 자는 만족할 줄 몰라, 오히려 부정적인 힘에 끌리는 위험이 따른다. 또한 성공에 대한 지나친 허풍이나 자랑으로 혐오와 질투를 유발할 수도 있음을 뜻한다. 자신의 전차 하나도 온전히 지배하지 못하면서 성적 욕망이나 권력을 통해 지배하고 인정받고 싶다는 욕망을 억제하지 못할 수도 있다.

VIII. 정의의 여신 : La Justice

정의의 여신은 냉담하고도 근엄한 여성으로 표현된다.

안정적이고 균형있게 의자에 앉아 정면을 보는데, 표정은 무심하여 의도를 알 수 없다. 이렇듯 차갑고 딱딱한 모습은 비물질, 비시간성, 공평함, 인정에 이끌리지 않는 준엄한 본성을 나타낸다. 여자로서는 목이 아주 굵고 주름져있어 여성성과 남성성의 강인함을 모두 갖춘 듯, 엄격하고도 불가항력적인 힘이 느껴진다. 목에 새겨진 주름이 오른쪽과 왼쪽에 각각 3개와 4개인 것이 특히 눈에 띄는데, 이는 3+4인 여황제와 황제의 조합이 정의의 여신 속에 녹아 있다는 의미다. 그래서 능동적인 오른손에는 검을, 수동적인 왼손에는 저울을 들고 있다.

검은 남성적인 용맹과 정의, 선악 간의 분쟁 해결, 죄인에게 내리는 선고 등 물질세계에서의 구체적인 행동을 상징한다. 저울은 반대로 여성적인 본성과 균형, 공정함을 뜻한다. 저울은 왼쪽으로 살짝 기울어져 있다. 다른 버전의 카드에서 정의의 여신은 이집트 신화에서 죽은 영혼의 운명을 결정하기 위해 심장의 무게를 재는 오시리스로 표현되기도 한다.

여신의 옷은 주름으로 풍성하게 부풀어 있는데, 이는 마음이 너그러움을 나타낸다. 그래서 딱딱한 외면 아래에 박애주의적이고 관대한 면이 있다. 노란색의 목걸이 같아 보이는 것은 절대적인 통제를 상징하는 머리카락을 땋아내린 것인지, 아니면 징벌을 나타내는 새끼줄인지 구분이 어렵지만 어쨌든 강력한 의지를 상징한다. 쓰고 있는 왕관은 세상의 균형을 지배하는 권력을 나타낸다. 꼭대기가 카드의 프레임을 넘어가고 있다는 것은 이 힘의 기원이 성스러운 곳으로부터 온다는 것을 확인해 준다.

앉아있는 권좌의 양쪽으로는 등받이 기둥에 장막이 걸쳐져 얼핏 보면 날개 같기도 하고 안테나 사운드박스 같기도 하다. 이는 정의의 여신이 무엇인가를 받아들이고 수신하는 능력이 있다는 의미다. 그런데 자신의 심장을 향하고 있는 왼팔의 소매는 노란색이다. 공평함을 나타내는 노란색과 감성과 열정을 나타내는 심장의 조합이니 저울질이 참으로 힘들다는 것을 뜻한다. 그렇게 어려운 저울질을 통한 결정이므로 판단이 옳건 그르건 간에 거절하고 싶은 관계를 단호히 자른다는 의미가 있다. 불필요한 사회적 관계로부터의 해방을 뜻하기도 한다.

하지만 습관 같은 구속을 거부하는 데에는 책임이 따른다. 삶의 에너지에 충만해 새는 알을 까고 둥지에서 날아오르지만, 허공에 홀로 날아오른다는 것은 두려움이기도 하다. 나이의 문제가 아니다. 인간의 일생으로 보면 사춘기가 끝나가는 시기지만, 개인적 차이가 있어 이 시기를 늦게 사는 사람도 있고, 전혀 살아보지 못하고 인생을 마무리하는 사람도 있다. 능력과 독립이라는 두 개의 키워드를 쟁취하기 위해서는 많은 에너지가 필요하고, 어떤 이들은 이 시기를 더 어렵게 보낼 수도 있다. 하지만 알을 깨는 행위가 없이는 창의적인 에너지가 해방될 수 없다. 이 카드가 나왔을 경우, 자신이 무엇을 원하는지 모를 때는 '무엇을 원하지 않는지'를 떠올리자. 이것이 판단의 기준이 될 수도 있다.

거꾸로 된 카드는 균형의 깨짐, 불공정, 과도한 엄격함, 불리한 평가 등의 부정적인 면이 강하다.

IX. 은둔자 : L'Hermite

타로의 9번 아르칸에는 수염을 길게 기른 노인이 지팡이를 짚고

등잔 빛에 의지해 길을 가고 있다. 슬쩍 보기만 해도 지혜가 뚝뚝 떨어지는 은자다. 형설지공, 주경야독…, 동서양을 막론하고 희미한 불빛에 의지해 공부하는 은둔자는 지혜의 상징이다. 자신의 오른쪽을 보는 것은 미래를 향해 가는 것을 뜻한다. 천천히, 신중하게 어둠 속에서 한줄기 지혜를 찾으려 앞으로 나아간다. 너무 천천히 가서 거의 움직이지 않는 듯 정지상태인 것은 그 활동이 정신적이기 때문이다. 다리는 긴 겉옷 아래 숨겨져 보이지 않는데, 이는 물질보다는 그 원리 위를 걷는다는 것을 상징한다. 지식의 발전을 위해 머리에는 아무것도 쓰지 않았다. 이

마에는 한자의 삼三자처럼 주름 3개가 그어져 있는데, 모양이 삼각형 같다. 마치 인도나 티베트 불교, 이집트, 메소포타미아 등에서 보이는 제 3의 눈 위치를 연상하게 한다. 제 3의 눈은 지혜를 보는 눈으로, 프리메이슨뿐 아니라 고대 이집트나 힌두교에서도 끊임없이 나타나는 상징이다. 인도인들이 생명의 기가 모인다는 눈과 눈 사이의 미간에 빈디Bindi를 찍는 이유이기도 하다. 그래서 은

둔자는 물질세계를 넘어 세 단계 위를 보는 사람이다. 등불에 의지해 천천히 어둠 속을 걷지만 결국은 어려움을 이겨내리라는 확신이 든다.

오른손으로 눈높이에 든 등불은 햇빛처럼 사물을 환하게 비추는 강한 빛은 아니므로, 계시나 내면의 추구를 상징한다. 게다가 늘어진 망토 자락 때문에 자기 바로 앞만 비출 뿐 세상에 빛을 가리고 있다. 은 둔자는 혼자 숨어서 내면의 지식을 탐구하는 자다. 어쩌면 침묵을 서약한 비밀의 전수자일지도 모른다. 옷 아래 단의 책처럼 보이는 노란 부분이 마치 감추어진 지식을 반사하는 듯하다.

지팡이는 본래 힘과 권력의 상징이지만, 은둔자의 지팡이는 왼손으로 잡고있는 것으로 보아 걸을 때의 보조적인 역할로 밀려나 있다. 게다가 굽어진 형태가 어찌 보면 육체를 떠받치고 있는 척추나 코어를 연상시킨다. 타로에서 지팡이는 헤르메스의 지팡이인 카두세Caduceus로 해석되기도 하므로, 은둔자는 헤르메스의 신비적인 상징이기도 하다. 헤르메스는 올림푸스 신들의 뜻을 인간에게 전하는 전령 역할을 수행하는 신인데, 이집트 신화에서 지혜의 신인 토트Thoth와 결합하여 헤르메스주의Hermeticism, 즉 신비주의의 기원이 되었다. 유대 카발라, 중세의 신비주의와 연금술, 근대 프리메이슨 등도 모두 이 헤르메스주의에 뿌리를 두고 있다. 어쩌면 그 이유를 규명할 수는 없지만, 불교나 동양의 다양한 종교도 뿌리는 같을 수 있다. 이들은 물질세계에서 태어나 사는 삶이란, 자신이 출발한 신성과 합일 상태로 되돌아가기 위한 영적 순례라 여긴다. 순례를 통한 영적 성장은 개개인의 노력에 따라 각기 다른 크기로 성장한다는 사상이 불교와도 일맥상통한다.

그래서 은둔자 아르칸은 실제적인 여행이나 영적인 수도를 나타내기도 한다. 스승이 모든 것을 가르쳐주지는 않기 때문이다. 존재는 넓고 높은 세계를 향해 직접 비행기를 탈 수도 있고, 내면의 여행을 할 수도 있다. 그런데 떠날 때는 무언가 마술 같고 눈부신 곳을 기대하지만, 삶이란 어디에서나 같으며, 돌아오는 순간 피곤한 현실은 어김없이 다시 찾아온다. 이렇게 다시 집으로 돌아오는 자체가 여행의 위대한 가르침이다. 여행은 돌아오기 위해 있는 것이고, 타인과 미지의 세계에 대한 두려움에서 해방되기 위함이다. 다시 돌아왔을 때 세상을 보는 시각은 어제와 같지 않을 것이다.

은둔자는 또한 자신에 대한 성찰과 함께 일의 방향을 잡는 신중함을 상징하며, 다른 카드 위의 상징에 대한 깊은 숙고를 나타낸다.

거꾸로 뽑힌 카드는 사람과의 관계에서 지나친 신중함과 고립, 너무 깊은 생각, 행동의 결여, 잘못된 선택, 너무 생각한 나머지 나타나는 무모함, 타협을 모르는 고집쟁이 등의 부정적인 면을 알려준다.

X. 운명의 바퀴 : La Roue de Fortune

이 아르칸의 바퀴에는 정체가 불분명한 세 마리의 생명체가 달려 있다. 하나는 위에서 지배하고 있고, 다른 둘은 바퀴에 매달려있다. 하나가 올라가면 다른 하나는 내려간다. 운명은 돌고 돌며 미소짓는다는 의미다. 우리나라에서도 하루하루 희로애락이 반복되는 삶을 '쳇바퀴' 같다고 표현한다. 서양에서도 마찬가지다. 그뿐 아니라 프랑스 대혁명 시기에 기요틴Guillotine이 만들어지기 전까지 바퀴는 사형수를 고통스럽게 처형하는 도구였다. 그런데, 타로를 제작한 사람들은 왜 이런 무시무시한 고문 도구에 〈운명의 바퀴〉라는 이름을 붙였을까? 어찌 보면 이 바퀴는 카지노의 룰렛이나 로또와도 닮았다. 고통스럽지만 운명은 기회를 던지기 때문에 희망과 동격이다.

맨 위의 노란 단위에 있는 생명체는 스핑크스를 닮았다. 권력과 원칙, 결정 등을 상징하는 왕관과 행동과 힘을 상징하는 검을 들고 있다. 스핑크스는 수수께끼를 내서 이를 푸는 자에게 권력을

주는 미스터리한 동물이다. 이 그림에서는 바퀴를 돌리기 위해 수수께
끼를 풀어야 하는 것으로 보인다. 바퀴의 회전운동이 일어나려면 누군
가 와서 크랭크를 돌려야 하는데, 아마도 수수께끼를 푸는 자일 것이
다. 이 과정 없이는 바퀴를 움직일 수 없으니, 반드시 풀어야 한다. 스
핑크스는 오른쪽의 내려가고 있는 동물을 바라보고 있는 듯하다. 지금
은 지배자의 위치에 있지만, 크랭크가 돌면 단이 흔들릴 것이고, 왕관
이 떨어지며 지위를 잃을 것이다. 그러므로 그가 내리는 결정은 꼭대기
에 있는 단 위에서 군림하고 있는 덧없는 순간에만 의미가 있다.

스핑크스를 향해 올라오고 있는 왼쪽의 동물은 큰 귀와 긴 꼬리가
있는데 무슨 동물인지 확실치 않다. 스핑크스가 나왔으니 말인데 이집
트의 죽음의 신인 아누비스^Anubis를 암시하는 듯하다. 아누비스는 자칼
의 머리와 인간의 몸을 지녔는데, 그리스·로마 세계에서는 가끔 헤르
메스와 합성되어 헤르마누비스라는 이름으로 불렸다. 이 동물은 바퀴
가 돌면 위로 올라간다. 하지만 아무 말도 듣고 싶지 않다는 듯 귀를 빨
간 띠로 막고 있다. 귀머거리 바보처럼 수동적으로 바퀴의 움직임에 몸
을 맡기고 있지만, 바퀴가 도는 순환 역학은 차례가 되면 이 동물을 스
핑크스로 만들어 덧없는 시간 위에 군림하게 할 것이다.

오른쪽의 내려가는 동물은 원숭이 같은 모습으로 추락과 후퇴가
생각난다. 빨강과 파랑에 줄이 그어진 스커트를 입고 엉덩이를 한껏 하
늘로 뻗치고 있는 모습은 천하고 야비한 본능을 상징한다. 원숭이란 동

물을 상상해 보면 알 수 있듯 통제할 수 없는 인생의 다양한 면을 함축한다. 우연과 변덕이 교차하는 삶과 운명이다.

이 두 동물은 반대의 위치에서 바퀴의 움직임에 묶여 시간의 흐름 속에 끌려다닌다. 원형의 바퀴는 시작도 끝도 없이 돌고 돈다. 불안정하게 주어진 순간에 어떤 이는 좋은 위치에 있고 어떤 이는 그렇지 못하다. 그러면서 또다시 다른 상태로 변해간다. 스핑크스는 시간이라는 파도를 타며 미끄러지고 있는 듯하다. 그래서 바퀴의 살은 교차로나 다트판처럼 선택을 표시하고, 실패만큼이나 성공도 가져다 준다.

돌고 있는 바퀴는 순환 주기와 변화, 그리고 시간의 흐름에 대한 보편적인 상징이다. 바퀴^{Roue}의 고대 불어인 로타^{Rota}는 타로^{Tarot}의 철자를 바꾼 것이다. 프랑스어에서 발음이 되지 않는 맨 끝자리의 철자이므로, 마지막 t는 의미가 없다. 바퀴의 살은 6개로 공간의 동, 서, 남, 북, 천장^{Zenith}, 천저^{Nadir}를 나타낸다.

이 세 존재는 한 인간 속의 다양한 인격을 상징하고 있다. 왕관을 쓴 작은 스핑크스는 인격을 주도하는 자아^{Ego}이다. 그 상태는 매우 불안정하다. 바퀴가 끊임없이 돌아 그를 떨어뜨리고 다른 인격이 순간적으로 힘을 갖는다. 하지만 이어서 곧 다른 인격의 차례가 돌아온다. 예를 들어 하루에도 기분이 몇 차례나 달라지지 않는가. 운명의 바퀴로 인한 내면의 혼란은 고통의 연속이다. 중세의 성상 화가가 왜 고문 기계를 10번 아르칸에 그렸는지 이해할 것 같다.

이 카드는 육체적으로 호르몬이 재배치되는 시기를 나타낼 수도 있다. 여성이 아이를 낳거나 청춘기, 갱년기 같은 큰 사이를 지나는 시기는 체질과 성격이 바뀌고 다른 국면으로 접어든다. 인격을 구성하는 모든 요소는 그대로지만, 그 사이의 관계가 변형되며 세계를 보는 시각이 달라질 수도 있다. 또한 일시적인 균형, 불안정성을 나타내기도 하는데, 사물이 더 좋은 쪽으로 발전해 갈 수 있지만 나쁜 조건을 향해 갈 수도 있다는 것이다. 하지만 운명의 바퀴는 부정적이기보다는 긍정적이다. 변화는 기회를 잡을 줄 아는 사람에게는 열매를 맺을 호기이기 때문이다. 정신성을 나타내는 파란색의 땅이 잘 경작된 것이 이를 의미한다. 확실히 미래는 달라질 것이고, 새로운 땅에서 다시 출발할 수 있다.

뒤집어 나온 카드는 현 상태의 부정적인 변화를 말한다. 기회이긴 하나 변화를 활용하기 위한 신속함의 부족을 말하기도 한다.

❖ GROUP 03 ❖

❖ 세 번째 카테고리는 11번 힘의 여신^{La Force}이 문을 연다. 다음에 오는 12번 매달린 남자, 13번 죽음, 14번 절제, 15번 악마는 물질을 통한 현실과 사회 안에서의 자기실현을 말한다. 배움과 수련의 시기가 지난 인간은 물질적인 세계 안에 더욱 갇히게 된다. 사회적인 실현, 성공과 실패, 욕망의 질풍노도와 같은 장년기를 보낸다. 이 시기는 사회적인 성공 여부를 떠나 어디에 인생의 중점을 두느냐에 따라 한 인간의 영적 발전이 좌우된다.

XI. 힘의 여신 : La Force

올림푸스의 여신을 연상시키는 아름다운 여인이 사자의 입을 크게 벌리고 있다. 침착한 표정으로 힘도 안들이고 사자를 제압하는 모습은 강한 남성의 상징인 헤라클레스를 연상하게 한다. 긴 머리는 틀어올려 웨이브진 머리카락이 살짝 나와 있다. 이는 그 힘이 강력하며 자신을 보호하고 있다는 것을 말한다. 머리 쪽으로 줄무늬 진 목덜미는 일종의 긴장

감, 팽팽함, 수축, 혈압을 의미한다. 파란 드레스는 수동적인 여성성이 내면을 지배하지만, 겉에 빨간 망토를 두르고 있는 것으로 보아 외형적으로는 활동성과 에너지로 가득 차 있다. 소매가 노란색인 것은 정신적인 확신이 있다는 것을 더욱 강조한다. 또한 가슴 쪽의 조여진 코르셋은 마음에 묶인 끈으로 감정을 제어하고 있다는 것을 말한다. 그래서 그녀의 용감함은 물리적인 힘보다는 내적인 이성에서 오는 것으로, 사자라는 물질적인 잔인함에 도전하고 있다.

사자는 물질을 상징하는 살색으로 동물 세계 최고의 힘이다. 그래서 권력과 오만, 자기중심, 탐욕, 나아가 성적 에너지의 상징이기도 하다. 그런데 여인은 사자의 코에 오른손 엄지를 끼워 넣고 왼손 엄지로는 아랫니를 잡아 가볍게 입을 벌리고 있다. 노련한 조련사의 솜씨다. 잘못하면 자신이 물리게 될 수도 있지만, 사자의 모습은 순종하지 않으면 취할 수 없는 자세다. 여인은 사자의 정신에 영향을 미치고 있으며 힘은 쓸 필요도 없는 것이다. 사자는 야생성을 잃었고, 힘의 여신은 난폭하고 동물적인 날것의 힘을 제압하고 있다. 사자의 머리 위치가 여성의 다리 사이에 있는 것은 성적인 면이 여신에게 중요한 위치를 차지함을 보여준다.

여신의 머리 위에는 옆으로 누운 8자 모양의 모자가 놓여있다. 1번 마술사의 모자처럼 쌍곡선을 이루며 무한대나 뫼비우스의 띠를 연상하게 한다. 이성과 감성, 능동성과 수동성, 남성성과 여성적인 에너지가 끊임없이 교차하는 상징이다.

이 카드는 이성이 난폭한 힘을 이기는 것을 상징한다. 그래서 강경한 수단이나 성급한 해결책보다는 지성을 사용해 원만하게 문제를 해결할 것을 뜻한다. 또 내면적인 힘과 용기, 지략 덕분에 어떤 일을 성공적으로 해결함을 말하기도 한다. 사회적, 가정적인 성공과 풍요, 조직에 대한 감각, 실용주의, 노련함 등이 함축되어 있다. 상사나 윗사람과의 관계에서도 독립성을 갖고 자기 능력을 확신하게 되므로 개인사업에의 욕망을 암시하기도 한다.

거꾸로 뒤집힌 카드는 생각 없는 충동적 반응이나 과도한 에너지의 사용으로 인한 나쁜 결과, 사건이 너무 크거나 급박해서 생각할 시간이 부족하거나 그로 인해 좋지 않은 행동, 물질에 대한 과도한 탐욕과 집착에서 오는 강박관념 등을 상징한다.

XII. 매달린 남자 : Le Pendu

12번 아르칸의 그림도 운명의 바퀴처럼 과거에 행해지던 형벌이다. 등 뒤에 손을 묶은 채 머리를 땅 쪽으로 거꾸로 매다는 것이다. 그러나 그림 속의 남자는 고통스럽다기보다는 차분한 얼굴로 감내하며

명상에 잠겨있다. 그래서 첫눈에는 정적인 상황을 상징하는 듯 보이지만, 좀 더 살펴보면 반대의 이미지다. 불필요한 노력을 피하고 상황의 변화를 기다리는 상태로 지금 처한 어려움은 일시적일 뿐이다.

이 남자는 1번의 마술사처럼 통통하고 젊다. 현재는 움직일 수 없고, 상황을 끝낼 방법도 없어서 그냥 매달려있다. 손이 뒤로 묶여 있는 것은 물질적인 실현이나 지식도 일단은 포기했음을 나타낸다. 밑으로 떨어진 얼굴은 정면을 주시한다. 침착하게 세상을 관망하다가 시간이 지나면 정신적으로 더욱 상승하리라는 것을 강조한다. 뒤집힌다는 급격한 방향 전환은 세상을 거꾸로 보게 하므로, 가치관과 사상이 바뀌고 새로 정비된다는 의미다. 내면에 잠재하던 무의식과의 만남이기도 하다.

왼쪽 다리가 매달리고, 오른쪽 다리를 뒤로 꼬아 4자를 만들고 있는 것이 4번 아르칸 황제와 비교된다. 황제는 오른쪽 다리를 뒤로 꼬아

4자를 만들고 있다. 또 21번 아르칸의 여인은 둘과는 완전히 달리, 오른쪽 다리를 펴고 왼쪽 다리를 뒤로 들어 올리고 있는 것이 비교된다. 12는 4의 3배수로, 21을 거꾸로 한 숫자로 서로 연관성이 많다.

밧줄은 이 그림의 중요한 포인트다. 밧줄로 왼쪽 발목을 매달고 있으며, 허리 뒤에 손도 묶여있을 것이다. 하지만 왼쪽 발꿈치 쪽으로 느슨하게 돌려 매듭을 지어 아플 만큼 조이고 있지는 않은 듯하다. 왼쪽 발꿈치라는 부위는 1번 마술사에서도 보인다. 마술사의 왼쪽 신에는 낮은 굽이 달려있는데, 어딘가가 불편하거나 살짝 절어서일 수도 있다.

남자의 왼쪽 발꿈치라는 위치는 치명적인 장소의 상징이다. 창세기, 오이디푸스, 아킬레스 등 여러 신화에서 발꿈치는 원죄의 상처를 상징한다. 어머니는 갓 태어난 아킬레스를 지옥 경계선에 흐르는 황천강에 담금으로써 영원한 불사신으로 만들려고 했다. 그런데 잡고 있던 왼쪽 발꿈치만 물에 닿지 않아 불사신 최대의 약점이 되고 만다. 결국, 아킬레스는 왼쪽 발꿈치에 트로이 왕자가 쏜 독화살을 맞아 생을 마감하게 된다. 프로이트의 '오이디푸스 콤플렉스'로 잘 알려진 오이디푸스는 테베의 왕자였지만 태어나자마자 아버지에게 발뒤꿈치를 핀으로 찔려서 산속에 버려졌다. 오이디푸스라는 이름 자체에도 '부은 발'이라는 의미가 담겨있다. 그는 훗날 자라서 스핑크스가 낸 발에 관한 수수께끼를 푼다. "아침에는 네 발로 걷고, 낮에는 두 발로 걸으며, 저녁에는 세 발로 걷는 것은 무엇인가?"라는 질문에 "그것은 유년기, 장년기, 노년기의 인간"이라 답한다. 또 창세기 3장에서 신은 선악과를 따먹은 아담과 뱀에게 벌을 내린다. "그의 종족은 너의 머리를 악착같이 추적할 것이며, 너는 그의 발꿈치를 물 것이다"라고. 매달린 남자는 자신의 최대의 약점을 잡힌 채 대롱대롱 매달려있는 것이다.

남자는 마이너 카드의 몽둥이를 연상시키는 두 그루의 나무 사이에 매달려있다. 나무는 아주 강한 생명과 상승을 뜻한다. 나뭇가지가 잘린 것은 상승하기 위해 불필요한 것을 제거해야 한다는 의미다. 그래서 피를 연상케 하는 빨간 부분은 큰 것을 위해 작은 것을 '희생'하는 의미를 강조한다. 하지만 이 나무는 초록색의 작은 언덕에 심겨 있고 하단에는 초록색 식물이 나 있다. 기다리면 다시 에너지를 퍼올려 가지가 자라고 초록의 잎이 우거질 것이다.

그러므로 이 카드는 목표에 도달하기 위한 희생 또는 견디기 어려운 상황을 상징하지만, 지금은 일보후퇴해 어려운 시기를 넘어야 한다는 것을 말한다. 나쁜 운에 대항해서 부적절하고 본능적인 방법으로 행동하면 일시적인 상황을 오히려 고질화시킬 수 있다. 체념하고 운명을 받아들이면 현재의 희생이 헛되지 않고 상황이 개선되리라는 것을 말한다.

뒤집힌 카드는 일시적인 어려움에 나쁜 방식으로 반응하는 것이다. 기다리는 것만이 유일한 해결책인데, 이를 변화시키려 노력하는 것은 부질없는 짓이다.

XIII. 이름 없는 카드, 죽음 : La Mort

원래 13번 카드는 제목이 없는데, 전체적인 분위기로 '죽음'이라는 이름이 붙었다. 우리나라에서 4가 죽음을 뜻하는 사死로 발음되어 꺼리듯, 서양에서는 13이 불행을 의미하는 숫자이지만, 이는 모두 후대에 생긴 징크스일 뿐이다. 다른 문화권에서는 좋은 징조이기도 하므로 크게 구애받을 필요는 없다.

이 아르간은 다양한 형태의 부활을 상기시킨다. 이집트 신화에서 수확과 풍요의 신인 오시리스Osiris는 어둠의 영인 형제 세트Seth에 의해 조각조각 나뉘어 나일강에 버려진다. 나일강은 이집트의 생명줄이다. 또 그리스 신화에서 곡식의 여신인 데메테르Démeter

의 딸 페르세포네Persephone는 지하의 신 하데스Hades에게 납치되어 땅속으로 들어간다. 성서 속에서 요나Jonas는 고래 뱃속에 들어가고, 예수는 인간의 죄를 대신해 십자가에 매달려 죽은 후 무덤에 묻힌다. 연금술에서도 마찬가지로 납은 금으로 변화되기 위해서 용광로 속에 부어진다. 새롭게 태어나기 위해서는 죽어야 하고, 대지로 돌아가야 한다.

이 그림을 처음 보면 전체적으로 심란한 느낌이 든다. 뼈대만 남은 해골이 커다란 낫으로 땅을 파고 있으니 말이다. 아르칸에는 이름도 없다. 해골은 죽음의 상징이자 지나간 시간의 상징이기도 하다. 그래서 과거를 뜻하는 자신의 왼쪽을 향해 옆모습을 보이며 걷고 있다. 그런데 아이러니하게 풀을 베는 듯 일하는 모습은 살아있는 일꾼만큼이나 활동적이다. 검은 땅속에는 죽은 자들의 사지가 여기저기 널려있는데, 머리 중 하나는 왕관을 쓰고 있다. 죽음은 지위도, 부도, 명예도 예외 없이 모든 이에게 닥쳐온다는 점에서 모두에게 공평하다는 역설로 보인다.

이 그림에서 중요한 것은 땅이다. 검은 부식토는 카드의 $\frac{1}{3}$이나 차지하고 다양한 모양의 식물과 대비를 이루고 있다. 각종 것들이 썩고 있는 동시에 풍요롭고도 비옥한 대지를 표현한다. 이곳으로부터 모든 것이 태어나고 생명을 얻어 새로 재생되기 때문이다. 죽음은 고통스럽지만, 생명은 다시 활기를 찾는다. 땅속 여기저기에 있는 신체 부분들도 사실상 새로운 주기의 싹으로 보인다.

해골이 낫질하는 모습은, 잘린 머리를 쓸어 올린다고 볼 수도 있다. 머리들은 남아있는 의식, 부서진 인격, 무너진 세상의 광경이다. 그리스 신화에서 제우스의 아버지는 티탄족의 왕인 크로노스로, 자신의 낫으로 아버지를 죽이고 왕이 된다. 또한 자신의 왕좌를 지키기 위해 아들이 태어나면 모두 낫으로 살해했는데, 어머니에 의해 숨겨져 간신히 살아남은 제우스가 올림푸스의 최고 신이 된다. 무시무시한 낫의 의미는 명백하다. 내부의 어둠에 묻혀있는 과거의 트라우마를 조금씩 삼키고 또 삼킨다는 말이다. 기억의 가장 심연에서 퍼올린 트라우마와 과거의 흔적들을 지우는 카타르시스와 무의식의 청소를 의미한다. 하지만 낫은 탁월한 작업 도구이기도 하다. 필요한 것을 자르고 수확하는 일은 무익한 것에서 유익한 것을 분리하는 작업이다.

인간은 농경사회로 돌입하며 땅에 뿌린 씨앗의 순환 주기를 관찰하게 되었을 것이다. 곡식이 싹을 틔우고 수확을 한 후에는 가을 끝에 죽어야 하는 것을 알았을 것이다. 그렇지 않으면 다시 싹이 돋지 않기 때문이다. 요한 12장 24절의 '한 알의 밀이 땅에 떨어져 죽지 아니하면 한 알 그대로 있고 죽으면 많은 열매를 맺느니라'는 의미를 이해할 수 있다. 죽음은 한 사이클의 마지막이자 재탄생이라는 변형의 단계다. 고통스럽지만, 다시 태어나기 위해서는 반드시 거쳐야 하는 과정으로 삶의 존재 형태를 바꾸는 것일 뿐이다.

　해골의 척추가 밀알의 이미지를 가진 것은 영적인 재탄생, 성장의 의미를 함축한다. 잉여적인 것을 모두 벗겨버리고 새로운 존재에 도달한다는 의미도 있다. 이탈리아의 시칠리아섬 카타니아라는 도시에 가면 광장의 개선문에 불사조 피닉스와 함께 내가 가장 좋아하는 문구가 있다. '나는 나의 재로부터 부활한다 ; Melior De Cinere Surgo'. 바로 옆에 있는 에트나 화산의 수 없는 폭발로 끊임없이 화산재에 뒤덮이고 파괴되었지만 카타니아는 수백 년간 꿈적 않고 그 자리에서 재건을 거듭하며 생명을 이어왔다. 화산 폭발로 인한 파괴란 불사조 피닉스처럼 매번 다시 찬란한 날개를 펴기 위한 시작인 것이다.

　그러나 이 모든 것은 격렬하고도 고통스러운 시간을 지내야 온다. '다시 태어나기 위해 새는 알을 깨고 나온다. 그의 이름은 아프락사스라고 한다'던 헤르만 헤세의 〈데미안〉의 구절도 이를 의미한다. 새로 태어나기 위해서는 지금 안주하는 세계를 파괴할 만큼 엄청난 용기와 에너지가 필요하다. 거듭나기 위한 이런 과정을 칼 융은 '밤의 항해 : La Traversée Nocturne'라고 표현했다. 태양이 저녁이 되면 서쪽의 수평선 아래로 가라앉지만, 아침이 되면 다시 새로운 태양이 되어 동쪽 하늘에 떠오르는 것과 같다는 의미다.

죽음 아르칸은 좋지 않은 현재 상황의 끝을 상징하므로 나쁘다기보다는 희망적이다. 고통스러운 방식으로 끝내더라도 곧 새로운 상황이 물꼬를 틀 것이다. 하지만 다른 부정적인 카드들과 연관되면 좋지 않은 쪽으로 동참하기도 한다. 거꾸로 나오면 전체적인 이미지를 봐야 하지만 어떤 상태나 불행한 일이 나쁜 쪽으로 풀릴 수도 있다는 의미다.

XIV. 절제의 여신 : La Tempérance

타로에 처음으로 땅 위에 서 있는 날개 달린 인물이 출연한다. 날개는 하늘과 연결된 이미지다. 아름다운 여인이 양손에 단지를 들고 액체를 따르고 있다. 이는 생명의 물$^{Aqua\ Vita}$, 즉 에너지의 순환과 파동의 움직임을 떠올린다. 13번의 죽음을 지나 내면의 깊은 곳으로 내려간 자아는 새로운 주기를 맞아 다시 생명력이 돌기 시작한다는 의미다. 이제 과거의 고뇌는 끝나고 내면의 트라우마는 씻겨 내려갔다. 여성성과 남성성이라는 세계를 넘어 보편적이고

성별이 없는 에너지의 풀 안으로 들어가는 것이다. 음과 양 사이에 에너지를 교환하므로 성적인 면이 없다고 할 수는 없지만, 여기에서는 부차적이다.

날개가 천사 같기도 한데, 발이 안 보이고 땅에 붙박여 있는 것이 동상 같기도 하다. 긴 머리는 부드럽고 이해심이 있어 강요 없이 영향력을 행사하는 것을 말한다. 아무것도 쓰지 않은 동그란 이마는 집중과 성찰의 능력을 뜻하며, 풍만한 육체는 중세에 안락함의 상징이었다. 자신의 오른쪽으로 약간 숙이며 시선을 보내고 있는 것으로 보아 미래를 향한 의식을 표현한다. 체중이 한쪽 허리에 걸린 자세는 1번의 마술사를 떠올린다. 임박한 출발 또는 출발점을 상징할 수도 있다. 하지만 이 모든 것은 부드러움 속에 만들어지고 움직임은 마치 우세한 힘에 자신을 맡기듯 '녹아든다'.

이 그림은 중세의 전통적이고 일상적인 삶을 표현하고 있기도 한데, 액체를 옮겨 붓는 모습이 알코올을 희석하기 위해 와인에 물을 타서 마시던 습관을 연상시킨다. 이는 교만이 가져올 수 있는 지나침을 피하고 중도를 찾아야 한다는 쉽고도 어려운 삶의 화두다. 균형을 찾기 위해 노력하고 유지하라는 암시이기도 하다.

여신은 이마에 빨간 꽃을 꽂고 있다. 사고가 빠르고 지성이 활짝 피어 있다는 의미다. 옷은 파란색과 빨간색이 거의 반으로 나누어져 있어, 능동성과 수동성, 남성성과 여성성, 물질과 정신, 표현과 흡수 사이의 균형을 추구한다는 것을 보여준다. 등뒤에 아름답게 걸린 날개는, 13번 죽음 카드처럼 물질이 파괴된 후 정신화되는 것을 뜻해, 영혼과 정신의 상승을 상징한다.

땅에는 작은 구릉 같은 기복이 있으며 양쪽에는 작은 식물이 자라고 있다. 이는 절제의 여신이 정신적으로 성장하며 자연에 은혜를 베푸는 것을 뜻한다. 13번 죽음 카드에서 해골이 들고 있는 낫을 통과한 후에도 생명은 항상 거기에 있었다. 이 모든 것이 이 카드가 선물로 가득 차 있다고 느끼게 한다. 에너지가 솟구쳐 다시 순환하고 유동성을 되찾는 것이다. 자신에의 확신이 생기고 발견과 탐구의 시기가 왔다는 것을 뜻하기도 한다.

거꾸로 뽑힌 카드는 자제력 없음과 과도함을 의미한다. 어떤 상황에서 최적의 균형을 잡지 못하고 틀린 행동을 한다는 것을 뜻하기도 한다.

XV. 악마 : Le Diable

14번 절제의 여신은 천사의 날개를 가진 반면, 15번 악마는 어둠을 상징하는 박쥐의 날개를 달고 있다. 머리에는 뿔이 나 있고, 동물

의 발과 다리가 달려 매우 심란한 모습이다. 게다가 여성과 남성의 성기를 모두 가지고 있는 양성의 존재다. 받침 위에 서 있는 모습은 동상Statue 같기도 하다. 빨간 허리띠가 거의 성기 부분까지 내려와 있다는 것은 아주 저급한 본능에 이끌린다는 것을 말한다. 이 모든 것이 성적인 암시를 주고 있는데, 이는 '구속'의 이미지이기도 하다. 왜냐면 성적 충동에 사로잡힌 존재는 욕망의 노예이기 때문이다. 뿔, 박쥐 날개, 발톱, 남녀 양성의 특성. 악마는 어두운 모든 힘을 다 가지고 있다. 게다가 정면을 보고 찡그린 표정은 유머러스하기조차 하다. 존재감이 확실하고 절대적인 그는 너무도 유혹적이어서 불가항력적이다.

악마가 서 있는 동그란 단은 맨 아래의 붉은색부터 초록색, 노란색의 3단으로 되어있다. 물질세계를 밟고 있는 모습은 그가 절제의 여신처럼 신은 아니나 그렇다고 인간과 같은 위치에 있는 자도 아니라는 의미다. 동물적인 발로 토지의 생명력을 움켜쥐고, 박쥐 날개는 보이지 않는 세계와 연결되어 무의식의 세계를 지배한다. 악마는 저급한 본능이지만 그 기원은 하늘이다. 어쩌면 타락한 천사인 루시퍼Lucifer일 수도 있다. 루시퍼는 히브리어로 '빛을 운반하는 자'이다.

왼쪽 팔을 떨어뜨리고 햇불을 들고 있는 것도 의미심장하다. 물질 세계의 생명이 살아가도록 빛을 운반하는 자이니, 부정할 수 없는 존재다. 그렇기에 더더욱 이중적이다. 이마에 야구 모자처럼 챙이 있는 모습은 루시퍼가 천국에서 추락할 때 잃어버린 에메랄드를 생각나게 한다. 신화에 따르면 이 에메랄드로 십자가에서 죽은 예수의 피를 받은 성배를 다듬었다고 한다. 오른팔을 들고 이리오라고 초대하며 손등만 내보이는 제스처는 한번 잡으면 되돌려주지 않는다는 것을 말한다. 악마의 유혹은 달콤하지만 조심해야 한다.

모자에 달린 뿔은 악마가 본능뿐 아니라 정신과도 연결되어 있으며, 지성적이라는 것을 보여준다. 뿔 달린 수사슴은 발정기에 엄청난 정력을 내뿜는다고 한다. 동양에서 녹용이 보약 중의 보약인 이유다. 게다가 경계심이 많아 이동할 때 앞선 발자국에 발을 놓는다고 한다. 엄청난 정력과 경계심에, 민첩하고, 호전적이고도 거만한 존재인 것이다.

발톱은 악마의 동물적 힘을 상징한다. 이는 그리스 신화에 나오는 사자의 몸, 독수리의 날개, 말의 귀, 그리고 물고기의 지느러미를 가진 괴물 그리폰^{Griffon}을 상기시킨다.

악마 양옆의 두 인물은 악마보다 하위에 있다. 벌거벗은 채 목에 밧줄이 감겨 악마의 단상에 고리로 매여있고 손은 등 뒤로 결박되어 있다. 이는 무능함과 복종의 상징이고 동물적 본능이 악마에게 통제되고 있다는 것을 상징한다. 악마에게 눈이 멀어 포로가 된 어리석은 얼굴을 하고 이 상황에도 웃고 있다. 아니, 웃고 있는 듯하다. 축 처진 꼬리에 뾰족한 귀, 작은 뿔이 난 반인반수의 모습은 악마의 영향을 받아 본능만을 표출하는 동물 수준의 저급한 존재들을 상징한다. 그래서 악마는 타로에서 가장 부정적인 아르칸으로, 해악이나 위험을 상징할 수 있다. 부도덕함, 타락, 냉혹함, 악의가 이 카드와 연관되어 있다. 몸 안에 솟아나는 동물적인 에너지를 표현하기 때문이다.

하지만 카드 하단의 땅을 보면, 죽음 카드처럼 검은색으로 혼돈이지만 위에는 질서정연하게 경작된 밭을 연상시키는 줄이 보인다. 즉, 악마의 힘을 끌려가지 않고 잘만 이용하면 건설적이기도 하다는 의미다. 악마는 의식을 확장하고 성적 에너지를 깨우는데, 꼭 부정적인 것만은 아니다. 넘쳐 오르는 에너지는 순기능으로 사용하면 이상적이다. 누구나 겪는 사춘기와 같은 그런 에너지다. 하지만 물꼬를 어떻게 트느냐에 따라 삶의 귀로가 갈릴 수도 있는 매우 위험한 에너지다.

거꾸로 나온 카드는 절대적인 해악이다. 드문 경우, 완전 사슬이 풀려버린 열정이나 위험의 막바지를 암시할 수도 있다.

❖ GROUP 04 ❖

❖ 네 번째 그룹은 16번 탑^{La Maison Dieu}이 문을 연다. 17번 별, 18번 달, 19번 태양, 20번 심판. 이 그룹은 앞선 물질적 실현의 단계를 지나온 인간이 절제와 억제를 통해 좀 더 열린 정신으로 인생을 건축하 며 성숙하는 시기다.

XVI. 탑 : La Maison Dieu

프랑스어 '메종 디외^{Maison Dieu}'는 '신의 집'이라는 뜻인데, '탑'이라는 의미도 있다. 중세와 르네상스의 교회에는 언제나 높은 탑과 건물 옆에 독립된 세례당이 있었기 때문일 것이다. 16번 아르칸의 무너지는 탑은 성경에 나오는 '바벨탑'일 수도 있다. 신의 위치까지 올라가고자 오만에 사로잡힌 인간은 바벨탑을 쌓았고, 노여움에 찬 신은 이를 파괴해 버린다. 그림처럼 탑은 벼락을 맞아 불이 나 무너졌다. 탑 아래는 쌍둥이처럼 닮은 두 젊은이가 공중에서 떨어지고 있는데, 곧 머리가 땅에 곤두박질할 텐데도 평온한 표정이다. 실패

건 환멸이건, 추락하는 운명을 받아들이기 때문일 것이다. 이들은 신앙심도 힘도 다 잃은 듯 보이는데, 땅에 연착륙하기는 매우 힘들 것 같다.

노란색 땅에 노란색 돌 두 개가 보인다. 이는 재건의 잠재성이다. 초대 교회를 일군 예수의 제 1제자인 베드로는 프랑스어로 피에르^{Pierre}, 즉 '돌'을 뜻한다. 베드로는 로마에서 순교하여 초대 교황이 되었고 바울과 함께 교회의 초석이 되었다. 떨어지는 사람은 베드로와 바울일지도 모른다. 신의 집-Maison Dieu-을 세운 사람들이니 말이다.

왕관처럼 생긴 탑 꼭대기는 불꽃이 작열해 떨어져 나가고 있다. 떨어져 나가는 왕관은 보수적이고 억압적인 교황의 관 같기도 하다. 색색의 둥근 볼이 카드의 여백을 채우면서 공중에 떠다닌다. 탑에 내쳐진 벼락의 충격은 새로운 양의 에너지를 창출한다. 지상에는 골짜기가 많고 덤불이 어기저기 있다. 파괴에도 불구하고 이 카드는 생명으로 풍요롭고, 활짝 피어난다는 의미에서 긍정적이다. 왜냐면 파괴되고 있는 탑은 표면의 자아이고, 분출하는 불꽃은 깨어나는 내면이기 때문이다. 알을 깨고 나온 새는 다른 세상으로 내던져진다. 인생에는 이런 경험이 두 번 있다. 첫 번째는 어린아이였을 때 자아가 의식되는 시기에, 두 번째는 성인이 되었을 때 한번쯤은 이런 경험을 한다. 이는 상징적인 죽음이다. 새로 태어나기 위해서는 한 세계를 파괴하지 않으면 안 되는 것이다. 탑이 분출하듯 무너지는 모습은 근원적이고 영적인 것과 처음 마주해 마치 전기충격을 받는 것 같은 체험을 표현한다. 내면의 인식이 살아나는 기쁨에 차서 새로운 현실로 들어가는 것이다.

그림의 탑은 벌 받은 오만을 표현한다는 의미에서 부정적이지만, 그 실패는 단지 겸손하지 못하고 허풍이나 허영, 교만에 찼기 때문이다. 실패를 통해 인격이 성장한다면 전화위복이 될 수도 있다. 야망을 너무 드러내면 이로 인한 적의와 질투를 일으키고, 누군가는 돌아서게 된다. 그래서 이 카드는 무거운 벌을 짊어지지 않으려면 너무 성공을 자랑하지 말 것이며, 주제넘거나 오만하지 말라는 경고일 수도 있다.

거꾸로 된 카드는 과도한 오만과 야망으로 인한 손실을 뜻하며, 누군가가 강력한 적이 되어 중간에서 훼방을 놓으려 모든 수단을 동원할 수도 있다.

XVII. 별 : L' Etoile
타로에서 처음으로 자연적인 형태의 물이 표현되고 있다. 이 물이 고여있는지 흐르는지는 알 수 없는데, 넘실대는 줄무늬는 흐름의 파동을 나타내는 것 같다. 물은 내면과 수용성의 상징이며 특히 정신을 나타낸다. 거울처럼 빛을 반사하며 하늘의 에너지를 받아들이기 때문이다. 또한 영원한 생명과 여성성의 상징이자, 모든 것을 씻어내는 정화와 은총의 의미기도 하다.

완전 나체의 여인이 물가에 서 몸을 굽히고 항아리의 물을 붓고 있다. 양손에 쥔 두 개의 단지에서 흐르는 물이 큰물에 섞인다. 의식의 에너지가 무의식 안으로 쏟아진다. 여인은 마치 기사로 서임되거나 기도할 때처럼 충성을 맹세하는 자세로 한쪽 무릎을 꿇고 있다. 이 자세는 유연성과 융통성, 겸손을 뜻한다. 길게 웨이브진 머리칼과 물결은 서로 조화를 이루듯이 파동 친다. 긴 머리

는 이 여성의 자유롭고도 강한 정신적인 힘을 말하며, 특히 풍부한 감수성을 강조한다. 아름답고 풍만한 모습은 관대하고 너그러운 심성을 상징한다. 물을 바라보고 있는 시선은 흐름을 따르고 있는 듯하기도 하고, 내면의 목소리를 귀담아듣는 것일 수도 있다.

여성은 나체로 자신의 모든 것을 다 보여준다. 숨길 것이 없는 것이다. 나체는 관능의 상징이고 감각의 도발과 유혹이다. 본능적 상태로의 회귀를 반영한다는 것은 바꾸어 말하면 순수함과 내밀함을 말한다. 물은 샘, 동굴, 잔 등과 함께 여성의 성적인 이미지와 연결되며, 두 개

의 단지는 사랑을 상징할 수도 있다.

배경에는 푸른 땅이 넘실거리며 구릉져 있다. 하늘에는 땅 위에 있는 색을 반영한 파랑과 노란색 별 8개가 반짝이는데 가운데의 별은 빨간색을 품고 더 크고 더 빛난다. 이는 과학이 발달하기 전까지 항해하는 배들의 GPS 역할을 하던 북극성일 수 있다. 그래서인지 이 큰 별 가운데 그어진 축은 나침반을 상기시킨다. 아마도 세 명의 동방박사가 별빛을 따라 베들레헴에 도달했듯이, 인간을 영적인 곳으로 안내한다는 의미일 것이다. 풍성한 별빛은 일반적으로 빛에 의지하는 안내자를 상징한다.

특이한 것은, 타로에서는 유일하게 자연 안에 새가 있다는 것이다. 까맣고 작은 새가 배경의 식물 위에 날개를 접고 앉아있다. 땅과 하늘 사이를 날며 이어주는 새는 정신을 상징한다. 또한 새의 지저귐은 강력한 언어의 상징으로 하늘의 메시지를 전하는 것으로 해석되며, 영혼의 표현이기도 하다. 우리 조상들도 까치가 울면 소식이 오고, 이름 모를 새가 지저귀며 집 주변을 돌면 세상 떠난 이가 왔다고 믿었다. 절제의 여신은 천사로 날개가 있지만, 별의 여성은 날개가 없는 인간이다. 그래서 새가 메신저가 되어 천상의 양식을 찾아 날아오른다. 또 양쪽의 노란 식물은 땅속 깊은 곳으로부터 떠오른 의식을 의미한다. 이제 정화된 물과 정신으로 더 높은 곳에서 다른 시각으로 사물을 볼 수 있다.

이 그림에는 행복한 조건들이 모두 모여있어 어딜 보나 긍정적이다. 하늘이 호의를 베풀고 별들은 길을 비추어준다. 별은 잠재의식을 자극해 창작 활동을 도우므로, 새로운 분야에서 예상 밖의 좋은 일이 일어날 수도 있다. 꼭 물질적인 성공을 의미하는 것은 아니지만, 즐겁고 좋은 기분, 만족스럽고 행복한 느낌이 강하다. 낙관적이지만 주의해야 할 것은 이 아르칸은 주변에 오는 카드의 영향을 많이 받기 때문에 연관된 상황을 잘 보아야 한다는 것.

거꾸로 뽑힌 카드는 좋은 기회를 놓친다거나, 활용하지 못한 것, 또는 그다지 심각하지 않은 상태에 대해 과도하게 비관하는 것 등을 의미한다.

XVIII. 달 : La Lune

두 마리의 개인지 늑대인지가 빨간 혀를 내놓고 달을 향해 짖고 있다. 하울링을 하는 듯하다. 인간에게 늑대는 몽환 상태로의 안내자로 연상되며, 개는 망자의 영혼을 인도하며 지옥의 문을 지키는 동물로 여겨진다. 보름달은 옅은 파란색의 얼굴에 광선으로 표현되고 있다. 보름은 달의 인력이 가장 커지는 시기다. 그래서 늑대인간은 보름달이 뜰 때 변신한다. 그림의 반을 차지하는 물속에는 가재가 헤엄치고, 멀리 양쪽에는 탑이 보인다. 카드의 모든 요소가 전체적으로 불길하고 어두운 분위기를 나타낸다.

달의 얼굴은 파란색인데 이는 음(-)이 지닌 감수성과 수용성을 강조한다. 그런데 옆모습으로 표현된 것은 황제처럼 힘을 상징하는 동시에 거짓말과 은닉의 상징이기도 하다. 달에서 떨어지는 방울들은 달을 향해 거슬러 올라가고 있는 듯이 보인다. 이는 달이 끌어당기는 힘으로, 주변 환경에 큰 영향을 끼친다는 것을 표현한다. 실제로 인력이 최대치인 보름 즈음에 지진이나 화산 폭발이 빈번하다는 학설이 있다. 여러 색의 방울은 다양한 변화를 알린다. 파란색 방울은 물로, 모든 것의 근원이다. 빨간 방울은 생명의 에너지, 내면의 불을 상징한다. 그

중 하나는 늑대개의 입에서 나오는 것처럼 보인다. 노란색 방울은 영적인 에너지, 정신의 힘을 표현한다. 초록색은 만물의 시작이다. 여기에 총 19개의 방울이 있는데, 이 숫자는 다음에 오는 19번 카드, 태양이다. 힘은 순환하는 것이다.

물은 달 카드에서 하단의 거의 반을 차지하고 있는 중요한 요소로 여성성과 감수성, 무의식, 원천을 상징한다. 또한 바다는 조

수간만의 현상, 생리적인 리듬을 상기시킨다. 카드의 하단은 가장자리가 울퉁불퉁하고 자연 상태로 있는 반면에, 상단은 인공적으로 깔끔하게 처리된 것이 눈에 띈다. 무의식의 세계는 혼돈인 동시에 본성 그대로이지만, 이성은 정리되고 한계가 그어져 있다는 의미다.

물과 같은 색의 가재 한 마리가 물속을 헤엄치고 있다. 가재는 얇은 등껍질을 가진 민감한 동물로 분해된 물질을 먹고 살며, 뒤로 걷는다. 이는 두려움, 공포, 후퇴하는 경향의 상징으로, 무의식과 감성의 표현이다. 카드에서의 가재는 찬양하듯이 달을 향해 두 개의 더듬이와 8개의 팔을 벌리고 있다. 이는 정신적인 상승의 욕구를 드러내며 주기의 변화에도 연결되어 있다. 가재는 거듭해서 허물을 벗고 새로 태어나는 동물이기 때문이다.

늑대 뒤로는 양쪽에 탑이 보인다. 탑은 한계, 경계선, 망루 등으로 보초와 보호의 상징이다. 양쪽에 있다는 것은 파사주^{Passage}(통로)나 성문을 떠올린다. 모양은 서로 달라, 하나는 빨간 벽돌로 띠를 돌렸고 방어용 요철과 입구가 있는 반면, 다른 하나는 파란색 벽돌로 띠를 돌리고 문 없이 완전히 닫혀있다. 요철 위도 지붕이 덮여 있다. 행동과 오픈마인드를 나타내는 빨간색과 정신과 수동성을 나타내는 파란색이 성의 형태와 조합되어 있다.

달 카드는 너무도 명백해 보이는 상징 때문에 오히려 명확하게 집어내기 어렵다. 확실한 것은 그 명백함이 속임수라는 것이다. 이 개념은 카드를 해석하는 데 중요하다. 늑대의 탐욕, 개의 폭식, 달의 강력한 인력, 물의 심연 등 과유불급의 위험을 말하기 때문이다. 외부 조건들이 불리하고 유혹적이며 기만적이기 때문에 주의하지 않으면 속을 수 있다는 의미이기도 하다. 게다가 희미한 달빛은 울퉁불퉁한 땅의 함정과 위험을 숨긴다. 힘들긴 하지만 정신 똑바로 차리고 방향만 잘 잡고 실수하지 않으면 피해 보지 않고 벗어날 가능성은 있다.

뒤집혀 나온 카드는 누군가가 우리를 속이거나 뒷말을 하고 다니거나, 좋지 않은 조건, 숨겨진 함정, 속임수, 해로운 사람, 친구를 가장한 적 등의 의미다. 짧은 기간이지만 엄청난 함정이 도사리고 있음을 암시한다.

XIX. 해 : Le Soleil

타로의 순서에서 태양이 달 바로 뒤에 온다는 것은 시사하는 바가 있다. 태양은 어두운 밤이 지난 후 다시 떠오른다. 빛은 되돌아와 길을 비추어 어둠 속의 함정을 드러낸다. 이제부터의 길은 자유롭고 위험이 없다. 비 온 뒤에 땅이 더 굳고, 어둡고 어려운 시간 후에 일은 더 잘 풀린다. 인생은 수레바퀴처럼 돌고 도는 것이다. 푸시킨의 시 〈삶이 그대를 속일지라도〉 중, '삶이 그대를 속이더라도 슬퍼하거나 노하지 말라.

슬픔의 날을 견디면 기쁜 날이 찾
아오리니…' 구절이 생각난다. 젊
은 시절에는 푸시킨의 시가 너무
현실적이고 쉬운 말로 써서 그 진
가를 몰랐었는데, 누구나 다 아는
평범함이 진리라는 것, 이것이 타
로의 가르침이다. 그러니 모든 일
에 일희일비할 필요가 없다.

　　태양이 두 아이 위에서 빛난
다. 모든 것이 달과는 대비되어,
솔직하게 똑바로 정면을 바라본
다. 푸르스름해 어두운 달빛에 비해, 노란색의 햇빛은 밝고도 상하다.
게다가 직선의 광선과 이글거리는 열기를 땅 위의 생명에 공평하게 분
배한다. 아래의 두 아이는 서로 바라보고 있는데 어려서 성별도 알 수
없다. 거의 벗고 간단하게 중요 부위만 가리고 있는 것은 천사같은 순
수함과 순결의 상징이다. 태양의 왼쪽 아이는 오른손을 옆 아이 목덜미
에 올려놓고 있고, 오른쪽 아이는 왼손을 옆 아이의 단전 또는 심장 부
위에 올리고 있다. 두 아이가 상징하는 바는 명백하다. 머리와 심장, 이
성과 감성의 이원성이다. 이 둘의 행동은 쌍둥이 형제나 오누이의 우정

으로 해석할 수 있지만, 반대로 입은 옷으로 보아 씨름이나 레슬링 선수처럼 적대적인 관계로 해석할 수도 있다.

낮은 담은 벽돌이나 돌을 쌓아 건축한 인공적인 요소다. 담의 존재는 보호의 개념이지만 한계와 경계선, 분리를 뜻하기도 하며, 무언가를 추구하기 전에 뛰어넘어야 하는 장애물이기도 하다. 즉 달이 비현실적 차원인 것과는 반대로 구체적이고 현실적인 것을 표현한다. 고대 아르메니아어로 '천국'이란 '벽으로 사막의 바람을 막은 정원'이라는 의미였다. 이 카드는 현재 보호받고 있지만 거칠고 매혹적인 세상을 향해 완전히 열려있는 상태를 의미한다.

거꾸로 된 카드는 부정적인 상황이 긍정적인 사건들을 늦춘다는 의미. 긍정적인 상황에 직면해 기쁨과 태평함을 느끼기 어려울 수도 있다.

XX. 심판 : Le Jugement
천사가 트럼펫을 울리며 마지막 시간을 알린다. 죽은 자들은 무덤에서 나와 마지막 심판을 받을 것이다. 미켈란젤로가 말년에 로마의 시스티나 성당에 그린 벽화 〈최후의 심판〉이 생각난다.

천사는 하늘에서 구름의 소용돌이와 빛에 휘감겨, 급작스러운 출현을 알리고 있다. 그 모습에서 역동적으로 물질을 소생시키는 힘과 생명력이 느껴진다. 머리 위의 아우라는 위대한 말씀을 따라 행동하고 있음을 상징한다. 여러 겹으로 된 날개를 달고 있는데 아마도 세라피노Seraphino를 나타내는 듯하다. 세라피노는 천사 9계급 중 최고 위치에 있고, 여섯 개의 날개를 달고 있다. 두 개는 날기 위해, 두 개는 얼굴을 가리기 위해, 그리고 나머지 두 개는 발을 감추기 위한 것이라고 한다. 또한 그리스의 여신 르노메Renomée를 상기시킬 수도 있다. 르노메는 날개를 달고 트럼펫을 불고 있는데, 대중적이고 사회적인 재탄생을 인격화한 것이다.

천사는 긴 금발을 빨간 매듭으로 묶고 정면을 바라보며 트럼펫을 불고 있다. 트럼펫은 소리를 증폭시켜 연주하는 악기다. 보통 군중을 동원하는 행사나 전쟁에서 사용된다. 천사의 트럼펫에는 십자가가 그려진 깃발이 달려 있는데, 그 색이 다른 아르칸에 그려진 깃발들과는 아주 다르다. 깃발은 집결과 가담의 상징이다. 또한 바람에 날리므로 정신을 상징화하기도 한다. 천사의 트럼펫에 깃발이 달려 있다는 것은 신성한 정신의 입김으로 최후의 장애물을 쓸어버리고 기쁜 새소식을 공표한다는 의미다. 햇살은 빨갛고 노란색이 교차되며 정신성과 삶의 힘을 나타낸다. 또한 천사가 가진 힘을 나타내기도 한다.

땅 위의 세 인물은 서서 손을 모아 기도하는 모습이다. 부부인 듯한 여자와 남자 그리고 또 한 명은 몸을 보아 젊은 남자인데, 정신을 상징하는 푸른색과 정수리 삭발은 수도사를 의미한다. 수도사는 등을 돌리고 구덩이 내부에 있다. 수도사가 등을 보이는 모습은 교황 카드에도 있는데, 신성한 말씀의 전달과 관계가 있다. 천사를 향해 머리를 숙이고 있는 모습은 영감이나 계시를 받는 것을 표현할 수도 있다. 남자와 여자는 중앙의 젊은 남자를 바라보고 있다. 어쩌면 그들의 아들일지도 모른다. 이는 성 삼위일체의 사상과 가족의 사랑을 표현한다. 세 명은 완전히 벗고 있어 순수함을 상징하며, 재탄생, 부흥을 상징하기도 한다. 젊은 남자가 있는 구덩이는 꽤 깊이 파여 있는 것으로 보아 무덤일 수도 있다. 예수의 부활을 패러디한 것일까.

심판은 혁신의 카드이며 상황이 진전할 것임을 의미한다. 상황이 급변하는 것은 결산의 시간에 도달했기 때문이다. 우물쭈물하며 핑계를 대고 물러나고 싶더라도, 결과와 마주해야 한다. 꼬여있는 문제는 어떤 상황의 마지막을 장식하는 '심판'과 마주해야 풀리는 것이다. 심판은 또한 물질적인 집착에서 벗어나 진정한 가치를 되찾고 싶은 마음을 표현한 것일 수도 있다.

거꾸로 나온 카드는 그다지 좋지 않은 상황을 말하며 무언가 감내해야 하는 일, 정직하지 못하거나 수치스러운 행동을 하게 되는 경우 등을 말한다.

✦ ETC. 그리고 ✦

❖ 마지막 한 장, 21번 세계^{Monde}는 물질과 의식과 무의식, 육체와 정신, 모든 것이 어우러져서 하나를 이루는 지혜를 뜻한다. 마침내 심포니가 울려 퍼진다. 여기까지 진심으로 잘 살아왔다면 삶은 마스터되었다.

정말 마지막으로 '방랑 광대'는 이 모든 단계의 외부에 있다. 깨닫고 승화되어 세상의 모든 물질적 욕망이나 관습, 처세, 사회적 가면 등을 모두 내려놓고 싶은 열망이다. 이것은 물리적 죽음일 수도, 또는 세상의 집착에서 벗어나 부처와 같이 길을 떠나는 또 다른 탄생일 수도 있다.

XXI. 세계 : Le Monde

마지막 번호인 21번의 아르칸에는 하늘색의 갈랜드^{Garland} 안에 나체의 아름다운 여인이 숄로 은밀한 부위만 가리고 서 있다. 마치 보티첼리의 〈비너스의 탄생〉을 보는 것 같다. 왼쪽 다리는 들어 오른쪽 다리 뒤로 꼬고 한 다리로 있는 모습이 활기가 있어 마치 춤을 추고 있는 것 같기도 하다. 왼손에는 봉을 들고 오른손 등에는 작은 유리구슬이 올려져 있다.

이 그림 안에는 그동안 나온 모티브들이 겹쳐 보인다. 그중 강조되는 것은 오른쪽 다리 뒤로 왼쪽 다리를 꼬고 있는 포즈의 4번 황제나 12번 매달린 남자를 상기시키는데, 12는 4의 3배수이면서 21을 거꾸로 한 숫자이기도 하다. 세 숫자는 유기적으로 연결된다.

왼손에 들고 있는 봉은 1번의 마술사가 들고 있는 요술봉을 상기시킨다. 또한 걸치고 있는 천은 2번 여교황의 머리 뒤에 늘어진 베일을 상기시킨다. 이 세 개의 아르칸 모두가 1과 2라는 숫자의 조합으로 이루어져 있다. 모든 모티브가 타로 여정의 종합세트 같은 면을 강조하고 있는 것이다.

카드의 사방에는 네 개의 상징 이미지가 있는데, 성서의 '에스겔서'에서 상징하는 네 명의 신약 성서 저자를 의미한다. '그때 내가 바라보니, 북쪽에서 폭풍이 불어오는데, 큰 구름이 밀려오고, 불빛이 계속 번쩍이며, 그 구름 둘레에는 광채가 나고, 그 광채 한가운데서는 불 속에서 빛나는 금붙이의 광채와 같은 것이 반짝였다. 그 네 생물의 얼굴 모양은, 제각기 앞쪽은 사람의 얼굴이요, 오른쪽은 사자의 얼굴이요, 왼쪽은 황소의 얼굴이요, 뒤쪽은 독수리의 얼굴이었다. –에스겔서 1장 4~10'. 르네상스의 천재 화가 라파엘로가 그린 〈에스겔의 환상〉과 같이 하늘을 뜻하는 상단 왼쪽은 마태오를 상징하는 천사, 오른쪽은 요한을 뜻하는 독수리가 있다. 땅을 뜻하는 하단은 위치가 바뀌어 왼쪽은 누가를 뜻하는 황소, 오른쪽은 마가를 뜻하는 사자가 위치한다. 이 동물들의 조합은 이 세상 모든 존재의 근본적인 이원성을 나타낸다.

황소는 밤을 상징하며 혈기 있고 거칠지만, 풍요와 비옥함의 상징이기도 하다. 가공하지 않은 원재료를 나타내는 살색으로 표현되어 있고 다른 인물들과 달리 아우라가 없는 것으로 보아 영적인 성숙이 모자란 원시적인 단계를 뜻한다. 사자는 낮을 상징해, 19번 카드의 태양처럼 정면을 보고 있다. 권위와 힘, 정의의 상징인 사자는 노란색인데, 아우라 가운데가 아직 노란색으로 채워진 것으로 보아 물질적 속세 안의 정신 영역을 뜻한다. 상단 오른쪽에는 새들의 왕인 독수리가 사자 위에서 천사 쪽을 보고 있다. 또 빨간 기초 위 초록색 구릉 위에 앉아있는 것은 의식과 무의식의 분리를 의미한다. 왼쪽 상단 구석에 있는 천사는 신적인 중재를 통해 모든 상황을 마무리한다. 천사의 날개와 빨간 아우라는 에너지가 완전히 영적으로 변해 신성한 계획을 중재함을 상징한다. 잘 살펴보면 천사와 독수리의 아우라가 프레임을 넘어서 있는데, 이는 영적인 시선이 지적 능력을 넘어섰다는 것이다.

여인이 들고 있는 요술봉은 수직의 개념으로 균형을 잡아준다. 또한 봉은 방망이의 변형으로 남근의 상징이다. 땅과 하늘에서 각각 강력한 남성성의 상징인 사자와 독수리는 육체적이고 동물적인 남성성으로부터 정신적인 남성성으로의 상승을 표현하는 것이다. 이는 또한 4원소

중 불의 상징이기도 하다. 시선과 오른손, 양발의 방향은 황소를 향하고 있는데, 이는 전체 카드의 주기가 끝나가며 새로운 주기가 준비되고 있다는 것을 말한다. 이 카드는 동물에서 영적인 상태로의 통로를 보여주며, 더 높은 힘이 중재하여 물질로 회귀함을 상징한다.

갈랜드의 형태가 이를 더 강조한다. 갈랜드는 타원형의 꽃장식으로, 타원형으로 여인을 에워싸고 있으며 위아래는 노란색의 고리로 묶여 있다. 고리를 뒤쪽까지 연결해 보면 이 역시 마술사나 힘의 여신의 모자처럼 무한대의 상징이 된다. 끝은 시작점 없이 만들어질 수 없으며 시작점 역시 끝이 없이는 만들어질 수 없다는 의미다. 그래서 갈랜드는 통합, 보호, 성취, 조화를 상징하며 갈랜드의 월계수 역시 언제나 푸르러서 영원성, 성공과 명예의 상징으로 쓰인다. 로마 시대의 황제나 올림픽의 우승자 머리 위에 월계관을 씌운 것도 이런 의미였다. 갈랜드의 형태는 알이나 여성의 성기에 비교될 수 있어서, 부화, 새로운 세계의 탄생 등을 상징한다.

'세계' 아르칸은 타로의 가장 긍정적인 카드 중 하나로 순수함과 조화로움, 창조와 지식을 나타낸다. 목표는 달성되고, 모든 시도에서 성공한다. 생산적이고 내면의 안정을 느껴 자신의 능력을 높이 평가하게 될 것이다.

거꾸로 나온 카드는 나쁜 행동을 통해 성공을 맛본다는 의미. 형편 없는 행동이지만 일이 안 풀리는 것은 아니다. 하지만 이런 선택을 통한 성공이란 나중에 인과응보라는 부메랑으로 되돌아온다는 것을 명심해야 한다.

방랑 광대 : Le Fou

중세 프랑스어 버전에서는 'Le Fol'이라 표기하기도 하고, 'Le Mat', 'Le Fou'로 표기하기도 한다. 모두 한국어로 직역하면 '미친 사람'이 되는데, 중세에는 저잣거리나 궁중에서 광대놀이를 하는 피에로를 이렇게 불렀다. 중세 말의 돈키호테처럼 살짝 맛이 간 기사의 이미지일 수도 있다. 우리나라로 치면 태생은 귀족이지만 미친 척하고 살았던 양녕대군 같은 인물이랄까?

방랑하는 광대 아르칸에는 숫자가 없으므로, 전체 카드의 처음일 수도 끝일 수도 있다. 시스템 밖에 있어 언제 어디나 낄 수 있는 열외의 카드로 여겨져 대중적인 트럼프에서는 조커가 되었다. 그래서 광대는 사회의 규범에서 벗어난 특이한 인간으로 해석할 수도 있다.

중세의 경건한 기독교 공동체에서 규범을 벗어나 방랑하는 사람은 "미친 거 아니야?"라는 의심을 주기에 충분했다. 미치지 않고서는 자신이 속한 부락을 떠나 방랑한다는 것은 죽으러 가는 것과 다름이 없었기 때문이다. 숲과 황무지로 뒤덮여 있던 중세 유럽 대부분의 지역은 법과 제도권 밖에 있어서 도적떼와 부랑아로 우글거리는 무법천지였다. 치안이 닿지 않는 장원 밖에서 민중은 아무런 보호도 받을 수 없었다.

　방랑 광대는 젊은 편으로 수염을 기른 남자다. 와인을 마셨는지 취한 듯하기도 하고, 활기에 가득 차 길을 떠난다. 동물 한 마리가 뒤를 따르고 있는데 고양이과 동물 같다. 옷은 찢어져 엉덩이가 드러나 있는데, 어떤 버전에서는 성기가 고스란히 노출되기도 한다. 얼핏 보면 그로테스크하지만, 동물이 있는 위치나 찢어진 옷이나 성기 등에서 오히려 에로티시즘적인 요소를 발견한다. 오른쪽 엉덩이에는 상처가 있고 이 때문에 지팡이를 짚고있을 수도 있다. 왼쪽 발뒤꿈치를 살짝 올리고 있는 모습은 아킬레스처럼 상처받기 쉽다는 기호다. 비슷하게 왼쪽 발을 살짝 올린 1번의 마술사와 다른 점은, 광대는 상처를 드러내고 있다는 것이다. 아마도 오래된 상처라 신경도 안 쓰는 듯하다.

　광대의 자세는 모순되고 일관성이 없다. 오른쪽으로 돌아 등을 보이는데, 인간이든 동물이든 이는 약함과 비겁함의 상징이다. 그런데 머리는 따로 노는 것 같다. 옆모습은 가볍게 정면으로 돌려있고, 시선은 하늘을 보고 있다. 막대기 끝에 보따리 하나를 달랑 매달고 가는데, 왼손으로 막대기를 잡고 몸통을 가로질러 오른쪽 어깨에 짐을 진 모습은 불편하고도 비논리적이다. 머리를 억지로 몸에서 분리하려는 것 같기도 하다. 다시는 풀지 않을 듯이 꽁꽁 싸맨 보따리는 별로 크지도 않고 무거워 보이지도 않는다. 미친 사람의 이미지와 달리 그는 정확히 카드의 끝줄 위에서 걷는다. 자신이 하는 행동을 정확히 알고 있다.

옷에는 방울이 주렁주렁 달려있는데 조금만 움직여도 소리가 날 것 같다. 방울은 심장 박동처럼 생명의 리듬을 나타내며, 축제와 기쁨의 상징이다. 하지만 딸랑거리는 소음은 사람을 이상하게 보이게 만들어, 그가 말하는 것을 아무도 진지하게 믿어주지 않을 것이다. 빨간 신발은 능동적이고 역동적인 발걸음이다. 알록달록한 옷은 주름 장식으로 풍성한데 이는 보통 명예와 품위를 상징하지만, 찢어진 바지는 더이상 이를 추구하지 않고 수동적인 아웃사이더라는 것을 알려준다. 찢어진 바지는 전진하는 것을 방해할 수도 있을 그의 과거를 상징한다. 또한 자신의 성적인 면을 부정하지 않는다는 것을 암시하기도 한다.

머리에는 전형적인 광대의 장식 모자를 쓰고 있는데, 공들여 단 솔방울은 지성의 기호이며, 노란색 모자는 영적이며 남과는 '다르다'는 이미지다. 머리카락은 다른 카드의 인물들과 달리 완전히 숨겨져 프레임을 넘어가고 있다. 이는 바보가 아주 높은 곳으로부터 영감을 받지만, 현실적이고 겸손하며 아주 신중하다는 것을 말한다. 목이 보이지 않는 것은 자신의 감정과 깊은 욕망을 숨기고 있음을 뜻한다.

지팡이는 순례자나 목동의 이미지다. 게다가 땅과의 접촉으로 토양을 비옥하게 하고 풀을 자라게 한다. 그래서 힘과 지휘, 절제 같은 남성의 상징으로 쓰인다. 방랑자의 지팡이는 영적 지도자의 것이다. 땅은 식물이 여기저기 자라는 구릉으로, 겉보기와 달리 이 인물의 풍성한 정신세계를 말해준다.

동물은 뒷발로 서 있는데 앞다리가 남자의 엉덩이와 성기를 향해 있어 이건 뭔가 싶다. 이빨이나 발톱을 세우고 있지 않아 광대의 옷을 동물이 찢은 것인지는 확실하지 않다. 광대와 놀자고 긁고 있을 수도 있고, 엉덩이의 상처를 보듬어 주는 것일 수도 있다. 그를 쫓아가거나 앞으로 가라고 미는 듯이 보이기도 한다. 확실한 것은 광대나 동물이나 자신의 이상한 자세나 상처, 울퉁불퉁한 길 등에 전혀 상관없이 과감한 발걸음을 떼고 있다는 것이다. 트럼프에서 조커의 역할을 생각해 보면 이 카드를 더 잘 이해할 수 있다. 트럼프에서 조커는 "쏘리, 패스"의 의미다. 아무것도 가진 것 없지만 언제든 써먹을 수 있는 카드라는 역설이다.

이 카드는 한계를 모르는 여행가, 또는 이방인을 표현하기도 한다. 세상에서 벗어나 타인의 의견이나 시선은 두려워하지 않고 꿈꾸는 삶을 찾아가는 이상주의자기도 하다. 그래서 광대 카드는 긍정과 부정의 이중 의미가 있다. 삶의 합리적이고 논리적인 한계를 넘는다는 것은 무한한 가능성과 창조력을 뜻하지만, 현실적인 인사이더에게는 바보나 약간 돈 사람으로 보일 수도 있다. 그래서 이 카드는 부정적인 의미에서 이해받지 못하는 영감과 재능을 말하기도 한다. 그런데도 중세에 많은 왕은 광대를 신뢰했고, 대소사에 관해 질문하곤 했다. 왜냐? 다른 이들은 정치적으로 계산해서 왕이 듣고싶어 하는 말만 하지만, 광대는 있는 그대로의 진실을 말하기 때문이었다.

거꾸로 나온 카드는 무책임, 비이성적, 집착, 미성숙, 논리와 가치의 결여, 충동적으로 하는 행동 등을 뜻한다.

마이너 아르칸 Minor Arcane

———————— 메이저 아르칸이 철학적이고 정신적인 상징으로 채워져 있는데 반해, 마이너 아르칸은 원래 게임용으로 만들어져 훨씬 단순한 상징성을 가진다. 물, 불, 공기, 흙의 4원소를 상징하는 '잔[Coupe], 몽둥이[Bâton], 검[Epée], 금화[Denier]' 4개의 세트에 14장씩 총 56장으로 구성되어 있다. 이 14장의 카드는 1~10의 숫자 카드와 4개의 인물 카드로 나뉜다.

인물은 궁정의 계급 체계인 왕[Roi], 왕비[Reine], 기사[Chevalier], 시종[Valet]이 각각 자기가 속한 시리즈의 상징을 지니고 포즈를 잡고 있다. 얼핏 보아도 게임용인 마이너 카드는 장기나 체스판의 서열 같은 느낌을 주지만, 그림을 잘 살펴보면 메이저 카드의 인물, 오브제들과 연결되어 있다. 앞뒤의 문맥에 따라 의미는 다르지만, 숫자 자체만을 보면 1 에이스는 시작을, 2는 이중성, 3은 창조, 4는 구체화, 5는 진보, 6은 과도기, 7은 승리, 8은 균형, 9는 절정, 마지막 10은 결말이나 성과를 나타낸다. 이 마이너 아르칸 56장이 18세기 프랑스에서 하트, 스페이스, 클로버, 다이아몬드로 변형되었는데, 여기에 메이저 아르칸의 마지막 번호 없는 광대가 조커가 되어 현재의 게임용 트럼프로 갈라져 나왔다.

게임용으로 만들어졌다는 생각에 타로를 읽을 때는 제외하기도 하지만, 한 편에서는 풍부한 뉘앙스를 가지고 있어서 메이저가 가리키는 것의 보조 역할로 디테일을 알려준다고 믿는 전문가도 많다. 이런 경우는 상황, 유형, 시기, 사건, 근심 등 일상의 경험을 좀 더 다양하고 세부적으로 적용해 해석의 정확성을 높이는 데 도움을 준다. 하지만 어떤 경우에든 마이너만으로 타로를 읽지는 않는다.

4원소 중 물을 상징하는 잔은 수동적이고 풍요로운 여성성의 상징이다. 잔은 물을 담는 그릇으로 유럽에서는 생명과 계시를 주는 성배의 이미지다. 성배는 막달라 마리아가 예수의 피를 담았다는 잔이기도 하다. 그래서 높은 곳을 향해 위가 열린 잔은 더 높은 곳과 교류한다. 잔이 똑바로 서 있을 때는 안의 내용물이 머물러 고정되어 있지만, 거꾸로 뒤집히면 안의 내용물은 쏟아진다. 그래서 카드가 거꾸로 나오면 비움과 정화를 의미할 수도 있다. 컵에 뚜껑이 닫히면 계란 모양이 되어 잠재성과 내면의 풍부함을 상징한다. 이는 또한 창의력이나 정신적 영역과도 연결된다. 하지만 잔 속의 물은 조용하면서도 힘을 숨기고 있어, 화가 나면 파괴적으로 변하기도 한다. 또한 잔은 액체를 나누는 도구로, 평화와 보상을 상징하며 인간적인 관계를 표현한다. 트럼프에서 하트의 역할처럼 사랑, 우정, 가정에 연결된 감정들을 표현한다.

남성성과 능동적인 힘을 상징하는 몽둥이^{Baton}는 불의 원소로, 성적이고 원시적인 힘의 표시다. 몽둥이는 프랑스의 트럼프 버전에서 클로버에 해당한다. 이 그룹은 열정과 환희, 욕망 등 감정적인 에너지, 기분, 의지, 반응, 기질 등을 상기시킨다. 몽둥이는 힘의 상징이지만 지팡이로 쓰이면 걷는 데 도움을 주기도 하며 자기방어를 위한 도구가 되기도 하는 이중성이 있다. 불 역시 이중성을 갖는다. 세상을 밝혀주고 열기를 주지만 숨막히도록 맹목적이어서 모든 것을 잿더미로 변하게 할 수도 있다. 그래서 이는 세상이 굴러가는 역동적인 힘, 특히 직업 분야의 프로젝트나 구체화되는 계획 등을 상징한다.

검Epée 역시 활동적인 남성성을 나타내지만, 몽둥이와는 달리 훨씬 문명적인 무기다. 공기의 원소로 정신과 자유, 지적인 영역에 해당한다. 트럼프에서는 스페이드가 되었다. 힘과 용맹의 상징인 검은 예리한 날을 가졌으며 타협이 없다. 단호한 결단과 약속, 도전의 화신으로 정의와 진리를 위해 주저 없이 행동한다. 하지만 공격용이자 방어용인 검은 다루기에 위험한 물건이다. 상처가 날 수도, 연결 부위를 단절할 수도, 어쩌면 죽을 수도 있다. 그래서 검은 과거의 좋지 않은 관계나 사건, 기억 등, 발전을 방해하는 자아의 한 부분을 해체하고 인생을 정리할 필요가 있다는 것을 알려주기도 한다.

금화는 로마시대에 사용하던 화폐 디나리우스Denarius를 모델로 태어났다. 로마시대나 중세에는 은화였고 현재도 많은 나라에서 쓰는 디나르Dinar라는 화폐 단위로 남아있다. 금이나 은은 땅의 원소를 상징하며 변하지 않는 영원한 광물의 이미지로, 트럼프에서는 다이아몬드에 해당한다. 수동적이고 여성적인 대지는 풍요와 생명의 상징으로 모든 물질이 되돌아가는 원천이자 재생되는 곳이다. 그래서 금은 돈, 육체, 생리적 욕구, 필수품 등 소유하고 있는 구체적인 물질을 반영한다. 금화는 하늘에서 공짜로 떨어지지 않는 노동의 댓가로 수완, 재능, 능력 등을 표현하며, 상속을 통한 전통의 답습을 표현하기도 한다. 하지만 이또한 이중성을 갖는다. 물질세계에서의 권력과 안전을 주는 대신, 패가망신과 방탕의 예도 역사에서 수없이 볼 수 있다. 물질이라는 콘크리트에 갇혀 자기 자신을 잃어버릴 수도 있기 때문이다.

각 세트 안의 인물은 중세 봉건주의 시대를 배경으로 한 나라의 성에 살던 4명의 궁정 인물들로, 시종, 기사, 왕비, 왕이다. 봉건주의는 강력한 국왕이 중앙집권체제를 이루어 국가를 이루기 전인 중세에, 지방마다 영토를 소유한 유력 가문의 영주들이 독자적인 법과 군사, 조세제도로 소왕국을 다스리던 제도다. 왕족은 그 전체 영주 중 나라를 대표하여 국왕의 자리를 이어가지만, 근세의 왕정체제처럼 강력한 힘을 갖지는 못했다. 시대적인 배경으로 보면, 메이저 아르칸의 여황제나 황제는 전체 국가를 대표하는 국왕을 표현하고, 마이너 아르칸의 왕들과 여왕은 각 소왕국의 권력자들이라 볼 수 있다.

시종Valet은 모두 손에 자신이 속한 시리즈의 상징물을 들고 서 있다. 시종은 궁정에서 주군의 시중을 들던 어린 소년들로, 귀족 자제들이 훗날에 기사 서임을 받기 위해 거쳐야 하는 수련 기간이었다. 그래서들고 있는 상징물인 컵, 검, 금화, 몽둥이에 따라 해석이 달라지지만, 시종이라는 인물 자체는 노력과 일, 계획의 의미를 내포한다.

기사Chevalier는 말을 타고 승리와 영광에 차 있다. 마이너 아르칸의 기사들은 주군과 왕비를 위해 영토를 지키기 위해 말을 타고 전쟁을 한다. 주군에게 신임을 얻고 더욱더 높은 계급으로 올라가고 싶은 궁정의위치다. 그래서 행동이나 인간관계를 상징하며, 구체적으로 소식이나여행, 편지, 다가올 상황이나 사건을 나타낸다.

왕비Reine는 메이저 아르칸의 여황제와 직접적인 상호관계가 있다. 왕비는 자신의 자리를 지키고 왕이 행하는 일들이 잘되도록 보좌한다. 왕비가 없는 왕은 무의미하다. 삶에 활기를 주고 그의 이야기를 들어주며 맞이해주는 누군가가 필요하기 때문이다. 그래서 이 인물은 생각의 구체화와 소유를 상징한다.

왕Roi은 자신의 영토에서 권위와 힘, 법으로 정의와 성공을 상징한다. 그는 자신의 왕국을 평화롭고 번영하도록 다스려야 한다. 왕은 아버지이자 남편, 동반자이며 권위와 계급을 상징한다. 마르세유 타로에서 왕들은 모두 오른손에 자신의 카테고리에 속한 상징물을 들고 권좌에 앉아있다.

마르세유 타로의 4원소를 상징하는 에이스 아르칸

마이너 아르칸의 상징	4원소	게임용 트럼프	점성술
잔(Coupe)	물	하트	물고기자리, 게자리, 전갈자리
몽둥이(Bâton)	불	클로버	양자리, 사자자리, 사수자리
검(Epée)	공기	스페이드	물병자리, 쌍둥이자리, 천칭자리
금화(Denier)	흙	다이아몬드	염소자리, 황소자리, 처녀자리

| 에필로그 |

하룻밤의 꿈처럼, 천계를 다녀온 느낌이다

내가 타로를 좋아하는 이유는 그림을 좋아하는 시각적 감성 때문일 거다. 거기에 마르세유 타로는 이탈리아의 르네상스부터 프랑스 근대사까지 아우르는 대하드라마 같은 스토리텔링이 담겨있어 까도 까도 속을 알 수 없는 양파와 같다. 그 매력 하나 믿고 타로라는 요물로 출발해 인류의 역사와 우주를 논한다는 자체가 무모할 수도 있었다. 하지만 인생이란 갓 태어나 자신이 도달한 곳이 어딘지도 모르면서 우주를 향해 '응애!' 하는 무모한 포효부터 출발하지 않았던가. 이 무모함은 생명, 즉 현존現存의 표현이다.

그저 타로라는 매력적인 예술품을 통해 인류의 위대한 스승들의 발자국을 더듬고 싶었을 따름이다. 인간이 디지털화되고 과학이 발전할수록 초현실적인 영역은 더 뚜렷하게 다가온다. 밤이 있기에 낮이 밝다는 것을 아는 것처럼 말이다. AI가 지구를 정복하든, 외계인이 UFO를 타고 오든 여전히 우주는 신神과 함께 초현실적으로 남아 있을 것이다. 신비주의에서 무언가 실마리를 찾고 싶어 기웃거렸건만 여전히 나는 우주와 세상에 관해 아는 것이 별로 없다는 사실에 열정은 점차 숙연함으로 바뀌어 간다.

"여기 이 풀잎과 별들의 냄새. 밤, 마음이 느긋해지는 저녁나절들, 내가 이토록 저력과 힘을 실감하는 이 세계의 존재를 어찌 부정할 수 있겠는가? 그러나 지상의 모든 지식은 이 세계가 나의 것이라고 아무런 확신도 주지 않는다. 세계를 묘사하고 분류하는 방법, 열거된 우주의 법칙…, 나는 알고자 하는 갈망으로 그 법칙들에 동의한다. 분해된 우주의 메커니즘에 나는 희망에 찬다. 이 거대하고 잡다한 우주가 원자로 이루어져 있으며 그 원자 자체는 전자로 환원된다니….

눈에 보이지도 않는 미시의 세계 속에서 전자들이 하나의 핵 주위를 회전하고 있다니, 결국 과학은 이 세계를 이미지로 설명하고있는 것이다. 이건 시詩 아닌가. 내가 이해하기에는 이미 글러 버렸다. 아니, 그러기도 전에 또 다른 이론이 탄생했다. 이렇듯 나에게 모든 것을 가르쳐줄 것 같던 과학은 가설로 끝나고, 그 명증성은 비유 속으로 가라앉고 그 불확실성은 예술 작품이 되어 버린다.

나는 출발점으로 되돌아온 것이다. 과학을 통해 현상을 파악하고 열거할 수는 있겠지만, 세계를 포착할 수는 없으리라는 것을 깨닫는다. (……) 확실한 지도 모르는 가설 중 어느 하나를 선택하라니."

-알베르 카뮈 〈시치푸스의 신화〉 中에서

　과학이 아무리 발전해도 그 경계선은 철학인지 종교인지 모호한 지대일 뿐이다. 영원한 시치푸스일 수밖에 없는 인간이기에 알베르 카뮈의 아름다운 독백이 너무도 와 닿아 가슴 시리다.

　-하늘과 밤과 별과 시…, 그리고 고양이가 하나가 된 곳, 삼청동에서

| 참고도서 |

〈탤리즈먼 이단의 역사〉, 그레이엄 헨콕 · 로버트 보발 지음, 오성환 옮김, 까치, 2006

〈중세의 빛과 그림자〉, 페르디난트 자입트 지음, 차용구 옮김, 까치, 2001

〈미스티컬 카발라〉, 다이온 포춘 지음, 정은주 옮김, 좋은글방, 2009

〈수학기호의 역사〉, 조지프 마주르 지음, 권혜승 옮김, 반니, 2017

〈기호와 상징〉, 미란다 브루스 미트포트 · 필립 윌킨스 지음, 박지구 옮김, 21세기북스, 2010

〈기호 · 상징 · 신화〉, 뤽 브노아 지음, 박지구 옮김, 경북대학교출판부, 2006

〈유럽의 폭풍〉, 페터 아렌스 지음, 이제원 옮김, 들녘, 2006

〈만들어진 신〉, 리처드 도킨스 지음, 이한음 옮김, 김영사, 2007

〈세상을 움직이는 수학〉, 정갑수 지음, 다른, 2010

〈장인 : 현대문명이 잃어버린 생각하는 손〉, 리처드 세넷 지음, 김홍식 옮김, 21세기북스, 2010

〈엔트로피〉, 제레미 리프킨 지음, 이창의 옮김, 세종연구원, 2015

〈물리법칙의 특성〉, 리처드 파인만 지음, 안동완 옮김, 해나무, 2003

〈푸코의 진자〉, 움베르코 에코 지음, 이윤기 옮김, 열린책들, 2001

〈엘레건트 유니버스〉, 브라이언 그린 지음, 박병철 옮김, 승산, 2003

〈서양철학사〉, 요한네스 힐쉬베르거 지음, 강성위 옮김, 이문 출판사, 1999

〈16세기 문화혁명〉, 야마모토 요시타카 지음, 남윤호 옮김, 동아시아, 2006

〈인간의 존엄성에 관한 연설〉, 피코 델라 미란돌라 지음, 성염 옮김, 경세원, 2009

〈교황의 역〉, P.G. 맥스웰 스튜어트 지음, 박기영 옮김, 갑인공방, 2005

〈황금가지〉, J.G. 프레이저 지음, 신상웅 옮김, 동서문화사, 2007

〈신의 거울〉, 그레이엄 헨콕 지음, 김정환 옮김, 김영사, 2000

〈성배와 잃어버린 장미〉, 마가렛 스타버스 지음, 임경아 옮김, 루비박스, 2004

〈빛과 꽃의 세기 르네상스〉 민혜련 지음, 기파랑, 2013

‹Le Pelerinage des Bateleurs›, Jean Claude Flornoy, FLORNOY, 2007

‹L'arrière-monde ou L'inconscient Neutre›, Bruno Traversi, Cénacle de France, 2018

‹L'écriture Hébraïque : Alphabet, Variantes et Adaptations Calligraphiques›, Gabriele Mandel Khân, Monique Aymard & Renaud Temperini 역, Flammarion, 2012

‹L'astrologie, La Psychologie et Les Quatre éléments›, Stephen Arroyo, Christel Rollinat 역, Edition de Rocher, 2011

‹The Intelligent Enneagram›, A.G.E. Blak, Trajectoire, 2018

‹Yoav Ben Dov. Tarot–The Open Reading›, Createspace, 2013

‹Marseille Tarot›, Camelia Elias, Eyecorner Press 2014

‹Erwin Panofsky›, La vie et l'oeuvre d'Albrecht Dürer, Hazan, 2012

‹La Voie du Tarot›, Alexandro Jodorowsky et Marianne Costa, J'ai lu, 2010

‹Le Grand Livre du Tarot-Méthode Pratique d'art Divinatoire›, Kris Hadar, Mortagne, 2014

‹The Marseille Tarot Revealed : A Complete Guide to Symbolism, Meanings & Methods›, Yoav Ben-Dov, Llewellyn Publications, 2017

‹Histoire du Tarot-Origins-Iconographie-Symbolism›, Isabelle Nadolny, TRAJECTOIRE, 2018

‹Les Codes Secrets du Tarot 1-Volume 1-une Codification Inconnue-Revelations et Enseigne-ments›, Camoin Philippe, Conver Editions, 2019

‹Tarot et Psychologie des Profondeurs Simone Berno›, Le Courrier du Livre, 2017

‹Holy Blood, Holy Grail Baigent, Michael›, Leigh Richard, Lincoln Henry, Delacorte Press, 2005

‹The Complete Idiot's Guide to String Theory›, George Musser, Alpha Books, 2008

‹Univers parallèles›, Thomas Lepeltier, Edition du Seuil, 2010

‹La Face Cachée de l'Univers Thomas Lepeltier›, Thomas Lepeltier, Edition du Seuil, 2014

‹La Poétique de la Rêverie›, Gaston Bachelard, PUF, 2016

‹La Formation de L'esprit Scientifique›, Gaston Bachelard, Librairie J Vrin, 1993

‹L'eau et les Rêves : Essai sur l'imagination de la matière›, Gaston Bachelard, Le Livre de Poche, 1993

‹La Psychanalyse du feu›, Gaston Bachelard, folio, 1985

‹La Poétique de l'espace›, Gaston Bachelard, PUF, 2012

‹L'air et les Songes : Essai sur l'imagination du mouvement›, Gaston Bachelard, Le livre de Poche, 1992

‹La Terre et les rêveries de la Volonté : Essai sur l'imagination de la matière›, Gaston Bachelard, José Corti, 1945

‹Métamorphoses de l'âme et ses Symbols›, Carl-Gustav Jung, Le Livre de Poche

‹Psychologie et Alchimie›, Carl-Gustav Jung, Buchet Chastel, 2014

‹Synchronicité et Paracelsica›, Carl-Gustav Jung, Albin Michel, 1988

마르세유 타로 버전

- Visconti-Sforza- Gringonneur- Mantegna(Tarot de 50 Cartes)- Minchiate Florentin(Tarot de 97 Cartes)- Jean Noblet(c1650)- Jacques Vieville(1650)- Jean Dodal(1701)- Nicolas Bodet(Milieu XVIIIe siècle)- Nicolas Conver(1760)- Etteilla(Plusieurs tarots)- Oswald Wirth(1889)- Papus(1911)- Edward Waite-Colman Smith(1910)- Oswald Wirth 2(1926)- Paul Marteau(1930)- Kris Hadar(1996)- Camoin-Jodorowsky(1997)

* 본문에 사용된 카드 그림은 Yoav Ben-Dov CBD Tarot de Marseille를 사용했습니다.

TAROT SQUARE

타로 스퀘어
인생의 사각지대에서, 타로의 지혜를 만나다

초판 1쇄 발행 2020년 1월 30일

지은이 | 민혜련
펴낸이 | 박선영
디자인 | 문수민
교정 · 교열 | 김수영
마케팅 | 이경희
제작 | 제이오

펴낸 곳 | 의미와 재미
출판신고 | 2019년 1월 30일 제2019-000034호
주소 | 서울특별시 마포구 마포대로24길 16, 116-304
전화 | 02-6015-8381 **팩스** | 02-6015-8380
이메일 | book@meannfun.com

ⓒ민혜련, 2020

ISBN 979-11-969238-0-8